美容医学系列数字化创新教材
中国整形美容协会推荐用书

总主编　于　江

医疗美容法律法规与风险管理

主　审　刘　健
主　编　曹　伟　石　悦
副主编　李晓堰　梁晓月
编　者　（按姓氏汉语拼音排序）
曹　伟　中国整形美容协会
何俊峰　湖南唯楚律师事务所
李晓堰　昆明医科大学
梁晓月　北京中闻律师事务所
刘林霞　河南大学
石　悦　大连医科大学
宋御歌　中国整形美容协会
田　野　北京望和律师事务所
徐和利　北京盈科（沈阳）律师事务所
杨　焕　中道法商法务集团
张　盼　中山大学附属第三医院
赵子君　新乡医学院三全学院
郑志伟　大连医科大学附属第一医院

科 学 出 版 社
北　京

内 容 简 介

本书以法学理论为基础、以具体实务为引领，全面介绍医疗美容行业常见的法律问题和可能出现的风险，通过理论梳理、典型案例分析及最新法律法规的讲解，旨在提高医学美容专业学生及医疗美容行业人员法律风险的防控意识。全书由总论、医疗美容纠纷与风险防范、医疗美容商事制度及风险防控三大部分组成，是目前国内少有的贯穿医疗美容行业各环节的法律书籍，可为医疗美容从业人员的法律困境和风险管理提供客观的解决方案。

本书可供医学美容专业学生使用，也是医疗美容行业人士依法行医的好工具。

图书在版编目（CIP）数据

医疗美容法律法规与风险管理 / 曹伟，石悦主编. —北京：科学出版社，2021.6

美容医学系列数字化创新教材

ISBN 978-7-03-067370-1

Ⅰ. 医… Ⅱ. ①曹… ②石… Ⅲ. 美容术-医药卫生管理-法规-中国-教材 Ⅳ. D922.16

中国版本图书馆 CIP 数据核字（2020）第 254799 号

责任编辑：张立丽 / 责任校对：杨 赛

责任印制：李 彤 / 封面设计：涿州锦晖

科 学 出 版 社 出版

北京东黄城根北街 16 号

邮政编码：100717

http://www.sciencep.com

北京九州迅驰传媒文化有限公司印刷

科学出版社发行 各地新华书店经销

*

2021 年 6 月第 一 版 开本：850×1168 1/16

2025 年11月第 四 次印刷 印张：11 1/4

字数：340 000

定价：62.80 元

（如有印装质量问题，我社负责调换）

前言

爱美之心，人皆有之。当人们的爱美之心和医疗技术对身体容貌的可再塑性发生碰撞时，医疗技术焕发出了新的活力，继而，医疗美容行业得到了迅速的发展。但归根结底，医疗美容行为是一种医疗行为，医疗美容必然伴随着医疗行为本身所固有的风险。所以，医疗美容行业的健康发展离不开法律、法规的保驾护航。而让医疗美容行业的从业人员知晓、掌握与医疗美容有关的法律、法规，进而在医疗美容执业活动中依法开展执业活动，对如今高速发展的医疗美容行业更具有十分重要的现实意义。为此，本教材应运而生！

这是一本关于医疗美容法律法规与风险管理的教材，本教材分为三篇十三章，第一篇是总论；第二篇是医疗美容纠纷与风险防范；第三篇是医疗美容商事制度及风险防控。本教材体例完整，内容全面新颖，深入浅出，注重理论和实践相结合。在编写过程中，编者主要把握以下原则：第一，注重内容，本教材以现行的与医疗美容有关的法律、法规作为依据，尤其援引了最新颁布的《中华人民共和国民法典》，同时吸收了最新的与医疗美容有关的风险防控的研究内容。第二，适应教学的需要，本教材语言精练，层次清楚，每章包含典型的案例，以案释法，更有利于使用者对相关内容的学习和理解。因此，本教材既可供相关的医疗美容人才培养院校作为教材使用，也可供与医疗美容从业机构相关的培训机构作为培训教材使用，还可以供医疗美容从业机构从业人员学习使用。

本教材在章节前列出本章概要，让使用者可以先一窥本章内容之概要；概要之后是与本章内容高度契合的章前案例，使用者可以结合案例所提出的问题对本章的内容有的放矢地进行学习；在章节后给出章前案例的解析，让使用者可以对自己学习的效果进行检验。

本教材在编写过程中得到了编者所在单位及杭州美教练健康管理咨询合伙企业、杭州美艺嘉健康管理咨询有限公司的大力支持，在此表示由衷的感谢。

在编写过程中编者力图将教材内容覆盖与医疗美容有关的法律、法规的主要内容和主要环节的风险防控，但限于编者水平，可能存在疏漏之处，敬请使用者批评指正！

编　者

2021 年 3 月

配 套 资 源

欢迎登录“中科云教育”平台，**免费**数字化课程等你来！

本系列教材配有图片、视频、音频、动画、题库、PPT 课件等数字化资源，持续更新，欢迎选用！

“中科云教育”平台数字化课程登录路径

电脑端

- 第一步：打开网址 http://www.coursegate.cn/short/HZZZ9.action
- 第二步：注册、登录
- 第三步：点击上方导航栏“课程”，在右侧搜索栏搜索对应课程，开始学习

手机端

- 第一步：打开微信“扫一扫”，扫描下方二维码

中科云教育

- 第二步：注册、登录
- 第三步：用微信扫描上方二维码，进入课程，开始学习

PPT课件，请在数字化课程中各章节里下载！

目　　录

第一篇　总　　论

第二篇　医疗美容纠纷与风险防范

第三篇　医疗美容商事制度及风险防控

第一篇

总　论

第1章 医疗美容法律关系

本章概要

医疗美容法律关系是指医疗美容机构及其医务人员提供医疗美容服务，对求美者的容貌和人体部位进行修复和再塑过程中，形成的以权利义务关系为内容的社会关系。医疗美容不同于生活美容，具有特殊性。医疗美容法律关系的主体包括具备医疗美容科室的医疗机构、医疗美容机构和求美者，客体是医疗美容行为，内容是双方的权利和义务。

案例1

一名女性求美者认为自身乳房过小，慕名到某医疗美容机构寻求增乳治疗。该机构前台咨询人员让其填写美容门诊病历封面，然后求美者凭病历去诊室找医生就诊。接诊医生询问求美者有关乳房发育的情况，并检查乳房状况。医生根据求美者的乳房状况提出了两种治疗方案：一是自体脂肪注射隆胸，二是硅胶假体植入隆胸，并将这两种手术方案的适应证、禁忌证、麻醉方式、风险、费用、并发症等信息详细告知了求美者。求美者也就与此有关的问题咨询医生，并得到了详细的解释和答复。求美者选择了硅胶假体植入术，并签署了手术同意书。术后求美者对隆胸效果比较满意。

问题： 1. 医疗美容机构与求美者形成了什么性质的医疗美容法律关系？

2. 案例中，医疗美容法律关系的主体是什么？

3. 医疗美容机构在医疗美容活动中需要承担什么义务？

第1节 医疗美容法律关系概述

一、医疗美容的概念和特征

美容分为生活美容和医疗美容两类，但二者的区分并不明晰，生活中人们常常将二者混淆。生活美容是指基于保养或保健的目的，运用美容护肤产品、按摩手法技艺、保健品和非医疗器械设备，对人体所进行的护理、保健等非侵入性的美容，这是狭义的美容。生活美容的非侵入性，意味着不能运用医学手段，更不能对人体造成创伤和损害。“医疗美容，是指运用手术、药物、医疗器械以及其他具有创伤性或者侵入性的医学技术方法对人的容貌和人体各部位形态进行的修复与再塑”，这是早在2002年卫生部公布的《医疗美容服务管理办法》中就明确规定的。

医疗美容最典型的特征是创伤性和侵入性，这是医疗美容区别于生活美容的最本质的特征，也是医疗美容行为属于医疗行为最直接的证据。医疗美容是运用医疗的手段对人体进行美的塑造，那么求美者就可能面临着人身的创伤和损害。由于医疗美容行为具备医疗属性，因此必须由正规的医疗美容机构和受过专业医学训练的医疗美容从业人员来实施医疗美容行为。从行为方式上看，医疗美容具有医疗技术性和精确性，医疗美容在行为方式上和医疗行为相同，都是运用医疗技术手段、医疗器械和药品的方式，因此医疗美容属于广义的医疗行为。传统医疗行为的目的是治病救人，而医疗美容则是以追求美的效果为目的，虽然医疗美容具有不同于传统医疗行为的目的，但这并不影响医疗美容的医疗属性。医疗美容不仅需要具备传统的医疗技术，而且要掌握现代医疗美容技术，需要精湛的技术手段来确保医疗美容行为的成功。

二、医疗美容法律关系的概念和特征

法律关系，是以法律规范为基础形成的、以法律权利与法律义务为内容的社会关系。作为社会关系中特殊的一种，法律关系具有三个明显的特征：第一，法律关系是以法律规范为基础形成的社会关系。并不是所有的社会关系都需要由法律调整，如恋爱关系、好意施惠关系，通常不需要也不适宜由法律调整，所以这些就不是法律关系。第二，法律关系是法律主体之间的社会关系。并不是所有的人都能成为法律主体，也不是所有的法律主体都是人。第三，法律关系是以权利和义务关系为内容的社会关系。这是法律行为区别于道德习惯、宗教信仰等社会关系最主要的区别。

医疗美容法律关系，是指医疗美容机构及其医务人员提供医疗美容服务，对求美者的容貌和人体部位进行修复和再塑过程中，形成的以权利义务关系为内容的社会关系。医疗美容法律关系是以医疗法律规范为基础形成的社会关系，是以医疗美容机构和求美者之间的权利义务关系为内容的社会关系。医疗美容法律关系具有以下特征。

1. 医疗美容法律关系主体地位平等 民事法律关系区别于其他法律关系最本质的特征就是民法调整的是平等主体之间的人身和财产关系。民法基本原则之一的平等原则是指，民事主体的法律地位平等，各自享有独立的人格，在民事法律关系中地位平等，互不隶属，能够各自独立地表达自己的意志，并对自己的行为负责。平等原则在民事法律关系中体现在民事权利能力平等、民事主体地位平等和民事权益平等地受法律保护这三个方面。在医疗美容法律关系中，医疗美容机构和求美者的法律地位是平等的，求美者可以根据自己的意愿选择医疗美容机构和医疗美容措施，而医疗美容机构也有权拒绝求美者不合理的服务要求。双方均能独立表达自己的意志，并对各自的行为负责，二者互不隶属。

2. 医疗美容法律关系遵循自愿原则 医疗美容合同的内容是根据求美者和医疗美容机构双方真实有效的意思表示而成立的，体现当事人的意志。这也是民事法律关系的基本原则：自愿原则。在民事活动中，民事主体根据自己的意志，行使自己的民事权利，参与民事法律关系，国家不应对民事法律关系过多地进行干预。并且民事主体之间可以协商设立、变更或者终止民事法律关系。当事人的意志优先于任意性法律规范。医疗美容法律关系正是双方达成合意而发生的，是在意思表示一致的基础上形成的，是医疗美容双方主体意思自治的体现。

3. 医疗美容法律关系的责任承担具有补偿性 医疗美容法律关系中的当事人地位平等，因此，其中一方不能惩罚另一方，惩罚只能适用于不平等主体之间的法律关系，如行政法律关系和刑事法律关系，这是通过国家强制力对相对方进行惩罚。在医疗美容法律关系中，如果求美者受到损害，其不能直接私自对医疗美容机构进行惩罚，只能向有关司法机关提出赔偿的诉讼请求，且范围主要限于对其所受到的损失进行补偿。

医疗美容机构和求美者双方在法律地位上属于平等的民事主体，并且是在双方平等自愿的前提下成立医疗美容合同，所以医疗美容法律关系应当属于民事法律关系。

三、医疗美容法律关系的种类

（一）医疗美容服务合同法律关系

医疗法律关系可以分为医疗合同关系、医疗无因管理关系和强制医疗关系这三类。医疗美容法律关系应当归属于医疗合同关系，其权利义务是求美者和医疗美容机构双方通过签订民事合同予以确定的，符合合同的法律特征，受《中华人民共和国民法典》的调整。《中华人民共和国民法典》第四百六十四条规定，合同是民事主体之间设立、变更、终止民事法律关系的协议。

医疗美容合同是一种民事行为，是医疗美容机构和求美者双方在平等、自愿的基础上以意思表示一致为要素，并对意思表示的内容赋予法律效果，以设立、变更、终止民事权利义务为目的的民事行为。医疗美容合同的性质为服务合同。

服务合同，是指按照约定，一方当事人根据另一方的要求提供服务，并获得服务报酬的合同类型。在医疗美容合同中，医疗美容机构根据求美者的要求，提供医疗美容服务，并接受求美者支付的报酬，因此双方就形成了医疗美容服务合同关系。医疗美容服务合同不同于一般的服务合同，医疗美容是运用医疗手段直接对人体通过侵入或创伤的方式实现对美的塑造，对求美者的容貌或人体进行修复，以此来获得报酬，具有营利性。最高人民法院印发《关于修改<民事案件案由规定>的决定》的通知（法〔2011〕41 号）中的“服务合同纠纷”其中一类就是“医疗服务合同纠纷”，这也就是说最高人民法院明确医疗合同的性质为服务合同。那么医疗美容这种同样运用医学手段、外科操作来履行合同义务的行为，也应当属于服务合同。虽然医疗美容的目的与普通医疗行为的目的不同，医疗美容是非诊疗性的医疗行为，求美者大多为健康的正常人，没有明显的疾病体征，也不会危及生命健康，可以有充足大量的时间对医疗美容机构进行选择，对医疗美容手段进行了解，但是医疗美容从手段上看仍然具有医疗性，因此医疗美容的特殊性并不能改变其医疗行为的属性。医疗美容机构同样也属于医疗机构，因此医疗美容合同属于医疗服务合同。

（二）医疗美容侵权法律关系

在医疗美容活动中，由于医疗手段的侵入性特点，如果给求美者造成损害的后果满足一定的条件就可能形成医疗美容侵权法律关系。具体构成要件为：①医疗美容机构的违法美容诊疗行为。无行为即无责任，行为是导致侵权发生的原因。如果医疗美容机构的诊疗行为和诊疗手段皆是合法、合规并且符合医疗美容诊疗常规的，即使求美者出现了损害，医疗美容机构也不应承担责任。②求美者有损害后果。通常求美者的损害事实包括人身损害、财产损害和精神损害。③医疗美容机构的违法美容诊疗行为与求美者的损害后果之间存在因果关系。因果关系，是指医疗美容机构的违法美容诊疗行为和求美者的损害之间存在引起与被引起的联系。如果求美者在医疗美容过程中未遵循医嘱而造成自身损害，医疗美容机构则不需承担侵权责任。④医疗美容机构具有主观过错。根据过错的理论，医疗过错分为故意和过失。同时具备以上四个要件就需要承担医疗美容侵权责任，也就是医疗美容损害责任，是指在医疗美容服务中，医疗美容机构违反法律规定，没有尽到医疗美容诊疗合理的注意义务，对求美者的人身权和人格权等造成损害，或医疗美容服务未达到预期的效果，对求美者的容貌造成损害，甚至毁容和死亡，由此应当承担的侵权责任。

四、医疗美容法律责任

在医疗美容法律关系中，医疗美容机构或求美者违反义务（法定和约定义务），就会引起新的特定法律义务，需要承担相应的法律责任，主要包括三类：民事法律责任、行政法律责任和刑事法律责任。

（一）医疗美容民事法律责任

医疗美容民事法律责任，是指医疗美容机构和求美者违反民事法律、违约或因法律规定的其他事由所应承担的不利后果。民事法律责任是医疗美容法律责任中最常见的法律责任，主要是补偿性的财产责任。医疗美容民事责任的承担者是具有民事责任能力的医疗美容机构和求美者。民事责任分为违约责任、侵权责任和其他责任。违约责任，是指违反合同义务或合同法规定的义务而产生的责任。侵权责任，是指损害他人人身或财产权益而产生的责任。其他责任是指违约责任和侵权责任之外的民事责任，包含不当得利和无因管理引起的责任。医疗美容民事责任主要包括违约责任和侵权责任。承担形式主要有：继续履行、赔偿损失、赔礼道歉、返还财产等。

（二）医疗美容行政法律责任

医疗美容行政法律责任，是指当医疗美容机构及其医务人员的医疗美容诊疗行为违反了行政法规定的义务时，应当承担相应的责任，接受相关行政部门的制裁。这是医疗美容机构在对求美者履行民事合同义务的同时，违反了其作为医疗行政管理关系中的被管理者应遵守的义务。《医疗机构管理条例》《中华人民共和国执业医师法》《医疗事故处理条例》《护士条例》《乡村医生从业管理条例》和其他与医疗卫生管理相关的法律、法规、部门规章，都是医疗美容机构及其医务人员承担医疗美容损害行政责任的处罚依据。

（三）医疗美容刑事责任

医疗美容刑事责任，是指医疗美容机构及其医务人员因其诊疗行为违反了刑法的相关规定而必须承担的刑事处罚。当医疗美容机构及其医务人员的违法诊疗行为达到一定的严重程度时，这时就由处于保障法地位的刑法来制裁。刑法具有调整范围广泛的性质，其中也有关于调整医疗美容法律关系的规定。根据刑法中罪刑法定的基本原则，只有刑法明确规定为犯罪的，才能使行为人承担刑事责任。刑事责任是由国家追究的，绝对不允许当事人协商或者调解。当医疗美容医务人员在医疗美容诊疗活动中有严重不负责任的行为，致使求美者死亡或身体健康受到严重损害，司法机关将会以医疗事故罪追究其刑事责任。

值得注意的是，刑法中规定的非法行医罪并不属于医疗美容刑事责任。原因如下：①非法行医罪的主体，是未取得医疗执业资格的人，不是医务人员，不是医疗美容法律关系中的主体或实施者。②非法行医的主观要件为故意。行为人对自己没有医疗执业资格和缺乏医疗美容技能是明知的，对有可能造成求美者伤残甚至死亡的结果也是明知的，仍对求美者的伤残、死亡采取了放任的态度。而医疗美容刑事责任的主观心态是过失，如果医务人员在医疗美容活动中故意造成求美者伤残或死亡，就涉及故意伤害罪和故意杀人罪，不属于医疗美容刑事责任。

第2节　医疗美容法律关系的主体

医疗美容法律关系的主体，可以简称医疗美容法律主体，是指在医疗美容法律关系中享有权利承担义务的人。这里的“人”既可以是有生命的并具有法律人格的自然人，也可以是组织，是拟制的人，是法律赋予同自然人一样有独立的人格和意志的组织体。法律主体直接影响着法律关系的形成、变更和终止。医疗美容法律关系的主体包括医疗美容机构或具备医疗美容科室的医疗机构和求美者。

一、具备医疗美容科室的医疗机构

开办医疗机构应当取得医疗机构执业许可证，依据《医疗机构管理条例》及相关的实施细则的规定，依法设立和登记，既要符合当地医疗机构设置规划和国家卫生行政部门规定的医疗机构标准等实体要求，又要履行设立的法定程序，包括取得设置医疗机构批准书、履行登记手续，领取医疗机构执业许可证等。医疗机构设立的目的主要是从事疾病的诊疗活动。《医疗机构管理条例》第十六条明确规定，申请医疗机构执业登记，应当具备下列条件：①有设置医疗机构批准书；②符合医疗机构的基本标准；③有适合的名称、组织机构和场所；④有与其开展的业务相适应的经费、设施、设备和专业卫生技术人员；⑤有相应的规章制度；⑥能够独立承担民事责任。

虽然医疗美容属于医疗行为，但并不是所有的医疗机构都能开展医疗美容活动。《医疗美容服务管理办法》第五条规定，申请举办美容医疗机构或医疗机构设置医疗美容科室必须同时具备下列

笔记

条件：①具有承担民事责任的能力；②有明确的医疗美容诊疗服务范围；③符合《医疗机构基本标准（试行）》；④省级以上人民政府卫生行政部门规定的其他条件。只有具备专业的医疗美容科室的医疗机构才能开展医疗美容活动，成为医疗美容关系的主体。

二、医疗美容机构

医疗美容机构，是指以开展医疗美容诊疗业务为目的，具有相应的从业人员，在卫生行政部门备案，具有独立承担民事责任的能力的医疗机构。医疗美容机构是医疗美容法律关系的主体。因为医疗美容机构也是医疗机构，因此医疗美容机构的设立也要符合医疗机构的基本条件。

除此之外，医疗美容机构的设立还要满足《医疗美容服务管理办法》第五条规定的设置条件。《医疗美容服务管理办法》明确了医疗美容机构的设置也要符合《医疗机构基本标准（试行）》，认为医疗美容机构属于医疗机构。那么医疗美容机构的设立不仅要满足医疗机构的基本条件，同时也要满足医疗美容机构的设立条件。

除了在机构的设置上，设置医疗美容机构比普通医疗机构更为严格以外，医疗美容机构中的执业人员的从业要求也比一般的医疗人员更为严格。《医疗美容服务管理办法》第十一条规定，负责实施医疗美容项目的主诊医师必须同时具备下列条件：①具有执业医师资格，经执业医师注册机关注册；②具有从事相关临床学科工作经历。其中，负责实施美容外科项目的应具有 6 年以上从事美容外科或整形外科等相关专业临床工作经历；负责实施美容牙科项目的应具有 5 年以上从事美容牙科或口腔科专业临床工作经历；负责实施美容中医科和美容皮肤科项目的应分别具有 3 年以上从事中医专业和皮肤病专业临床工作经历；③经过医疗美容专业培训或进修并合格，或已从事医疗美容临床工作 1 年以上；④省级人民政府卫生行政部门规定的其他条件。此外，从事医疗美容护理工作的人员，应同时具备下列条件：①具有护士资格，并经护士注册机关注册；②有 2 年以上护理工作经历；③经过医疗美容护理专业培训或进修并合格，或已从事医疗美容临床护理工作 6 个月以上。

从机构的设置到主诊医师的资质再到护理人员的资质，医疗美容机构都需要具有比普通医疗机构更严格的标准，只有符合医疗机构的相关规定，并且满足医疗美容机构的规定，在医疗美容机构工作的医务人员也满足相应的规定，才能成为医疗美容法律关系合格的主体，否则就会构成非法行为，不能产生医疗美容法律关系。

三、求　美　者

除了医疗美容机构，求美者是医疗美容法律关系的另一主体。求美者仅限于求美者本人，而不包括陪同的家属、朋友和有利害关系的人及单位。在医疗美容服务合同的履行过程中，医疗美容行为是作为医疗行为直接作用于求美者的人身，并且在此关系中，直接享有权利和承担义务的主体就是求美者本人。可能会出现求美者不是完全行为能力人或丧失意识表达能力的情况，这时虽然做出医疗决定的是求美者的法定代理人或其他无因管理人，但根据代理的法理特征来看，代理人行为的法律效果直接归属于被代理人，由此应当是被代理人和相对人之间产生民事法律关系，因此仅限求美者本人是医疗美容法律关系的主体。若求美者因医疗意外或医疗过错而死亡，其家属和利害关系人可能成为医疗美容损害赔偿的当事人，但仍不能取代求美者本人在医疗美容法律关系中的主体地位。

四、关于医疗美容机构中医务人员的问题

首先，在医疗美容机构中执业的医务人员不是医疗美容法律关系的主体。在医疗美容机构中，存在着执业美容医师、执业美容护士、执业药师等专业医务人员。他们虽然是代表医疗美容机构对求美者进行医疗美容行为的实际操作者，但他们只是机构的工作人员，是根据《中华人民共和国执业医师

法》和有关的法律法规规章及医疗机构的制度来具体执行医疗美容行为。医务人员同国家、医疗美容机构之间发生法律关系，而不是直接和求美者发生法律关系。医疗美容服务合同的双方当事人是求美者和医疗美容机构，需要履行医疗美容义务的也是医疗美容机构。而且，在医疗美容服务过程中，往往由医疗美容机构的多位医务人员对求美者进行服务。因此，将某个医务人员作为医疗美容法律关系的主体也不合适。根据法律，法人或者其他组织的工作人员在执行职务或者实施授权行为发生的诉讼，应当由该法人或其他组织作为民事当事人。医疗机构的医务人员不仅不是医疗美容法律关系的主体，也不是医疗美容损害中的责任承担主体。

第 3 节　医疗美容法律关系的客体

医疗美容法律关系的客体，是指医疗美容法律关系主体享有民事权利和承担民事义务所共同指向的对象。建立民事法律关系的目的，是为了保护某种利益获取某种利益或分配转移某种利益。因此，民事法律关系的客体，是连接民事权利和民事义务的桥梁。

从罗马法以来，民事法律关系的客体是权利客体。权利客体的范围比“物”的概念的范围更为广泛，是指权利主体所支配的各种权利的对象，除包括物以外，还包括各种权利、利益和行为，其中行为包括作为和不作为。民事法律关系的客体具有以下特征：①利益性。民事法律关系的客体是指能满足人们利益需要的载体。民事主体享有的民事权利是为了满足自己的某种利益需要。比如父母对未成年子女的权利客体是身份利益，这种利益是为了满足未成年子女的利益需要，如果没有利益需要，就不存在该种权利了。人的利益需要是多种多样的，不仅有物质利益需要，还有非物质利益需要，比如精神利益需要。因此，民事法律关系的客体包括物质利益和非物质利益。②客观性。民事法律行为的客体是客观存在的，不以主体的意志为转移。不能客观存在的事物当然不能成为法律关系的客体。③法定性。哪些事物能够成为民事法律关系的客体，通常都由法律明确规定。因此，法律的变动也会导致法律关系客体的变动。④可支配性。民事法律关系的客体应该是人们可以支配和利用的事物，能够被人们控制的事物才适合由法律来调整，才能成为民事法律关系主体权利义务所共同指向的对象。人们控制客观事物的能力是随着科技的发展逐渐增强的，现在无法掌控的事物，将来可能会由于科学技术的创新而变得可控。

医疗美容法律关系是医疗美容法律主体之间的权利义务关系，但关于医疗美容法律关系的客体存在着不同的声音。有观点认为是医疗美容这种医疗行为的本身，也有观点认为是求美者受法律所保护的人身权益，包括生命权和健康权。但大多数观点认为，求美者在医疗美容行为过程中的人身权益如生命健康权和对美的追求，都只是医疗美容行为的目的，是双方共同努力想要达成的目的，而不应是医疗美容法律关系的客体。在医疗美容服务合同中，医疗美容机构的义务是在保障求美者的知情同意权和自主选择权的情况下为求美者实施合适正确的医疗美容行为，同样这也是求美者的权利。这是双方权利义务所共同指向的对象，因此医疗美容行为才是医疗美容法律关系的客体。

第 4 节　医疗美容法律关系的内容

医疗美容法律关系的内容是指在医疗美容法律关系中的求美者和医疗美容机构两方主体享有的权利和承担的义务。由于求美者的权利和义务将会在其他章节详尽阐述，因此，此处仅针对医疗美容机构的权利和义务详尽说明。

一、医疗美容机构的权利

我国的医疗美容执业是以医疗美容机构执业为基础的，目前医疗美容人员不能个人执业，必须在医疗机构中执业。因此，在讨论医疗美容法律关系时涉及的医方的权利，其实也就是医疗美容机构的权利。

作为医疗美容执业主体享有的权利属于医疗美容服务法律关系主体特有的权利，其是在向求美者提供医疗美容活动过程中依法享有的权利，也是法律赋予其在医疗美容服务活动过程中的权利。如果医疗美容机构的权利没有落实，那么其医疗美容执业活动就会遇挫，不仅难以进行医疗美容执业活动，其自身也很难生存和发展。因此，必须明确医疗美容机构作为医疗美容执业主体依法应当享有的权利，本质就是医疗美容经营权，主要包括以下三方面的权利。

（一）开展医疗美容活动的权利

医疗美容机构在获得医疗美容执业许可之后，便有权在注册登记的执业地点、执业范围内开展医疗美容活动。开展医疗美容活动的权利是医疗美容机构的基本权利。医疗美容机构获得执业许可后，就可以发布医疗美容广告，对外宣传和招揽医疗美容业务。在具体的医疗美容服务过程中，可以在法律允许的范围内开展医疗美容活动，有权根据求美者自主选择的方式和内容来实施相应的医疗美容行为。

（二）收取医疗美容服务费用的权利

在医疗美容服务市场化的当下，医疗美容服务均为收费项目，医疗美容的市场化，意味着医疗美容机构在为求美者提供医疗美容服务的同时，应当收取求美者交纳的医疗美容服务费用。按照市场等价交换的原则，如果求美者不支付医疗美容费用，医疗美容机构就有权拒绝提供服务。

医疗美容不同于普通医疗行为。普通的医疗机构，在患者生命垂危需紧急救治的情况下，即使患者无力支付医疗费用，医疗机构也不能拒绝救治，而是应当以生命为重，以救死扶伤的人道主义精神和法律规定的紧急救治义务对患者进行救治。在医疗美容的情境下，不会对求美者的生命健康权造成威胁，因此，医疗美容机构不需要承担紧急救治的义务，在求美者无力承担医疗美容费用时就可以拒绝诊疗，这是医疗美容机构的权利。

（三）管理医疗美容执业人员的权利

医疗美容机构是医疗美容执业人员执业的场所，医疗美容机构为医疗美容执业人员提供了执业的平台，国家对医疗美容机构实施执业许可管理，医疗美容机构对医疗美容执业人员进行管理。医疗美容执业人员众多，卫生行政管理部门人员有限，如果医务人员都由卫生行政部门进行监管，势必会造成监管不到位的局面。因此，由医疗美容机构对执业人员进行管理，医疗美容执业人员实际履行医疗美容服务的义务，而医疗美容机构收取医疗美容费用并对求美者承担相应的法律责任，并依据约定的薪资标准给医疗美容执业人员发放薪金。因此，医疗美容机构和医疗美容执业人员是管理与被管理、雇佣与被雇佣的关系。那么医疗美容机构当然享有管理医疗美容执业人员的权利。

二、医疗美容机构的义务

（一）美容诊疗义务

在医疗美容法律关系中，美容诊疗义务是医疗美容机构的主要义务。根据求美者的要求，依据求美者的面部和身体特征，运用医疗美容诊疗技术，以求达到求美者对美的追求。在医疗美容过程中，如果医疗美容机构的工作人员由于过失没有尽到法定的义务或合同约定的义务，给求美者的身体健康甚至生命造成损害的，那么医疗美容机构就应当承担相应的医疗美容损害赔偿责任。由此可以看出，在医疗美容行为过程中，实际效果十分重要，医疗美容机构承担着保障实际效果的义务。《医疗美容服务管理办法》中对医疗美容执业人员的资格准入要求很高，因为医疗美容执业人员不

笔记

仅承担着普通医务人员保障患者生命健康的义务，还承担着改善求美者容貌和身体外观的义务。医疗美容机构在履行美容诊疗义务时需要遵循无伤害原则。

无伤害原则在医学伦理学的基本原则中处于首要地位。无伤害原则具有两方面的含义：消极意义和积极意义。从消极意义上而言，是指“不为”，也就是不做伤害求美者的事；从积极意义上而言，是指“有所为”，也就是做有益于求美者的事。因此，“无伤害”是指有所为而又不伤害。一般的医疗行为是要求医疗机构和医务人员为患者治疗疾病、缓解痛苦并不能给患者带来经济上、精神上和技术上的伤害。而医疗美容行为的追求是让原本健康的面容和身体变得更美，从而满足求美者对美认知的心理需求。也就是医疗美容行为要在满足身体健康的生理需求之上寻求对美的心理需求。因此，无论求美者如何要求，医疗美容的项目、方式如何，都不能对求美者的生命健康造成损害，要在无伤害的原则下实施医疗美容技术，而不能为满足求美者对美的心理追求而牺牲求美者的健康甚至是生命。

（二）如实告知的义务

医疗美容机构的告知和说明义务是指在医疗美容服务过程中，涉及求美者的切身相关利益时，要如实告知求美者并取得其同意才能开展相应的医疗美容干预措施。根据《中华人民共和国民法典》第一千二百一十九条的规定，医务人员在诊疗活动中应当向患者说明病情和医疗措施。需要实施手术、特殊检查、特殊治疗的，医务人员应当及时向患者具体说明医疗风险、替代医疗方案等情况，并取得其明确同意；不能或者不宜向患者说明的，应当向患者的近亲属说明，并取得其明确同意。

在医疗美容活动中，医疗美容机构及其医务人员应该告知的内容主要有：一是医疗美容机构和医务人员的基本情况、美容专长等。二是求美者的容貌身体情况和医疗美容技术的方式和手段。三是医疗美容措施的医疗风险、替代医疗美容方案等。四是求美者美容治疗的药物服用、医疗美容器械的使用等。五是医疗美容过程中出现紧急情况时，若需要更换医疗措施或医疗美容医师时，应及时进行告知。

（三）保护求美者隐私的义务

《中华人民共和国执业医师法》第二十二条规定，医师在执业活动中应履行关心、爱护、尊重患者，保护患者的隐私。由于医疗美容活动的特点，求美者大多是对自己的容貌身体不自信所以寻求医疗美容手段的介入，因此医疗美容的项目和手段等相关情况都可能成为求美者不愿为外人知晓的隐私。求美者来医疗美容机构就医，双方应该在互相信任的基础上开展医疗美容活动，求美者基于足够的信任将自己的容貌和身体交给医疗美容医师，因此医疗美容机构及其工作人员都应当保护求美者的隐私。《中华人民共和国民法典》也对医疗机构及其医务人员违反保密义务的后果进行了规定，如果医方泄露求美者的隐私或者未经其同意公开病历资料，造成求美者损害的，应当承担相应的侵权责任。

（四）制作和保管医疗美容病历的义务

医疗美容病历是求美者身体情况和医疗美容措施的载体，不仅具有医疗功能，同时还具有证据功能。从医疗的角度来看，从面诊到手术再到术后恢复情况。病历都是最直观的证明，有利于更好地根据求美者的情况变化进行医疗美容手段的实施和调整；从法律的角度来看，一旦发生医疗美容损害纠纷，病历是医疗美容活动各个过程的记载，有助于认定医疗美容机构是否尽到了应尽的医疗美容诊疗义务。因此医疗美容机构应当如实制作并妥善保管医疗美容病历。

《中华人民共和国执业医师法》第二十三条规定，医师实施医疗、预防、保健措施，签署有关医学证明文件，必须亲自诊查、调查，并按照规定及时填写医学文书，不得隐匿、伪造或者销毁医学文书及有关资料。在发生医疗美容损害纠纷争议时，可以在医疗美容机构和求美者双方在场的情

笔记

况下封存相关医疗美容病历。此外，《医疗机构管理条例实施细则》也规定，医疗机构的门诊病历的保存期不得少于十五年，住院病历的保存期不得少于三十年。如果医疗美容机构不按时制作或妥善保管医疗美容病历，不仅会承担相应的行政责任，还有可能因推定医疗美容行为具有过错而承担医疗美容损害的民事责任。

小结

医疗美容法律关系是医疗服务合同关系，属于民事法律关系。医疗美容法律关系的主体是求美者和具备医疗美容科室的医疗机构或医疗美容机构，客体是医疗美容行为，内容是求美者和医疗美容机构双方的权利义务。只有正确认识医疗美容法律关系，才能在法律适用中作出最符合公平正义的选择，在医疗美容纠纷发生时，维护求美者和医疗美容机构双方的合法权益。

章前案例解析

1. 医疗美容机构与求美者之间形成的医疗美容关系是民事法律关系。本案中，求美者由于生活美容的效果不佳，与医疗美容机构在双方平等、自愿的基础上签订了增大乳房的医疗美容合同，形成民事法律关系。

2. 医疗美容法律关系的主体是医疗美容机构和求美者。本案中，医疗美容机构和求美者是医疗美容服务合同的签订主体，并各自享有民事权利和承担民事义务。

3. 医疗美容机构在医疗美容活动中需要承担美容诊疗义务、如实告知的义务、保护求美者隐私的义务、制作和保管医疗美容病历的义务等。本案中，医疗美容机构询问求美者乳房发育情况，详细告知求美者手术信息，并实施手术等都是履行法律义务的体现。

思考题

1. 简述医疗美容法律关系性质。
2. 医疗美容法律关系的主体包括哪些？
3. 简述医疗美容机构设立的条件。
4. 医疗美容机构的权利义务分别有哪些？

（石　悦）

第2章 医疗美容医务人员执业法律制度

本章概要

医疗美容医务人员包括医疗美容执业医师和医疗美容护士。医疗美容执业医师中，有着更严苛准入资格的医疗美容主诊医师，负担着医疗美容项目实施的责任，因此在医疗美容主诊医师的资格、考核与培训等方面都有区别于普通执业医师的内容。医疗美容护士，同样具备着相对普通执业护士更为严苛的条件，需要具备一定的执业经历和专业熟练度。医疗美容医务人员的执业法律制度是建立在普通医务人员的职业法律制度基础上，在法律法规规定的框架内遵守医疗美容行为规范。

案例2

原告盛某因需取出脸部钢丝前往被告医疗美容机构行“颧骨固定钢丝祛除术（右侧）”，术后出现疼痛、口角歪斜、张口受限等症状而诉至法院。原告诉称，被告医疗美容机构存在以下过错：告知不当、手术医师和护士资质存在问题、手术操作不当等。法院审理，认定告知不当、手术操作不当的事实客观存在，手术医师马某于几年前取得注册医师资格，执业级别为“执业医师”，执业类别为“临床”，执业科目为“外科专业（整形，美容）”，原执业地点为A市B医疗美容诊所，应被告医疗美容机构邀请，以会诊的形式进行涉诉诊疗行为，其并未列入A市医疗美容主诊医师和外籍整形外科专业医师名单中，不具备医疗美容主诊医师资格证书。手术护士虽经执业注册取得护士执业证书，但未经医疗美容护理专业培训，虽进修合格但未满6个月医疗美容工作时限，故原告术后的损害后果与被告的治疗有关，构成医疗美容损害。判决被告对原告进行经济赔偿。

问题： 1. 案例中手术医师马某在医疗美容执业活动中存在什么问题？

2. 案例中手术护士在医疗美容执业护理中存在什么问题？

3. 医疗美容医务人员要以什么行为规范为前提？

第1节 医疗美容执业医师法律制度

一、医疗美容执业医师的概念

《中华人民共和国执业医师法》第二条规定，医师是指“依法取得执业医师资格或者执业助理医师资格，经注册在医疗、预防、保健机构中执业的专业医务人员”。医师应当具备良好的职业道德和医疗执业水平，发扬人道主义精神，履行防病治病、救死扶伤、保护人民健康的神圣职责。医师应当履行职责，受全社会尊重，受法律保护。

医疗美容执业医师，是指依法取得执业医师资格或者执业助理医师资格，经注册在医疗美容机构中从事医疗美容专业的医务人员。主要分为两类：医疗美容主诊医师和医疗美容非主诊医师（不能独立执业的医疗美容医师）。医疗美容主诊医师，是指具备《医疗美容服务管理办法》第十一条规定的条件，负责实施医疗美容项目的执业医师。医疗美容非主诊医师又包括两类：执业助理医师和未取得医疗美容主诊医师资格的执业医师。无论能否独立执业，医疗美容执业医师都应当先取得执业医师资格或者执业助理医师资格，这是医疗美容医师执业的首要前提。

二、医疗美容执业医师的考试与注册制度

（一）医师资格和医师执业注册

1. 医师资格考试的种类　我国医疗行业准入实行的是执业医师资格考试制度，也是考核申请考试者是否具备从事医师工作所必需的专业知识与技能的考试。医师资格考试由省级以上人民政府卫生行政部门组织实施。

2. 医师资格考试的条件　执业医师资格考试的条件。依据《中华人民共和国执业医师法》第九条规定，具有下列条件之一的，可以参加执业医师资格考试：①具有高等学校医学专业本科以上学历，在执业医师指导下，在医疗、预防、保健机构中试用期满一年的；②取得执业助理医师执业证书后，具有高等学校医学专科学历，在医疗、预防、保健机构中工作满二年的；具有中等专业学校医学专业学历，在医疗、预防、保健机构中工作满五年的。

执业助理医师资格考试的条件。依据《中华人民共和国执业医师法》第十条规定，具有高等学校医学专科学历或者中等专业学校医学专业学历，在执业医师指导下，在医疗、预防、保健机构中试用期满一年的，可以参加执业助理医师资格考试。

此外，以师承方式学习传统医学满三年或者经多年实践医术确有专长的，经县级以上人民政府卫生行政部门确定的传统医学专业组织或者医疗、预防、保健机构考核合格并推荐，可以参加执业医师资格或者执业助理医师资格考试。考试的内容和办法由国务院卫生行政部门另行制定。

3. 医师资格证书的取得和医师执业的领域范围　若考试者在医师资格考试中取得合格的成绩，国家将确认其执业医师资格或者执业助理医师资格，由省级人民政府卫生行政部门为考试成绩合格者颁发国务院卫生行政部门统一印刷的医师资格证书。取得医师资格证书是公民从事医师执业必须具备的条件和身份。因国家实行医师执业注册制度，在医师取得医师资格后，可以向所在地县级以上人民政府卫生行政部门申请注册。医师经注册后，可以在医疗、预防、保健机构中按照注册的执业地点、执业类别、执业范围执业，从事相应的医疗、预防、保健业务。未经医师注册取得执业证书，不得从事医师执业活动。并且医师进行执业注册的类别必须以取得医师资格的类别为依据。

（二）医疗美容医师执业注册

医疗美容医师包括能独立执业的医疗美容主诊医师和不能独立执业的医疗美容非主诊医师。医疗美容非主诊医师，是指执业助理医师和不能单独执业医疗美容的执业医师，要在医疗美容主诊医师的负责和指导下从事医疗美容活动。无论能否独立从事医疗美容活动，医疗美容医师都应当具备医师资格证书和医师执业证书。在此基础上，能够独立执业的医疗美容主诊医师，需要满足更加严苛的条件。依据《国家卫生计生委关于加强医疗美容主诊医师管理有关问题的通知》（国卫医发〔2017〕16 号）要求，力求对医疗美容主诊医师资格的准入和认定进行有序监管，对医疗美容主诊医师的专业实行备案管理。

负责实施医疗美容项目的主诊医师必须同时具备下列条件：①具有执业医师资格，经执业医师注册机关注册；②具有从事相关临床学科工作经历。其中，负责实施美容外科项目的应具有六年以上从事美容外科或整形外科等相关专业临床工作经历；负责实施美容牙科项目的应具有五年以上从事美容牙科或口腔科专业临床工作经历；负责实施美容中医科和美容皮肤科项目的应分别具有三年以上从事中医专业和皮肤病专业临床工作经历；③经过医疗美容专业培训或进修并合格，或已从事医疗美容临床工作一年以上；④省级人民政府卫生行政部门规定的其他条件。

经审条件合格后，需所在执业医疗美容机构对其医疗美容主诊医师的专业进行核定，并将核定

结果报核发其医疗机构执业许可证的卫生行政部门备案。卫生行政部门收到备案信息后，在指定的受理期限内在医疗美容主诊医师的医师执业证书“备注”页登记核定专业和备注时间，并加盖卫生行政部门公章后，及时录入国家卫生行政部门医师管理信息系统。

三、医疗美容医师的执业规则

（一）医疗美容医师在执业活动中享有的权利

既作为公民又作为执业医师的医疗美容医师，依法享受公民和执业医师的权利的同时，也享有选择美容手术的权利。由于其在执业活动中面对的就医者大部分是健康人群中的求美者，因此，医疗美容医师除了享有医师的执业自主权、执业条件保障权、专业研习权、获得尊重权、获取报酬权及参与民主管理权之外，还享有以下四种权利：①术前心理诊断权，即了解就医者求美动机，分析主客观缺陷与预期的差距，必要时鉴别精神心理障碍就医者。②选择美容手术权，即医疗美容医师可以拒绝为严重心理障碍就医者、经期或者妊娠期女性就医者、精神病患者、难以达到主观美容目的的就医者和有违伦理道德的就医者进行医疗美容手术。③术后监护权，即在手术后，医疗美容医师可以根据情况要求就医者来院复查，行使监护权。这是由于大部分医疗美容手术属于门诊手术，就医者因医学美容术后知识匮乏且手术部位创伤不大，从而对术后护理采取轻视的态度。因此，医疗美容医师享有术后监护权。

（二）医疗美容医师在执业活动中应履行的义务

在执业活动中，医疗美容医师首要的是履行作为一名执业医师应尽的义务，如依法执业、恪守医德、尊重患者、勤勉执业、健康促进。其次是投身于医疗美容领域时，应该具备整形外科学、医学美学、美容解剖学、美容心理学、美术学、医学美容艺术基础、美容药物学、医学美容技术、美容化妆品学、美容皮肤学、心理学等多学科知识，并积极履行执业活动中的义务。其中包括：①告知说明义务。改变过去就医者被动接受医疗美容手术的模式，用通俗易懂的话语充分告知就医者手术方式及相关信息，让其在完全知情的前提下选择适合自己的手术方式。②恪守局部微创和整体不伤害的原则，最大限度地确保就医者身体健康、功能正常，且手术的美容效果、心理效果和社会效果得到改善。③宣传义务。大力宣传医疗美容的基本常识，宣扬正确的审美标准和审美理念，力求杜绝无证美容、非法行医疗美容的现象，使医疗美容行业健康蓬勃地发展。

（三）医疗美容医师的执业规则

医疗美容医师有严格的执业规则，在实施医疗美容项目上，因医疗美容服务实行主诊医师负责制，只有在医疗美容主诊医师负责或在其指导下才能实施医疗美容项目；在执业医师要求上，医疗美容执业医师要严格执行有关法律、法规和规章，遵守医疗美容技术操作规程；在治疗前对就医者的告知上，医疗美容执业医师必须向就医者本人或者亲属书面告知治疗的适应证、禁忌证、医疗风险和注意事项等，并取得就医者本人或监护人的签字同意，未经监护人同意，不得为无行为能力或者限制行为能力人实施医疗美容项目；在尊重就医者隐私权上，医疗美容执业医师要尊重就医者的隐私权，未经就医者本人或监护人同意，不得向第三方披露就医者病情及病历资料。

四、医疗美容医师的考核与培训

（一）执业医师的考核与培训

受县级以上人民政府卫生行政部门委托的机构或者组织应当按照医师执业标准，对执业医师的业务水平、工作成绩和职业道德状况进行定期考核。为维护医疗卫生事业的不断发展，卫生行政部门对执业医师做出进一步的有序监管。在考核周期上，周期定为两年；在考核对象上，分别对执业医师和执业助理医师进行考核；在考核类别上，主要包括临床、中医、口腔和公共卫生四种类别；在考核机构上，主要是由县级以上人民政府卫生行政部门委托符合条件的医疗、预防等机构或者医疗卫生行业、学术组织承担医师定期考核工作并公布受委托的考核机构名单，行政部门可以负责指导、检查和监督医师考核工作，考核机构应向委托其承担考核任务的卫生行政部门报告考核工作情况及医师考核结果。在考核执业记录上，将医师行为分为良好和不良好行为记录，并将此作为考核依据之一；在考核方式上，定期考核包括业务水平、工作成绩和职业道德状况评定，其中，业务水平由考核机构负责，职业道德由医师所在的医疗机构负责，再让考核机构复核；在考核结果上，分为合格与不合格，任一考核方式不能通过评定或测评的，视为不合格。对于考核不合格的医师，县级以上人民政府卫生行政部门可以责令其暂停执业活动三至六个月，并接受培训和继续医学教育。

在培训上，主要是包括两方面：一是县级以上人民政府卫生行政部门应当制定医师培训计划，对医师进行多种形式的培训，为医师接受继续医学教育提供条件；二是医疗、预防、保健机构应当按照规定和计划保证本机构医师的培训和继续医学教育。

（二）医疗美容医师的考核与培训

医疗美容主诊医师根据执业医师的标准进行考核和培训。除此之外，由各省行政部门负责对医疗美容主诊医师的培训及日常管理考核工作，实现培训进修基地动态管理，并向社会公布培训进展情况。

在考核对象上，对医疗美容主诊医师进行考核。在考核机构上，主要是行政部门委托主诊医师所在的医疗美容机构对其进行考核，并择期前往卫生行政部门进行备案。在考核专业和执业范围上，主要是核对专业和执业范围相对应的情况，即核定为美容外科专业，其执业范围应为临床类别外科专业；核定为美容外科专业-眼科方向，其执业范围应为临床类别眼耳鼻咽喉科专业；核定为美容牙科专业，其执业范围应为口腔类别口腔专业；核定为美容皮肤科专业，其执业范围应为皮肤病与性病专业；核定为美容中医科专业，其执业范围应为中医类别中医专业、中西医结合专业。

在培训上，各地方卫生行政部门设立统一的培训基地，做到统一培训。例如，《江苏省卫生计生委关于加强医疗美容主诊医师管理有关问题通知的通知》规定，培训应在江苏省医疗美容培训基地进行，培训基地分别在东南大学附属中大医院（美容外科）、江苏省中医院（美容中医科）、江苏省口腔医院（美容口腔科）、江苏省人民医院（美容外科眼科方向）、中国医学科学院皮肤病医院（美容皮肤科），外省的培训证明需省级卫生行政部门出具该培训基地为本省培训基地的证明。

第2节　医疗美容执业护士法律制度

一、医疗美容执业护士的概念

护士是指经执业注册取得护士执业证书，按照《护士条例》规定从事护理活动，履行保护生命、减轻痛苦、增进健康职责的卫生技术人员。医疗美容执业护士，是指经执业注册，从事医疗美容护理工作的执业护士。

取得护士资格并经护士注册机关注册，是成为医疗美容执业护士的前提。因此，医疗美容执业护士不仅应具备执业护士的条件，还应同时具备以下三个条件：①资格上，具有护士资格，并经护士注册机关注册；②经历上，具有两年以上护理工作经历；③经过医疗美容护理专业培训或进修并合格，或已从事医疗美容临床护理工作六个月以上。

笔记

二、医疗美容护士执业资格考试制度

因医疗美容护士执业条件是在满足护士资格的前提下，经专业培训、进修或从事医疗美容护理工作六个月以上。所以，相对于医疗美容主诊医师的苛刻条件，医疗美容护士与临床护士差异甚微。因此，这里主要是对护士执业资格的考试制度进行阐述。

（一）考试原则、科目与条件

1. 考试原则 护士执业资格考试遵循公平、公开、公正的原则。实行国家统一考试制度。统一考试大纲，统一命题，统一合格标准。护士执业资格考试原则上每年举行一次，具体考试日期在举行考试 3 个月前向社会公布。

2. 考试科目 护士执业资格考试包括专业实务和实践能力两个科目。分别考察的是运用与护理工作相关的知识，有效而安全地完成护理工作的能力以及运用护理专业知识和技能完成护理任务的能力。一次考试通过两个科目为考试成绩合格。

3. 考试条件 申请参加护士执业资格考试者需要满足以下条件。在中等职业学校、高等学校完成国务院教育主管部门和国务院卫生主管部门规定的普通全日制三年以上的护理、助产专业课程学习，包括在教学、综合医院完成八个月以上护理临床实习，并取得相应学历证书的，可以申请参加护士执业资格考试。

（二）考试申请

申请参加护士执业资格考试的人员，不仅应当按国家价格主管部门确定的收费标准缴纳考试费，还应当在公告规定的期限内报名，并提交以下材料：①护士执业资格考试报名申请表；②本人身份证明；③近六个月二寸免冠正面半身照片三张；④本人毕业证书；⑤报考所需的其他材料。若申请人为在校应届毕业生，应当持有所在学校出具的应届毕业生毕业证明，到学校所在地的考点报名。若申请人为非应届毕业生，可以选择到人事档案所在地报名。

（三）考试合格证明

护士执业资格考试于考试结束后的四十五个工作日内公布考试成绩，由报名考点发放考生成绩单，若成绩合格可取得考试成绩合格证明，这将作为申请护士执业注册的有效证明。

三、护士执业注册制度

（一）护士执业注册的条件

只有当护士经执业注册取得护士执业证书后，才能按照注册的执业地点从事护理工作。未经执业注册取得护士执业证书者，不得从事诊疗技术规范规定的护理活动。因此，申请执业护士注册，应当满足以下四个条件才能进行申请：①具有完全民事行为能力；②在中等职业学校、高等学校完成国务院教育主管部门和国务院卫生主管部门规定的普通全日制三年以上的护理、助产专业课程学习，包括在教学、综合医院完成八个月以上护理临床实习，并取得相应学历证书；③通过国务院卫生主管部门组织的护士执业资格考试；④符合国务院卫生主管部门规定的健康标准。另外，在时间上，申请应当自护士通过执业资格考试之日起三年内提出，若逾期提出申请的，则除应具备申请条件第①项、第②项和第④项规定条件外，还应在符合国务院卫生主管部门规定条件的医疗卫生机构接受三个月临床护理培训并考核合格。

（二）护士执业注册机构

申请护工执业注册的，应当向拟执业地省、自治区、直辖市人民政府卫生主管部门提出申请。

收到申请的卫生主管部门应当自收到申请之日起二十个工作日内做出决定，对具备《护士条例》规定条件的，准予注册，并发给护士执业证书；对不具备《护士条例》规定条件的，不予注册，并书面说明理由。护士执业注册有效期为五年。

（三）护士执业注册变动

1. 护士执业注册变更 若护士想在执业注册有效期内变更执业地点的，应当向拟执业地注册主管部门报告，并提交以下材料：①护士变更注册申请审核表；②申请人的护士执业证书。注册部门应当自受理之日起七个工作日内为申请护士办理变更手续。护士跨省、自治区、直辖市变更执业地点的，收到报告的注册部门还应当向其原执业地注册部门通报。省、自治区、直辖市人民政府卫生行政部门应当通过护士执业注册信息系统，为护士变更注册提供便利。但如果护士承担卫生行政部门交办或者批准的任务以及履行医疗卫生机构职责的护理活动，如经医疗卫生机构批准的进修、学术交流等，则不需要变更执业地点。

2. 护士执业注册延续 护士执业注册有效期届满需要继续执业的，应当在有效期届满前三十日，准备以下材料提交至原注册部门申请延续注册：①护士延续注册申请审核表；②申请人的护士执业证书；③省、自治区、直辖市人民政府卫生行政部门指定的医疗机构出具的申请人六个月内健康体检证明。注册部门自受理之日起二十日内进行审核，若审核合格，则予以延续注册。若出现以下两种情形，不予延续注册，并出具书面说明：①不符合《护士执业注册管理办法》第六条规定的健康标准的；②被处暂停执业活动处罚期限未满的。

3. 护士执业重新注册 有下列情形之一的，拟在医疗卫生机构执业时，应当重新申请注册：①注册有效期届满未延续注册的；②受吊销护士执业证书处罚，自吊销之日起满两年的。重新申请注册的，按照《护士执业注册管理办法》第七条的规定提交材料；中断护理执业活动超过三年的，还应当提交在省、自治区、直辖市人民政府卫生行政部门规定的教学、综合医院接受三个月临床护理培训并考核合格的证明。

4. 护士执业注册注销 护士执业注册后有下列情形之一的，原注册部门办理注销执业注册：①注册有效期届满未延续注册；②受吊销护士执业证书处罚；③护士死亡或者丧失民事行为能力。

四、护士的权利与义务

（一）护士的权利

《护士条例》明确护士应当享有的权利，规定对优秀护士的表彰、奖励措施，来激发护士的工作积极性，鼓励社会符合条件的人员学习护理知识，从事护理工作，在全社会形成尊重护士、关爱护士的良好氛围。护士在执业活动中可享受以下四种权利：①有按照《工伤保险条例》《国务院关于建立城镇职工基本医疗保险制度的决定》《关于事业单位、民间非营利组织工作人员工伤有关问题的通知》《关于护士工龄津贴的若干规定》等国家有关规定获取工资报酬、享受福利待遇、参加社会保险的权利。②有获得与其所从事的护理工作相适应的卫生防护、医疗保健服务的权利。从事直接接触有毒有害物质、有感染传染病危险工作的护士，有依照有关法律、行政法规的规定接受职业健康监护的权利；患职业病的，有依照法律、行政法规的规定获得赔偿的权利。③有按照国家有关规定获得与本人业务能力和学术水平相应的专业技术职务、职称的权利；有参加专业培训、从事学术研究和交流、参加行业协会和专业学术团体的权利。④有获得疾病诊疗、护理相关信息的权利和其他与履行护理职责相关的权利，可以对医疗卫生机构和卫生主管部门的工作提出意见和建议。

（二）护士的义务

《护士条例》不仅明确规定了护士的权利，也通过细化内容，明确了护士应当履行的法定义务，促使广大护士尽职尽责，全心全意为人民群众的健康服务。具体包括以下几种义务：①应当遵守法律、法规、规章和诊疗技术规范的规定。这是护士执业的根本准则，即合法性原则。这一原则涵盖了护士执业的基本要求，包含了护士执业过程中应当遵守的具体规范和应当履行的具体义务。通过法律、法规、规章和诊疗技术规范的约束，护士履行对患者、患者家属以及社会的义务。例如，严格地按照规范进行护理操作；为患者提供良好的环境，确保其舒适和安全；主动征求患者及家属的意见，及时改进工作中的不足；认真执行医嘱，注重与医生之间相互沟通；积极开展健康教育，指导人们建立正确的卫生观念和培养健康行为，唤起民众对健康的重视，促进地区或国家健康保障机制的建立和完善。②在执业活动中，发现患者病情危急，应当立即通知医师；在紧急情况下为抢救垂危患者生命，应当先行实施必要的紧急救护。③发现医嘱违反法律、法规、规章或者诊疗技术规范规定的，应当及时向开具医嘱的医师提出；必要时，应当向该医师所在科室的负责人或者医疗卫生机构负责医疗服务管理的人员报告。④应当尊重、关心、爱护患者，保护患者的隐私。这实质上是对患者人格和权利的尊重，有利于与患者建立相互信任、以诚相待的护患关系。⑤有义务参与公共卫生和疾病预防控制工作。发生自然灾害、公共卫生事件等严重威胁公众生命健康的突发事件，护士应当服从县级以上人民政府卫生主管部门或者所在医疗卫生机构的安排，参加医疗救护。

五、护士的监督与奖励

为了加强对护士执业行为的监督管理，促进其护理行为的规范，要求县级以上地方人民政府卫生主管部门建立本行政区域的护士执业良好记录和不良记录，并将该记录记入该护士执业信息系统；护士执业良好记录包括护士受到的表彰、奖励以及完成政府指令性任务的情况等内容；护士执业不良记录包括护士因违反《护士条例》以及其他卫生管理法律、法规、规章或者诊疗技术规范的规定受到行政处罚、处分的情况等内容。

《护士条例》第六条规定，国务院有关部门对在护理工作中做出杰出贡献的护士，应当授予全国卫生系统先进工作者荣誉称号或者颁发白求恩奖章，受到表彰、奖励的护士享受省部级劳动模范、先进工作者待遇；对长期从事护理工作的护士应当颁发荣誉证书。具体办法由国务院有关部门制定。县级以上地方人民政府及其有关部门对本行政区域内做出突出贡献的护士，按照省、自治区、直辖市人民政府的有关规定给予表彰、奖励。

第3节　医疗美容医务人员行为规范

一、医疗美容执业医师行为基本规范

为规范医疗美容服务市场秩序，首先要用执业医师规范来约束医疗美容执业医师，其次再站在医疗美容执业医师的角度去约束、规范其执业行为。由卫生部、国家食品药品监督管理局、国家中医药管理局联合印发的《医疗机构从业人员行为规范》中明确了医疗机构从业人员基本行为规范：①以人为本，践行宗旨；②遵纪守法，依法执业；③尊重患者，关爱生命；④优质服务，医患和谐；⑤廉洁自律，恪守医德；⑥严谨求实，精益求精；⑦爱岗敬业，团结协作；⑧乐于奉献，热心公益。其次在医疗美容执业活动中，应严格遵守医疗美容基本操作规范。例如，术前给予就医者正确的审美引导；未经就医者同意的情形下不得公布其术前术后照片等。

二、医疗美容护士行为基本规范

医疗美容护士要做到以下行为规范：①不断更新知识，提高专业技术能力和综合素质，尊重关心爱护患者，保护患者的隐私，注重沟通，体现人文关怀，维护患者的健康权益。②严格落实各项规章制度，正确执行临床护理实践和护理技术规范，全面履行医学照顾、病情观察、协助诊疗、心

笔记

理支持、健康教育和康复指导等护理职责，为患者提供安全优质的护理服务。③工作严谨、慎独，对执业行为负责。发现患者病情危急，应立即通知医师；在紧急情况下为抢救垂危患者生命，应及时实施必要的紧急救护。④严格执行医嘱，发现医嘱违反法律、法规、规章或者临床诊疗技术规范，应及时与医师沟通或按规定报告。⑤按照要求及时准确、完整规范书写病历，认真管理，不伪造、隐匿或违规涂改、销毁病历。

小结

医疗美容系属医学行为，国家为规范医疗美容，促进医疗美容事业的健康发展，依据《中华人民共和国执业医师法》《医疗机构管理条例》《中华人民共和国护士管理办法》制定了《医疗美容服务管理办法》。该办法中规定医疗美容执业医师和护理人员从事医疗美容项目的资格要求，分别以执业医师、执业护士资格为前提，进行严格要求准入。只有在遵守医务人员执业法律制度的前提下，才能踏入医疗美容行业从事该项工作。并且在此基础上，进一步提升医疗美容医务人员的职业素养和业务水平，从而促进医疗美容行业的稳步前进。

章前案例解析

1. 手术医师马某在未具备医疗美容主诊医师资格的情况下，进行了医疗美容执业活动，不具备执业资格。

2. 手术护士在未经医疗美容护理专业培训或进修合格、未满 6 个月医疗美容工作时限的情况下，进行了医疗美容护理执业活动，不具备执业资格。

3. 医疗美容医务人员要以遵守《医疗机构从业人员行为规范》为前提，并且在医疗美容执业活动中遵守医疗美容医务人员行为规范。

思考题

1. 医疗美容主诊医师的执业资格有哪些条件？
2. 医疗美容医师有哪些权利义务？
3. 医疗美容护士的执业资格有哪些条件？
4. 医疗美容护士有哪些权利义务？

（张　盼　赵子君）

笔记

第3章 医疗美容机构法律制度

本章概要

医疗美容机构，是指以开展医疗美容诊疗业务为目的，具有相应的从业人员，在卫生行政部门备案，具有独立承担民事责任能力的医疗机构。从机构的设置到主诊医师和护理人员的资质，不仅要符合医疗机构的相关规定，同时要满足医疗美容机构的特殊要求，否则就会构成非法行为，不能构成医疗美容法律关系。

案例 3

北京市某区卫生监督所接到上级卫生行政部门转来的举报投诉单，举报人称该区某商业楼内存在一家非法经营微整形、整容的机构，并且该机构从事医疗美容活动没有取得相关的营业资质。卫生监督员进行了现场检查，发现在该机构对外招牌文字上包含医疗美容内容；美容室内有手术用缝线、灭菌注射用水、注射器；涉嫌未取得医疗机构执业许可证开展医疗美容活动；执业人员朱某现场未能出示卫生专业技术人员资质证明。机构负责人朱某承认没有取得过任何卫生专业技术人员资质，该机构未取得医疗机构执业许可证，擅自从事医疗美容执业活动，违法行为事实清楚、证据确凿、依据充分。

问题： 1. 医疗美容机构中常见的法律问题应如何处理？

2. 民营机构从事医疗美容活动应具备哪些条件？

第1节 医疗美容机构概述

21 世纪以来，医疗美容俨然成为一种时尚，大家对于美的追求通过现代化的科技手段可以快速实现，市场化的庞大客户需求，背后的超高收益，使得大量的医疗美容机构应运而生。然而缺乏标准化和规范化的培训手段，相应的职能监管部门也存在缺位状态，导致经济市场中的医疗美容机构存在良莠不齐、乱象丛生的现状，由此引发的法律纠纷更是层出不穷。

一、医疗美容机构的概念

医疗美容，是指运用手术、药物、医疗器械以及其他具有创伤性或者侵入性的医学技术方法对人的容貌和人体各部位形态进行的修复与再塑。医疗美容机构，是指以开展医疗美容诊疗业务为目的，具有相应的从业人员，在卫生行政部门备案，具有独立承担民事责任的能力的医疗机构。医疗美容机构是医疗美容法律关系的主体。

二、医疗美容机构特征

医疗美容的本质是医疗，只有在医疗机构内才能实施医疗美容项目，而一般的美容院、瘦身工作室等均不具备医疗资质，若想开展医疗美容服务，必须在符合相关规定的情况下经批准取得医疗机构执业许可证，并按照医疗机构管理的规定进行规范化管理。

除此之外医疗美容机构的设立还要满足特殊条件。《医疗美容服务管理办法》中规定，申请举办医疗美容机构的，和医疗机构设置医疗美容科室的条件相同，应当具有承担民事责任的能力；有明确的医疗美容服务范围，符合《医疗机构基本标准（试行）》，并满足省级以上人民政府卫生行政部门规定的其他条件。

三、医疗美容机构的种类

改革开放以来，我国民营医疗美容机构应运而生，不仅民营体制的医疗美容诊所、门诊犹如雨后春笋般发展起来，而且规模不一的美容医院林立于各大中城市，整个医疗美容事业在产业化的道路上迅猛发展，论规模已在国际上名列前茅。随着行业的发展，中国的医学美容逐渐走向股份制、企业化、民营化的发展模式，与国际的发展模式类同，整形外科以公立医院为主，而美容外科则以民营医院为主。

第2节　医疗美容机构的设置与登记

医疗美容机构依旧属于医疗机构的范畴，因此从机构的设置到主诊医师和护理人员的资质，医疗美容机构都需要有比普通医疗机构更严格的标准，只有符合医疗机构的相关规定，并且满足医疗美容机构的特殊规定，在医疗美容机构工作的医务人员也满足相应的规定，才能成为医疗美容法律关系合格的主体，否则就会构成非法行为，不能构成医疗美容法律关系。

一、机构设置申请条件与特殊要求

（一）机构设置申请条件

根据《医疗美容服务管理办法》第五条的规定，申请举办美容医疗机构或医疗机构设置医疗美容科室必须同时具备下列条件：①具有承担民事责任的能力；②有明确的医疗美容诊疗服务范围；③符合《医疗机构基本标准（试行）》；④省级以上人民政府卫生计生行政部门规定的其他条件。

但是，有下列情形之一的，不得申请设置医疗机构：①不能独立承担民事责任的单位；②正在服刑或者不具有完全民事行为能力的个人；③发生二级以上医疗事故未满五年的医务人员；④因违反有关法律、法规和规章，已被吊销执业证书的医务人员；⑤被吊销《医疗机构执业许可证》的医疗机构法定代表人或者主要负责人；⑥省、自治区、直辖市政府卫生行政部门规定的其他情形。有前款第②、③、④、⑤项所列情形之一者，不得充任医疗机构的法定代表人或者主要负责人。

（二）执业人员要求

除了在机构的设置上，医疗美容机构比普通医疗机构的更为严格以外，医疗美容机构中执业人员的从业要求也比一般的医疗人员更为严格。未经卫生行政部门核定并办理执业注册手续的人员不得从事医疗美容诊疗服务。

负责实施医疗美容项目的主诊医师必须同时具备下列条件：①具有执业医师资格，经执业医师注册机关注册；②具有从事相关临床学科工作经历。其中，负责实施美容外科项目的应具有六年以上从事美容外科或整形外科等相关专业临床工作经历；负责实施美容牙科项目的应具有五年以上从事美容牙科或口腔科专业临床工作经历；负责实施美容中医科和美容皮肤科项目的应分别具有三年以上从事中医专业和皮肤病专业临床工作经历；③经过医疗美容专业培训或进修并合格，或已从事医疗美容临床工作一年以上；④省级人民政府卫生行政部门规定的其他条件。不具备上述规定的美

笔记

容主诊医师条件的执业医师，可在美容主诊医师的指导下从事医疗美容临床技术服务工作。

从事医疗美容护理工作的人员，应同时具备下列条件：具有护士资格，并经护士注册机关注册；具有两年以上护理工作经历；经过医疗美容护理专业培训或进修并合格，或已从事医疗美容临床护理工作六个月以上。

二、机构设置申请程序

虽然《医疗美容服务管理办法》以及《医疗机构管理条例》对申请设置医疗机构的条件和程序做出了规定，但是，对美容医疗机构设置申请的许可程序应当依照《中华人民共和国行政许可法》的规定进行审核。

（一）申请与受理

申请举办美容医疗机构的单位或者个人，应按照《医疗美容服务管理办法》以及《医疗机构管理条例》中申请设置医疗机构的规定，提交下列文件。

1. 设置申请书 不设床位或者床位不满 100 张的医疗机构，向所在地的县级人民政府卫生行政部门申请；床位在 100 张以上的医疗机构和专科医院按照省级人民政府卫生行政部门的规定申请。卫生行政部门应当自受理设置申请之日起三十日内，作出批准或不批准的书面答复；批准设置的，发给医疗机构批准书。

2. 设置可行性研究报告 报告内容包括申请单位名称、基本情况以及申请人姓名、年龄、专业履历、身份证号码；所在地区的人口、经济和社会发展等概况；所在地区人群健康状况和疾病流行以及有关疾病患病率；所在地区医疗资源分布情况以及医疗服务需求分析；拟设医疗机构的名称、选址、功能、任务、服务半径；拟设医疗机构的服务方式、时间、诊疗科目和床位编制；拟设医疗机构的组织结构、人员配备；拟设医疗机构的仪器、设备配备；拟设医疗机构与服务半径区域内其他医疗机构的关系和影响；拟设医疗机构的污水、污物、粪便处理方案；拟设医疗机构的通讯、供电、上下水道、消防设施情况；资金来源、投资方式、投资总额、注册资金（资本）；拟设医疗机构的投资预算；拟设医疗机构五年内的成本效益预测分析。

可行性研究报告应一并附上申请设置单位或者设置人的资信证明。申请设置门诊部、诊所、卫生所、医务室、卫生保健所、卫生站、村卫生室（所）、护理站等医疗机构的，可以根据情况适当简化设置可行性研究报告内容。

3. 选址报告和建筑设计平面图 申请医疗机构执业登记必须填写《医疗机构申请执业登记注册书》，并向登记机关提交下列材料：《设置医疗机构批准书》或者《设置医疗机构备案回执》；医疗机构用房产权证明或者使用证明；医疗机构建筑设计平面图；验资证明、资产评估报告；医疗机构规章制度；医疗机构法定代表人或者主要负责人以及各科室负责人名录和有关资格证书、执业证书复印件；省、自治区、直辖市卫生行政部门规定提供的其他材料。申请门诊部、诊所登记的，还应当提交附设药房（柜）的药品种类清单、卫生技术人员名录及其有关资格证书、执业证书复印件以及省、自治区、直辖市卫生行政部门规定提交的其他材料。

县级以上地方人民政府行政部门对申请人提出的医疗美容机构设置许可申请，应当根据下列情况分别做出处理：①申请事项依法不需要取得医疗美容机构设置许可的，应当即时告知申请人不受理；②申请事项依法不属于卫生行政部门职权范围的，应当即时做出不予受理的决定，并告知申请人向有关行政机关申请；③申请材料存在可以当场更正的错误的，应当允许申请人当场更正，由申请人在更正处签名或者盖章，注明更正日期；④申请材料不齐全或者不符合法定形式的，应当当场或者在五个工作日内一次告知申请人需要补正的全部内容。当场告知时，应当将申请材料退回申请人；在五个工作日内告知的，应当收取申请材料并出具收到申请材料的凭据。逾期不告知的，自收到申请材料之日起即为受理；⑤申请事项属于本行政机关职权范围，申请材料齐全、符合法定形式，

笔记

或者申请人按照要求提交全部补正材料的，应当出具行政许可受理通知书。

县级以上地方人民政府卫生行政部门对申请人提出的申请决定予以受理的，应当出具受理通知书；决定不予受理的，应当出具不予受理通知书，说明不予受理的理由，并告知申请人依法享有申请行政复议或者提起行政诉讼的权利。

（二）审查与决定

登记机关在受理医疗机构执业登记申请后，应当对申请人提交的申请材料进行审查。需要对申请材料的实质内容进行核实的，应当在规定时限内进行审查和实地考察、核实，并对有关执业人员进行消毒、隔离和无菌操作等基本知识和技能的现场抽查考核。现场核查应当由符合要求的核查人员进行。核查人员不得少于 2 人。

除可以当场作出行政许可决定的外，县级以上地方人民政府卫生行政部门应当自受理行政许可申请之日起二十个工作日内作出行政许可决定，二十日内不能作出决定的，经本行政机关负责人批准，可以延长十个工作日，并应当将延长期限的理由告知申请人，但是，法律、法规另有规定的，依照其规定。

县级以上地方人民政府卫生行政部门认为医疗机构设置许可申请涉及公共利益的重大事项，需要听证的，应当向社会公告并举行听证。医疗机构设置许可直接涉及申请人与他人之间重大利益关系的，县级以上地方人民政府卫生行政部门在作出行政许可决定前，应当告知申请人、利害关系人享有要求听证的权利。申请人、利害关系人在被告知听证权利之日起五个工作日内提出听证申请的，卫生行政部门应当在二十个工作日内组织听证。听证期限不计算在行政许可审查期限之内。

县级以上地方人民政府卫生行政部门应当根据申请材料审查和现场核查等情况，对符合条件的，作出准予医疗机构设置的决定，并颁发设置医疗机构批准书和医疗机构执业许可证；对不符合条件的，应当及时作出不予许可的书面决定并说明理由，同时告知申请人依法享有申请行政复议或者提起行政诉讼的权利。

医疗机构执业登记的事项：①类别、名称、地址、法定代表人或者主要负责人；②所有制形式；③注册资金（资本）；④服务方式；⑤诊疗科目；⑥房屋建筑面积、床位（牙科治疗椅）；⑦服务对象；⑧职工人数；⑨执业许可证登记号（医疗机构代码）；⑩省、自治区、直辖市卫生行政部门规定的其他登记事项。门诊部、诊所除登记前款所列事项外，还应当核准登记附设药房（柜）的药品种类。

申请医疗机构执业登记有下列情形之一的，不予登记：①不符合设置医疗机构批准书核准的事项；②不符合《医疗机构基本标准》；③投资不到位；④医疗机构用房不能满足诊疗服务功能；⑤通讯、供电、上下水道等公共设施不能满足医疗机构正常运转；⑥医疗机构规章制度不符合要求；⑦消毒、隔离和无菌操作等基本知识和技能的现场抽查考核不合格；⑧省、自治区、直辖市卫生行政部门规定的其他情形。

医疗机构执业许可证发证日期为许可决定作出的日期，专科医院有效期（校验期）为三年，其他类型的医疗美容机构的有效期（校验期）为一年。

（三）变更、延续、注销

医疗机构执业许可证有效期内，因分立或者合并而保留的医疗机构应当申请变更登记；因分立或者合并而新设置的医疗机构应当申请设置许可和执业登记；因合并而终止的医疗机构应当申请注销登记。

医疗机构变更名称、地址、法定代表人或者主要负责人、所有制形式、服务对象、服务方式、注册资金（资本）、诊疗科目、床位（牙科治疗椅）的，必须向登记机关申请办理变更登记，并提交下列材料：①医疗机构法定代表人或者主要负责人签署的《医疗机构申请变更登记注册书》；②申请变更登记的原因和理由；③登记机关规定提交的其他材料。医疗机构迁出原登记机关管辖区域应当重新申请行政许可。

机关、企业和事业单位设置的为内部职工服务的医疗机构向社会开放，必须按照上述规定申请办理变更登记。

医疗机构在原登记机关管辖权限范围内变更登记事项的，由原登记机关办理变更登记；因变更登记超出原登记机关管辖权限的，由有管辖权的卫生行政部门办理变更登记。医疗机构在原登记机关管辖区域内迁移，由原登记机关办理变更登记；向原登记机关管辖区域外迁移的，应当在取得迁移目的地的卫生行政部门发给的《设置医疗机构批准书》，并经原登记机关核准办理注销登记后，再向迁移目的地的卫生行政部门申请办理执业登记。

登记机关在受理变更登记申请后，依据《医疗机构管理条例》及其实施细则的有关规定以及当地《医疗机构设置规划》进行审核，按照登记程序或者简化程序办理变更登记，并作出核准变更登记或者不予变更登记的决定。

医疗机构停业，必须经登记机关批准。除改建、扩建、迁建原因，医疗机构停业不得超过一年。

医疗机构应当于校验期满前三个月向登记机关申请办理校验手续。办理校验应当交验医疗机构执业许可证，并提交下列文件：①《医疗机构校验申请书》；②医疗美容机构执业许可证副本；③省、自治区、直辖市卫生行政部门规定提交的其他材料。县级以上地方人民政府卫生行政部门应当根据被许可人的延续申请，卫生行政部门应当在受理校验申请后的三十日内完成校验。

医疗机构有下列情形之一的，登记机关可以根据情况，给予一至六个月的暂缓校验期：①不符合《医疗机构基本标准》；②限期改正期间；③省、自治区、直辖市卫生行政部门规定的其他情形。不设床位的医疗机构在暂缓校验期内不得执业。暂缓校验期满仍不能通过校验的，由登记机关注销其医疗机构执业许可证。

医疗机构开业、迁移、更名、改变诊疗科目以及停业、歇业和校验结果由登记机关予以公告。

第3节　医疗美容机构基本标准

1994年9月2日，卫生部下发实施的《关于下发〈医疗机构基本标准〉（试行）的通知》（卫医发〔1994〕第30号）要求本标准为医疗机构执业必须达到的最低标准，其中对医疗美容机构基本标准进行详细规定，医疗美容机构基本标准分为三级整形外科医院、美容医院、医疗美容门诊部、美容整形外科诊所及医疗美容诊所。

一、三级整形外科医院

1. 床位　住院床位总数120张以上。

2. 科室设置

（1）临床科室：至少设有整形外科、麻醉科。

（2）医技科室：至少设有药剂科、检验科、放射科、手术室、病理科、消毒供应室、病案室。

3. 人员　每床至少配备1.03名卫生技术人员；每床至少配备0.4名护士；至少有12名具有副主任医师以上职称的医师。

4. 房屋　每床建筑面积不少于60平方米；病房每床净使用面积不少于6平方米；日平均每门诊人次占门诊建筑面积不少于4平方米。

5. 设备

（1）基本设备：呼吸机、麻醉机、心电监护仪、体外除颤器、自动血压监测仪、吸入麻醉药浓度测定仪、整形外科手术相应的各种手术器械、显微镜、1/10 000分析天平、血气分析仪、自动生化分析仪、尿分析仪、血细胞计数器、免疫酶标仪、离子分子仪、酸度仪、恒温培养箱、超净工作台、X光机及暗室成套设备、脉搏氧饱和度监测仪、呼气末二氧化碳浓度测定仪、冰冻切片机、消毒灭菌密闭柜、紫外线灯、高压灭菌设备、电冰箱、洗衣机。

（2）病房每床单元设备：与二级综合医院相同。

（3）有与开展的诊疗科目相应的其他设备。

6. 制度 制订各项规章制度、人员岗位责任制，有国家制定或认可的医疗护理技术操作规程，并成册可用。

7. 资金 注册资金到位，数额由各省、自治区、直辖市卫生行政部门确定。

（注：目前我国不设一、二级整形外科医院）

二、美 容 医 院

1. 床位和牙科治疗椅 住院床位总数 50 张以上，美容床 20 张以上，牙科治疗椅 10 台以上。

2. 科室设置

（1）临床科室：至少设有美容外科、口腔科、皮肤科、理疗科、中医科、设计科、麻醉科。

（2）医技科室：至少设有药剂科、检验科、放射科、手术室、病理科、技工室、影像室、消毒供应科、病案室。

3. 人员 每床（椅）至少配备 1.03 名卫生技术人员；每床（椅）至少配备 0.4 名护士；至少有 8 名具有副主任医师以上职称的医师。

4. 房屋 每床建筑面积不少于 60 平方米；病房每床净使用面积不少于 6 平方米；每牙科治疗椅建筑面积不少于 60 平方米，诊室每牙科治疗椅净使用面积不少于 6 平方米；每美容床建筑面积不少于 40 平方米，每美容床净使用面积不少于 6 平方米；日平均每门诊人次占门诊建筑面积不少于 4 平方米。

5. 设备

（1）基本设备：呼吸机、电动吸引器、心电监护仪、体外除颤器、自动血压监测仪、口腔综合治疗台、超声洁治器、涡轮机、光敏固化灯、银汞搅拌机、正颌外科器械、光固化烤塑机、铸造与烤瓷设备、X 光牙片机、口腔全景 X 光机、麻醉机、二氧化碳激光机、高频电治疗机、皮肤磨削机、离子喷雾器、文眉机、皮肤测量仪、1/10 000 分析天平、自动生化分析仪、尿分析仪、酶标仪、离子分析仪、酸度仪、恒温培养箱、超净工作台、电冰箱、器械柜、石蜡切片机、紫外线灯、高压灭菌设备、洗衣机、X 光机及暗室成套设备、血气分析仪、超声波美容治疗机、多功能健胸治疗机、美容外科手术相应的各种手术器械。

（2）病房每床单元设备：与二级综合医院相同。

（3）有与开展的诊疗科目相应的其他设备。

6. 制度 制订各项规章制度、人员岗位责任制，有国家制定或认可的医疗护理技术操作规程，并成册可用。

7. 资金 注册资金到位，数额由各省、自治区、直辖市卫生行政部门确定。

三、整形外科门诊部

1. 科室设置 至少设有整形外科、观察室、手术室、药房、化验室、处置室、治疗室、消毒供应室。

2. 人员 每台手术床至少配备 2.7 名卫生技术人员；至少有 5 名医师，其中至少有 1 名从事整形外科工作 5 年以上并具有副主任医师以上职称的整形外科医师；至少有 5 名护士，其中至少有 1 名具有护师以上职称的护士。

3. 房屋 建筑面积不少于 150 平方米；每室必须独立；手术床使用面积不少于 15 平方米，在 2 台手术床的基础上，每增加 1 台手术床应增加手术室使用面积 7 平方米。

4. 设备

（1）基本设备：手术床2台和相应的成套整形外科手术器械、吸引器、显微镜、电冰箱、双极电凝器、紫外线消毒灯、高压灭菌设备。

（2）有与开展的诊疗科目相应的其他设备。

5. 制度 制订各项规章制度、人员岗位责任制，有国家制定或认可的医疗护理技术操作规程，并成册可用。

6. 资金 注册资金到位，数额由各省、自治区、直辖市卫生行政部门确定。

四、医疗美容门诊部

1. 床位 至少设有美容床4张，手术床2台。

2. 科室设置

（1）临床科室：至少设有美容外科、皮肤科、物理治疗室、美容咨询室。

（2）医技科室：至少设有药房、化验室、手术室、治疗室、处置室、消毒供应室。

3. 人员 每台手术床至少配备2.4名卫生技术人员；每张美容床至少配备1.4名卫生技术人员；至少有5名医师，其中至少有1名从事美容外科临床工作5年以上并具有副主任医师以上职称的医师和1名从事皮肤科临床工作5年以上的医师；至少有5名护士，其中至少有1名具有护师以上职称的护士。

4. 房屋 建筑面积不少于200平方米；每室必须独立；手术室净使用面积不少于15平方米；诊室每美容床净使用面积不少于6平方米。

5. 设备

（1）基本设备：手术床2台和相应的成套美容外科手术器械、离子喷雾器、多功能美容仪、皮肤磨削机、二氧化碳激光治疗机、吸引器、电冰箱、双极电凝器、紫外线消毒灯、高压灭菌设备。

（2）有与开展的诊疗科目相应的其他设备。

6. 制度 制订各项规章制度、人员岗位责任制，有国家制定或认可的医疗护理技术操作规程，并成册可用。

7. 资金 注册资金到位，数额由各省、自治区、直辖市卫生行政部门确定。

五、美容整形外科诊所

1. 科室设置 至少设有诊室、手术室、治疗室、消毒供应室。

2. 人员 每台手术床至少配备2.4名工作人员；至少有1名取得医师资格后从事5年以上美容整形外科工作的具有主治医师以上职称的整形外科医师；至少有1名护士。

3. 房屋 建筑面积不少于60平方米；每室必须独立；手术室使用面积不少于12平方米。

4. 设备

（1）基本设备：手术床1台和相应的成套整形外科手术器械、电动吸引器、显微镜、双极电凝器、电冰箱、紫外线灯、高压灭菌设备、药品柜。

（2）有与开展的诊疗科目相应的其他设备。

5. 制度 制订各项规章制度、人员岗位责任制，有国家制定或认可的医疗护理技术操作规程，并成册可用。

6. 资金 注册资金到位，数额由各省、自治区、直辖市卫生行政部门确定。

六、医疗美容诊所

1. 科室设置 至少设有诊室、治疗室、消毒供应室。

2. 人员 至少有1名取得医师资格后从事5年以上医疗美容工作的相应专科医师；至少有1

名护士。

3. 房屋　建筑面积不少于40平方米；每室必须独立。

4. 设备

（1）基本设备：美容床、电冰箱、紫外线灯、高压灭菌设备、药品柜。

（2）有与开展的诊疗科目相应的其他设备。

5. 制度　制订各项规章制度、人员岗位责任制，有国家制定或认可的医疗护理技术操作规程，并成册可用。

6. 资金　注册资金到位，数额由各省、自治区、直辖市卫生行政部门确定。

第4节　医疗美容项目分级管理

医疗美容的程度现在正在逐步深入化，更多更深层次的医疗美容技术被使用，因此需要对医疗美容项目进行分类细化，进行针对性的风险规制，以期对其进行有效的法律规制，有效解决现下层出不穷的医疗纠纷。

医疗美容科为一级诊疗科目，美容外科、美容牙科、美容皮肤科和美容中医科为二级诊疗科目。根据医疗美容项目的技术难度、可能发生的医疗风险程度，对医疗美容项目实行分级准入管理。

一、美容外科项目分级原则及具体分级

（一）分级原则

依据手术难度和复杂程度以及可能出现的医疗意外和风险大小，将美容外科项目分为四级。

一级：操作过程不复杂，技术难度和风险不大的美容外科项目。

二级：操作过程复杂程度一般，有一定技术难度，有一定风险，需使用硬膜外腔阻滞麻醉、静脉全身麻醉等完成的美容外科项目。

三级：操作过程较复杂，技术难度和风险较大，因创伤大需术前备血，并需要气管插管全麻的美容外科项目。

四级：操作过程复杂，难度高、风险大的美容外科项目。

（二）美容外科项目分级

1. 一级项目

（1）头面部：重唇修复术，招风耳矫正术，眉修整术，眉提升术，重睑成形术，下睑袋矫正术，内眦成形术，隆鼻术，鼻尖成形术，隆鼻术后硅胶取出术，鼻小柱及鼻孔成形术，唇峰、薄唇增厚术，唇珠美容术，厚唇矫正术，酒窝成形术，唇系带成形术，颞部填充术，隆颏术，颊脂肪垫去除术。

（2）乳房、躯干：乳头内陷矫正术、乳头乳晕缩小术、脂肪抽吸术（吸脂量＜1000ml）。

（3）会阴部：处女膜修补术、阴蒂肥大缩小术、小阴唇成形术。

（4）其他：体表小肿瘤切除术、瘢痕切除缝合术、穿耳孔术、皮肤磨削术（面积不超过面部1/4）、酒渣鼻切割术、皮肤肿物切除术、腋臭手术、毛发移植术、自体脂肪注射移植术、皮肤扩张器技术、A型肉毒毒素美容注射。

2. 二级项目

（1）头面部：隐耳矫正术、杯状耳矫正术、耳畸形矫正术、菜花耳矫正术、驼峰鼻矫正术、鹰钩鼻矫正术、鼻畸形矫正术、鼻翼缺损修复术、颞部除皱术、额部除皱术、内窥镜下除皱术、中面部除皱术。

（2）乳房、躯干：隆乳术、乳房下垂矫正术、乳房液态填充物取出术、脂肪抽吸术（1000ml≤吸脂量＜2000ml）。

（3）会阴部：阴茎延长术、阴茎增大（增粗）术、阴道紧缩术。

3. 三级项目

（1）头面部：全颜面皮肤磨削术、全颜面及颌颈部除皱术、不良文饰修复术。

（2）乳房及躯干：脂肪抽吸术（2000ml≤吸脂量＜5000ml）。

4. 四级项目

（1）头面部：颧骨降低术、下颌角肥大矫正术、上下颌骨其他成形术。

（2）乳房、躯干：巨乳缩小术（乳房肥大+重度下垂）、腹壁成形术。

（三）美容外科项目的分级管理

1. 可开展一级项目的机构

（1）设有医疗美容科或整形外科的一级综合医院和门诊部。

（2）设有医疗美容科的诊所。

2. 可开展一级、二级项目的机构

（1）设有医疗美容科或整形外科的二级综合医院。

（2）设有麻醉科及医疗美容科或整形外科的门诊部。

3. 可开展一级、二级、三级项目的机构 美容医院。

4. 可开展一级、二级、三级、四级项目的机构

（1）三级整形外科医院。

（2）设有医疗美容科或整形外科的三级综合医院。

二、美容牙科项目

按照《医疗美容项目分级管理目录》的规定，美容牙科项目暂未进行分级，但对美容牙科的项目进行了列举，主要包括牙齿美容修复技术、牙周美容技术操作、牙牙合畸形美容矫治。

（一）牙齿美容修复技术

牙齿美容修复技术包括牙齿形态修整、牙齿漂白、复合树脂粘结修复、瓷贴面修复、嵌体修复、桩核冠修复、金属烤瓷冠桥修复、全瓷冠修复、临时冠修复、可摘局部义齿美容修复、全口义齿美容修复、即刻义齿美容修复、种植义齿美容修复、粘结固定桥美容修复、柔性义龈美容修复、隐形义齿美容修复、套筒冠义齿美容修复、覆盖义齿美容修复。

（二）牙周美容技术操作

牙周美容技术操作包括洁治术、牙龈切除术、牙龈成形术、牙冠延长术、根尖复位瓣术、侧向转位瓣术、双乳头瓣移位术、冠向复位瓣术、自体游离龈瓣移植术、牙周引导组织再生术、牙槽骨修整术。

（三）牙牙合畸形美容矫治

牙牙合畸形美容矫治包括错牙合畸形的诊断、分类和矫治设计，常见错牙合畸形的矫治、正颌外科病例的正畸矫治、活动性矫治器矫治、功能性矫治器矫治、固定矫治器矫治。

小结

“爱美之心，人皆有之。”随着国民物质生活条件的改善和医疗水平的提高，人们对医疗美容的需求也不断增加，由此引发的法律问题也日益增多，医疗美容机构也因此成为法律规制的重要主题，然而医疗美容机构依法设置和登记才是其成为法律主体的前提。只有依法成立、依法行医，完善医疗美容机构的评审、复审标准和细则，才能在医疗美容纠纷发生时，维护求美者和医疗美容机构双方的合法权益。

章前案例解析

1. 医疗美容机构开展医疗美容项目应当由登记机关指定的专业学会根据《设置医疗机构批准书》和医疗机构执业许可证核准，并向上一级卫生行政部门登记机关备案。上级卫生行政部门对下级卫生行政部门违规作出的审批决定应自发现之日起三十日内予以纠正或撤销。医疗美容机构必须经卫生行政部门登记注册并获得医疗机构执业许可证后方可开展执业活动。

2. 国家卫生健康委员会（含国家中医药管理局）主管全国医疗美容服务管理工作。县级以上地方人民政府卫生行政部门（含中医药行政管理部门，下同）负责本行政区域内医疗美容服务监督管理工作。在《中华人民共和国执业医师法》《医疗机构管理条例》《中华人民共和国护士管理办法》基础上制定了《医疗美容服务管理办法》及其配套的《医疗机构基本标准（试行）》《医疗美容项目分级管理目录》《临床技术操作规范—美容医学分册》等文件，为规范医疗美容服务，促进医疗美容事业的健康发展，维护就医者的合法权益，起到了重大作用。

思考题

1. 医疗美容机构中医疗事故分级标准是什么？
2. 医疗美容机构中的常见医疗纠纷有哪些？
3. 民营医疗美容机构发展过程中应特别注意的问题有哪些？

（刘林霞）

笔记

第4章 医疗美容求美者的权利和义务

本章概要

医疗美容求美者的权利和义务，是指医疗美容服务过程中求美者所享有的权利和应履行的义务，包括求美者有权利做什么，任何人包括医务人员不能侵犯其权利，以及求美者应当怎么做，如求美者因不依法履行应尽的义务而侵犯他人的权利，同样会受到法律的惩罚。

案例4

李女士到某美容门诊部做美容手术，支付费用 3 万余元。术后发现手术没有达到美容效果，经协商，双方达成协议，美容门诊部赔偿了王女士 5000 元。但随着时间推移，王女士外观越来越差，实际修复费远远超过了 5000 元。因此王女士认为上述协议不公平，故起诉要求撤销其与该美容门诊部签订的协议。在庭审中，美容门诊部称双方之间协议是公平的，已履行完毕，且其诊疗行为没有过错，不同意撤销协议。法院经审理认为，当事人有责任提供证据证明自己所主张的事实，举证不能应承担不利后果。王女士以显失公平为由要求撤销其与美容门诊部所签订的上述协议，但未就此提交相应证据，法院判决驳回王女士的诉讼请求。

问题： 1. 法院判决驳回王女士诉讼请求的依据是什么？

2. 求美者在医疗美容活动中可享受什么权利？

3. 求美者在医疗美容活动中应承担什么义务？

第1节 医疗美容求美者概述

一、医疗美容求美者的概念

医疗美容求美者是指基于个人对美的精神追求，通过医疗美容治疗手段，对正常外貌形态进行修复和再塑的群体。在医疗美容活动中，求美者和医疗美容机构是平等的民事法律主体，应充分遵循平等、自愿、诚实信用和意思自治的原则。同时，因为医疗美容本身的特殊属性，求美者与普通医疗救治的患者存在明显的差异和区别。

二、医疗美容求美者的特征

（一）以追求人体美为目的

普通医疗救治是对患病患者实行救死扶伤、防病治病、恢复健康的治疗性医疗行为，但医疗美容是对无疾病求美者的正常容貌和形态进行修复和再塑的医疗行为，具有对美的精神需求，并希望以此获得社会大众的认同和赞许，符合社会大众的基本审美眼光。

笔记

（二）与心理感受密切关联

医疗美容是满足求美者心理需求的行为，求美者的心理状态对其治疗操作和疗效的评价至关重要。在医疗美容中，求美者往往有自卑、自我封闭、缺乏自信心等心理异常，甚至出现焦虑、强迫及抑郁等精神症状，容易因一时冲动或受到他人鼓动而进行医疗美容，事后又后悔不已。

（三）与医疗美容机构关系更加平等

与一般医疗救治不同，医疗美容服务对象是无疾患的正常人，求美者与医方关系更加平等。在医疗美容中，美容行为不存在紧迫性，求美者的自主决定权更为明显，与医疗美容机构之间的关系更加平等。

第2节 医疗美容求美者的权利

在医疗美容活动中，医务人员与求美者两个角色相辅相成，享有和承担着各自的权利义务。传统思维往往偏向强调医务人员的权益，但鉴于医疗美容的特殊属性，求美并非疾病救治那般危及生命健康，不具有紧急性，求美者的权利保障的需求空间更大，更值得审慎和重视。

一、生命健康权

求美者的生命健康权是指求美者的生命安全和身心健康不受非法侵犯的权利。生命健康是每个公民享有的权利，是每个人生而有之的基本人权。生命健康权包括生命权和健康权两项人身权，生命权是以生命安全为内容的、他人不得非法干涉的权利，未经司法程序任何人不能随意干涉和剥夺。健康权是指人体器官及各系统乃至身心不受非法伤害的权利。我国制定和颁布的一系列医事法律法规的宗旨就是为了保护和促进就医者（也包括求美者）的生命健康权。生命健康权是求美者求美的基础，没有生命健康，美就无从谈起。

二、身 体 权

求美者的身体权，是指求美者维持身体的完整性和完全性，并对自己的面貌、器官、肢体、组织享有所有权和支配权。身体权不同于生命健康权，有些侵害身体权的行为，不侵害健康权。例如，医务人员在医疗美容活动中，擅自剪除求美者的头发、指甲等，或因过错损害他人不能自由拆卸的假肢。

三、知情同意权

求美者的医疗美容知情同意权，是指求美者有权向医务人员了解自己的容貌状况、医师将要采取的医疗美容技术手段以及可能带来的风险和相关替代医疗美容方案等信息，并在此基础上决定接受何种医疗美容具体措施的权利。据此，求美者的知情同意权由两部分组成，一是知情权，二是同意权。知情是前提，求美者只有在对个人信息和医疗美容相关信息充分知情的情况下做出选择，从而进入同意的阶段，这个过程才是完整的知情同意。因此，求美者的知情同意权又被称为“知情选择权”“自我决定权”等。

（一）知情权

医疗美容知情权是属于个人信息知情权的范围，是指求美者享有的在医疗美容活动中与其个人人身信息相关的权利，属于求美者人身权的组成部分。

笔记

由于求美者缺乏相应的医学知识，双方信息严重不对称，因此求美者知情权的实现有赖于医疗美容医务人员的充分告知，《中华人民共和国执业医师法》第二十六条明确规定，医师应当如实向患者或其家属介绍病情，首次从法律的层面明确了医务人员的告知义务和患者的知情权利。《中华人民共和国民法典》更是细化了求美者知情权的具体内容，第一千二百一十九条规定，医务人员在诊疗活动中应当向患者说明病情和医疗措施。需要实施手术、特殊检查、特殊治疗的，医务人员应当及时向患者具体说明医疗风险、替代医疗方案等情况，并取得其明确同意；不能或者不宜向患者说明的，应当向患者的近亲属说明，并取得其明确同意。医务人员未尽到前款义务造成患者损害的，医疗机构应当承担赔偿责任。具体到医疗美容的领域内，医疗美容医务人员应当向求美者说明其容貌情况和医疗美容措施。需要实施医疗美容手术、特殊医疗美容检查、特殊医疗美容治疗的，应当向求美者说明医疗风险和替代医疗美容方案等情况。

（二）同意权

医疗美容同意权，是求美者在充分知情的前提下，选择是否接受医疗美容服务和具体方案的权利，因此又称“选择权”“自我决定权”。医疗美容自我决定权是具有完全民事行为能力的求美者对自己身体和财产的绝对权。具体包括两个方面：第一，求美者对于自己的容貌和身体有自主权，有权同意或拒绝医务人员的医疗美容行为；第二，求美者在进行医疗美容活动时，有权对自己的财产进行处分，享有自主权。

在医疗美容活动中，求美者知情不是目的，而是求美者选择和决定的基础，只有在充分知情的基础上所做的选择和决策，才能更好地保护求美者的人身权利和财产权利。损害求美者知情权的行为，本质是损害了求美者的选择权和自决权，从而直接或间接地损害求美者的身体健康权。如果医疗美容医务人员没有充分告知会影响求美者决定的重要信息，就损害了求美者的医疗美容同意权。

四、隐 私 权

隐私权是指自然人享有的对其个人的、与公共利益无关的个人信息、私人活动和私有领域进行支配的一种人格权。隐私权的内容非常广泛，它包括个人的私人活动、私人信息和个人领域。求美者的个人隐私是在接受医疗美容过程中只向医务人员公开的、且不愿让他人知晓的私人信息，如医疗美容经历、病理、生理、心理上的缺陷等。如果这些资料被擅自公开将严重侵犯求美者的隐私权。求美者就医是为了追求外在形象的提升，有别于疾病患者就医问诊。这要求医务人员在医疗美容活动中，更加注重求美者的情感和心理体验，尊重求美者的人格和尊严，保护求美者的隐私权。

保护求美者的隐私，这既是职业道德的要求，也是法定义务。虽然《中华人民共和国宪法》未确立隐私权，但其在第三十八条规定了公民的人格尊严不受侵犯，这在很大程度上可以作为隐私权的宪法基础。《中华人民共和国民法典》第一千二百二十六条规定，医疗机构及其医务人员应当对患者的隐私和个人信息保密。泄露患者隐私和个人信息，或者未经患者同意公开其病历资料的，应当承担侵权责任。《中华人民共和国执业医师法》也规定了医生对于患者隐私的保密义务，求美者的隐私权同样受到法律保护。求美者的隐私权不同于一般人的隐私权，因为在医疗美容诊疗过程中，求美者需要把关于身体、医疗美容经历等所有信息毫不保留地告诉医师，医师获得了求美者的隐私，那么就需要保密，任何侵犯求美者隐私的行为都是不允许的。

对于求美者隐私权的保护，需要注意以下几个方面：①除法律法规规定外，未经求美者同意，不得把求美者的医疗美容病历资料交予除相关医务人员外的其他人或组织阅读；②临床医学美容报告及研究，未经求美者本人同意，不得将其真实姓名和真实病历对外公开报道，或作为文学作品报道；③临床医学美容摄影资料应充分征求求美者同意，不得随意拍摄可暴露求美者身份或特征的影像，更不能把其作为艺术摄影作品公之于外；④临床美容手术直播或电视播放必须征得求美者的同意及书面授权，并应坚持避免暴露身份或隐私的原则。

五、查阅、复制病历资料权

从医疗角度来看，医疗美容病历是求美者在整个医疗美容活动的全部信息记载，是求美者的身体状况和医疗美容行为进展的载体。从法律意义来说，医疗美容病历还是医疗纠纷处理的依据，更是医疗诉讼中重要的证据类型。《医疗纠纷预防和处理条例》明确规定，患者有权查阅、复制其门诊病历、住院志、体温单、医嘱单、化验单（检验报告）、医学影像检查资料、特殊检查同意书、手术同意书、手术及麻醉记录、病理资料、护理记录、医疗费用以及国务院卫生主管部门规定的其他属于病历的全部资料。由此可知，求美者可以查阅、复制全部医疗美容病历，包括主观病历和客观病历。如果医疗美容机构和医务人员不履行“提供查阅、复制”的法定义务，要承担相应的法律责任。

六、获得赔偿权

因医务人员的过错导致医疗美容损害发生的，求美者及其家属可以通过调解、仲裁、诉讼等方式维护合法权益，并有权提出损害赔偿的要求。根据《中华人民共和国民法典》第一千一百六十七条的规定，侵权行为危及他人人身、财产安全的，被侵权人有权请求侵权人承担停止侵害、排除妨碍、消除危险等侵权责任。可见，求美者具有请求医疗美容机构承担民事责任的权利，求美者具有获得赔偿权，并不单单是经济赔偿，而是包括了多种承担民事责任的方式。比如医生侵犯了求美者的隐私权，在没有财产损失的情况下，完全可以请求医院赔礼道歉等。

第3节　医疗美容求美者的义务

正如孟德斯鸠所言，自由就是做法律许可的事，一旦超越法律，自由就变成不自由，这个边界就是他人的权益。求美者在享受法律权利的同时，也负有其相应的法律义务，求美者完全履行自己的义务，不仅有利于自身权益的实现，也是对医生权利的尊重和对良好医疗秩序的维护。

一、配合美容诊疗的义务

在医疗美容活动中，求美者有配合医务人员美容诊疗的义务，包括如实告知医师自己的身体情况、既往美容史等与美容诊疗相关的信息，不得隐瞒、欺骗，并且要按照医嘱进行相应的美容检查和美容治疗。求美者不仅要在进行具体医疗美容方案的过程中配合医务人员，在医疗美容方案实施完毕后也要遵守医务人员的交代。对美的追求，不仅需要医务人员按照医疗美容的诊疗规范履行义务，同时也需要求美者的配合。《中华人民共和国民法典》第一千二百二十四条明确规定医疗机构免责的原因之一为患者或者其近亲属不配合医疗机构进行符合诊疗规范的诊疗。具体在医疗美容的领域内，如果由于求美者的故意隐瞒、错误告知和不遵守医嘱等导致其受到生命健康损害，医方不承担民事责任，由求美者自行承担。

二、支付医疗美容费用的义务

医疗美容服务是一种有偿的服务行为，因此，医疗美容机构为求美者提供医疗美容服务，理应收取医疗美容服务费用。求美者在接受医疗美容服务后，不论对美容效果是否满意，均应按照约定支付医疗美容费用。这是求美者的义务，要杜绝因对医疗美容效果不满意为由拒绝支付费用的现象。如求美者认为自己的权利受到侵犯，可以通过正确的法律途径，按照《中华人民共和国民法典》等法律法规来维护自己的权利，不得采取非法手段。

笔记

三、遵守医疗美容秩序的义务

遵守医疗美容秩序是求美者的法定义务。医闹者扰乱了正常医疗美容秩序，并对其他求美者的合法权利构成潜在威胁，同时侵犯了公众利益。求美者依法履行维护医疗美容秩序的义务不仅有利于其他求美者有序就医，而且有利于自己获得更优质的医疗美容服务。如果求美者认为自身权利受到损害，应当按照法定程序依法维护自身合法权益，不得以扰乱医疗美容秩序为手段胁迫医方满足自己的诉求。

四、履行医疗美容合同约定的其他义务

医疗美容机构和求美者是平等的医疗美容服务合同民事主体，双方可以充分根据自己的真实意思表示平等协商、自愿约定医疗美容的服务内容、服务报酬、服务条件、预期效果、衡量标准，甚至是争议的解决方式、赔偿金额等。据此，较之普通疾病治疗的患者，求美者在选择医疗美容机构时，完全可以事先签订严格完备的医疗美容服务合同，切实保障自身权益。当然，求美者也应当履行合同中双方约定的义务。

小结

求美者是医疗美容活动中重要的参与主体，享有生命健康权、身体权、医疗美容知情同意权、隐私权、查阅、复制医疗美容病历资料权和获得赔偿权，同时应当履行配合美容诊疗、支付医疗美容费用、遵守医疗美容秩序和履行医疗美容合同约定的其他义务。只有全面了解医疗美容活动中求美者的权利和义务，才能真正保障求美者和医疗美容机构双方的合法权益，在医疗美容纠纷发生时，以法为据，定纷止争。

章前案例解析

1. 谁主张，谁举证，当事人有责任提供证据证明自己所主张的事实，否则，由此承担举证不能的不利后果。

2. 求美者可享有生命健康权、身体权、医疗美容知情同意权、隐私权、查阅、复制医疗美容病历资料权和获得赔偿权等。

3. 求美者负有配合美容诊疗、支付医疗美容费用、遵守医疗美容秩序和履行医疗美容合同约定的其他义务等。

思考题

1. 求美者的特征有哪些？
2. 医疗美容活动中，求美者如何保障自身的合法权利？
3. 医疗美容活动中，求美者应当如何妥善履行义务？

（何俊峰　赵子君）

第二篇

医疗美容纠纷与风险防范

第5章 医疗美容纠纷概述

本章概要

2008～2018年进入司法程序的医疗美容纠纷案件增长明显（表8-1，表8-2），数据显示2018年比2008年案件量增长了1073倍，案件数量突破2000件。从地区分布来看，经济相对发达省份医疗美容纠纷案件较多。医疗美容纠纷增加的原因与经济、医疗技术水平、求美者心理预期、医疗美容监管等因素有关，同时，医疗美容纠纷呈现出自身的一系列特点和法律适用的要求。

表8-1　2008～2018年全国医疗美容诉讼案件数量

时间	2018年	2017年	2016年	2015年	2014年	2013年	2012年	2011年	2010年	2009年	2008年
案件数量/起	2148	1798	1078	551	613	108	17	10	15	6	2

表8-2　2008～2018年各地区医疗美容诉讼案件数量

地区	北京	广东	河北	浙江	江苏	上海	河南	湖南	四川	辽宁	山东
案件数量/起	1740	688	542	461	420	409	340	328	234	242	200

案例5

原告郭女士为满足自我对美的认知的心理需求，在被告美容院进行文眉术和线雕隆鼻术，术后原告因鼻部手术处青紫、张力高、疼痛就诊于当地医院。医院诊断为鼻背处内部感染，建议患者及时取出内部填充物，同时告知原告因线雕隆鼻术使用材料的特殊性，需要在原告鼻上部进行手术切开，术后有可能留存瘢痕。经原告同意，医院行面部异物（鼻背处）取出术，术后原告鼻背处留瘢痕。被告美容院为个体工商户，被告经营场所内挂有微整形项目收费价格表，其中标明线雕隆鼻术按材料收费，每根隆鼻线100元，经审查美容院的工作人员只接受过社会美容培训机构的短期培训，并不具备其他资质。被告美容院工商注册经营范围：美容服务；日用品、家居用品、化妆品、保健品、家用电器零售。

问题： 1. 美容院是否具备医疗美容机构资质？

2. 原告被告纠纷是否适用惩罚性赔偿？

3. 医疗美容纠纷是侵权纠纷还是违约纠纷？

4. 被告美容院应当承担哪些赔偿项目？

第1节　医疗美容纠纷的概念及特点

一、医疗美容纠纷概念

医疗美容纠纷主要是指医疗美容机构及其医务人员提供医疗美容服务，对求美者的容貌和人体部位进行修复和再塑的过程中，求美者和医疗美容机构之间产生的纠纷。

美容分为医疗美容和生活美容两类，但在实务中二者的区分并不明晰，人们也常常混淆。《医疗美容服务管理办法》中规定了医疗美容的概念，《美容美发业管理暂行办法》中则对生活美容进行了定义。医疗美容纠纷与生活美容纠纷不同，生活美容纠纷是指因运用手法技术、器械设备并借助化妆、美容护肤等产品，为消费者提供人体表面无创伤性、非侵入性的皮肤清洁、皮肤保养、化妆修饰等服务的经营性行为引起的纠纷。区分生活美容和医疗美容的概念，有助于理解医疗美容纠纷与生活美容纠纷的不同。

二、医疗美容纠纷的特点

（一）法律责任具有竞合性

如前所述，在医疗美容过程中，医疗美容机构负有诊疗义务，如违反此诊疗义务，并产生损害结果，医疗美容机构可能构成侵权损害责任。同时，医疗美容合同是双务合同，医疗美容机构对求美者未履行合同约定的义务，也可能构成违约，应承担违约责任。此时，就构成了违约责任与侵权责任的竞合。

（二）医疗美容效果具有主观性

传统医疗行为的目的是对疾病进行诊断和治疗，达到疾病的治愈或延缓其进程的效果。而医疗美容纠纷相较一般医疗纠纷中的患者而言，求美者对医疗美容行为的结果具有较高的主观方面的期待，医疗美容机构的美容效果往往很难达到求美者的心理期待，当求美者对医疗美容效果不认可时，求美者与医疗美容机构就产生了预期效果不一致的医疗美容纠纷。如果医疗美容机构和求美者事前合同约定不明，双方对预期效果与现实效果的差异也会导致医疗美容纠纷。而且美容的效果和疾病治疗的预后不同，很难通过鉴定机构做出明确的鉴定结论，这导致司法实践中认定纠纷中是否存在损害具有一定的难度。

（三）技术内容具有复合性

医疗美容是以追求美的效果为目的，医疗美容不仅需要具备传统的医疗技术，又要掌握现代医疗美容技术，并且需要精确的技术手段来确保医疗美容的成功。因此医疗美容执业人员不仅承担着普通医务人员保障患者生命健康的义务，还承担着对求美者容貌和身体外观进行美化和重塑的医疗美容义务。正因如此，医疗美容虽属于医疗行为，但并不是所有的医疗机构都能开展医疗美容活动。为确保医疗美容服务质量，根据《医疗美容服务管理办法》的相关规定，设置医疗美容科室的，应当具备独立承担民事责任的能力，有明确的医疗美容服务范围，具备省级以上人民政府卫生行政部门规定的其他条件。只有具备专业的医疗美容科室的医疗机构才能开展医疗美容活动，成为医疗美容关系的主体。

（四）纠纷解决周期长

医疗美容纠纷属于医疗纠纷，当事人双方可申请医疗事故鉴定，也可诉至法院申请司法鉴定，有些案件甚至先后经过医疗事故鉴定和司法鉴定。在医疗纠纷案件诉讼过程中，医患双方争议的焦点往往是医疗机构及医务人员的医疗行为是否构成侵权，是否存在过错，医疗行为与损害后果之间是否存在着因果关系。医疗美容纠纷涉及医疗、美学和法律等多学科知识，有的法官由于缺乏医疗美容专业知识，无法根据自己的知识和经验对医疗美容纠纷案件进行实体判断，多数医疗美容案件要借助鉴定确定因果关系和损害后果。由于审理期限不包括鉴定的期间，医疗美容纠纷案件审理周期比一般案件长，鉴定费用也需要申请者先行垫付，造成维权者时间成本和维权费用成本较高。

笔记

第2节　医疗美容纠纷的主要原因

据国际美容整形外科协会（International Society of Aesthetic Plastic Surgery，ISAPS）统计，中国医疗美容市场规模从2005年的870亿元，到2018年的2245亿元。ISAPS数据显示，全球医疗美容市场规模约为615亿美元，截至2018年底，中国成为医疗美容全球第三大市场，占全球医疗美容市场的10%，排名前5名的依次为美国（19%）、巴西（11%）、中国（10%）、韩国（5%）、印度（4%）。医疗美容市场规模的快速增长引起了更多的医疗美容纠纷案件，医疗美容纠纷的主要原因有如下几点。

一、非法医疗美容行为

随着社会经济的发展，医疗美容行业也迎来了快速发展期。截至2015年底，全国注册医疗美容机构在6500～7000家，直接从业人员约50万人。一方面，我国医疗整形专业人才凤毛麟角，大部分三级以上设有整形美容科或整形烧伤科的公立医院，其整形手术操作医师多是由普外科、泌尿外科、眼科、骨科等其他科室的医师转岗而来，其中不乏毫无整形美容经验的医生。而且，许多生活美容院的从业者在没有任何医学背景的情况下，仅接受短期的非正规培训甚至没有接受任何培训就直接上岗进行医疗美容活动。实际上，医疗美容机构设立标准及医疗美容医务人员从业标准比普通医疗机构更严格，只有在符合设立标准的医疗美容机构的医务人员才可以开展医疗美容服务，严格的行业要求是为确保服务质量。

部分没有医疗美容资质的医疗机构基础设施不完善、手术室无菌要求不达标、不具备急救患者的紧急处置条件、从业人员不具备相应的专业基础知识、对医疗美容产品使用方法掌握不当及医疗美容药品保管不当等，都是造成医疗美容纠纷增多的原因。根据《医疗美容服务管理办法》，医疗美容机构必须经卫生行政部门登记注册并获得《医疗机构执业许可证》后方可开展执业活动，且主诊医师必须具备执业医师资格，经执业医师注册机构注册，具备从事相关临床学科工作经历，如负责实施美容外科项目的医师应具备六年以上从事美容外科或整形外科相关临床工作经验。在具备执业资格的整形医生缺口巨大的情况下，非法医疗美容机构进行了“非法填充”，数据显示，中国非法执业者数量是正规执业者的9倍，每年非法诊所约发生4万起医疗事故，手术感染、瘢痕严重等问题屡见不鲜。非法医疗美容机构严重扰乱了整个医疗美容行业的健康发展。

二、医疗美容机构内部质量管控不严

《医疗美容服务管理办法》中对医疗美容执业人员的资格有明确的要求。医疗美容机构在履行美容诊疗义务时需遵循无伤害原则。医疗美容服务行为不能对求美者的生命健康等权益造成损害，要在无伤害的原则下实施医疗美容技术，不仅要满足求美者的心理追求，更要保证求美者的身体健康，而医疗美容服务技术水平由医疗机构和医疗美容医务人员共同决定。为确保医疗美容服务质量，医疗美容机构及医疗美容医务人员都有严格的准入标准和准入程序，医疗美容机构要配备符合法律法规规定的相关医疗设施和制定符合要求的诊疗制度，对其工作人员要开展定期技能培训，确保知识和技术的及时更新以适应医疗美容技术的发展。医疗美容从业人员经省级卫生行政部门备案方可执业，执业后仍应当接受医疗美容专业继续教育。

在利益驱使下，部分医疗美容机构及医疗美容从业人员为降低运营成本，对医疗设备不按要求进行维护和更新，不按诊疗规范进行诊疗活动，雇佣不符合资质要求的医护人员，忽视继续教育投入，部分医疗美容机构甚至采购不合格的医疗器械和药品，这些行为导致医疗美容服务质量下降，在无法保证医疗美容服务质量的情况下，医疗美容纠纷必然增多。

笔记

三、医疗美容效果未满足求美者心理预期

求美者接受医疗美容治疗是为了追求更符合自我审美观的外貌,其对医疗美容行为的效果要求比一般医疗行为更具有主观性,但医疗美容效果并不是医疗美容医务人员完全能够掌控的。实践中,求美者认为医疗美容效果未达预期主要体现在以下几个方面:①效果不满意,如半永久文眉手术后出现两眉高低不一致,吸脂减肥术后导致身体表面凹凸不平;②术后刀口不愈合、瘢痕明显;③不符合美学标准或与整体不般配,如鼻部充入假体后鼻子太宽、太高甚至假体比较明显;④手术中出现并发症或手术后出现感染、出血、排斥反应等;⑤导致功能障碍,如削骨手术导致面瘫、面部歪斜等。医疗美容效果未满足求美者心理预期的原因分为主观和客观两个方面,客观方面有术后效果未达到术前约定效果、术后产生并发症等,客观方面多与医疗美容机构和医疗美容人员技术水平有关;主观方面包括术后效果未达到求美者术前心理预期效果,这与求美者和医疗美容术者对审美的观点不同有一定关系,求美者主观认定手术效果不符合医疗美容服务合同约定的效果,就可能会产生医疗美容纠纷。

在医疗美容服务过程中,医疗美容机构的主要义务是美容诊疗义务。医疗美容服务提供者根据求美者的要求,按照求美者的面部和身体特征,运用医疗美容诊疗技术,以求达到求美者对美的追求。求美者接受医疗美容行为的目的是追求面容和身体更符合自我心理预期,从而满足求美者对美认知的心理需求,即医疗美容行为要在满足身体健康的生理需求之上寻求对美的心理需求。在医疗美容过程中,如果医疗美容机构的工作人员由于过失没有尽到法定的义务或合同约定的义务,给求美者造成人身损害的,产生纠纷则不可避免。

四、卫生行政监督和检查未做到准确、全面

医疗美容监督管理具有规范性、目的性、强制性。卫生行政监管是基于行政职权依法对行政相对人是否遵守行政法律法规等情况进行的监督检查,卫生行政机关的监督和检查可以纠正医疗美容机构的违法行为,起到预防医疗美容纠纷的作用。目前,由于医疗美容机构数量逐年增加(其中民营医疗美容机构占多数),卫生行政监督和检查出现了一定的漏洞。实践中,越来越多的求美者选择注射透明质酸钠(即玻尿酸)、胶原蛋白、肉毒毒素等“微整形”医疗美容项目,而“微整形”对医务人员技术要求相对较低,部分医疗美容服务者为牟取更多利益使用伪劣药品,如伪劣的注射用玻尿酸、胶原蛋白、肉毒毒素,致使影响和危害消费者生命健康的事件时有发生。注射美容(微整形)属于医疗美容范畴,必须在取得合法资质的医疗机构开展,但现实中存在大量的非法医疗美容行为,如医疗美容机构未取得相应资质情况下开展医疗美容服务、个人不具备医师资质情况下开展医疗美容行为、执业医师到非医疗机构开展医疗美容的行为等,甚至还存在“一人一包”辗转多地利用宾馆、酒店、会所、居民住宅等场所开展医疗美容服务活动的情况,上述这些非法医疗美容行为具有隐蔽性,不易被监管和查处。但不可否认的是,医疗美容监督和管理也存在一些问题,包括基层监管人员对生活美容和医疗美容行为定性不清,监管部门分工不尽明确;基层监管机构人员配置不足;监管人员对医疗美容机构资质、执业人员资质、诊疗设备定期维护、医疗美容广告内容审批不严等。同时,监管部门对非法医疗美容行为处罚力度不够,对违法行为的处罚力度与违法成本不成比例,也是医疗美容机构和医疗美容从业人员不重视自身质量建设的一个原因。

第3节　医疗美容纠纷的类型

从侵权角度看,医疗美容法律关系主要涉及医疗美容求美者知情权、健康权、肖像权、名誉权、隐私权纠纷等。从合同法角度看,医疗美容法律关系是医疗服务合同关系,可能产生医疗美容服务合同纠纷。

笔记

一、求美者知情同意权纠纷

求美者知情权是指在医疗美容服务过程中，涉及求美者切身相关利益时，医疗美容机构和从业人员要如实告知求美者并取得其同意才能开展相应的医疗美容行为。根据《中华人民共和国民法典》第一千二百一十九条的规定，医务人员在诊疗活动中应当向患者说明病情和医疗措施。需要实施手术、特殊检查、特殊治疗的，医务人员应当及时向患者具体说明医疗风险、替代医疗方案等情况，并取得其明确同意；不能或者不宜向患者说明的，应当向患者的近亲属说明，并取得其明确同意。医务人员未尽到前款义务，造成患者损害的，医疗机构应当承担赔偿责任。在医疗美容活动中，医疗美容机构及其医务人员应告知的内容主要有就诊医疗美容机构和医务人员的基本情况、医疗美容专长等；求美者的容貌、身体情况和医疗美容技术的方式和手段，术后效果的预期；医疗美容措施的医疗风险、替代医疗美容方案；求美者美容治疗的药物服用、医疗美容器械的使用等；医疗美容过程中出现紧急情况时，会采取的相关措施等。

在常规医疗美容诊治时，医疗美容机构及医务人员应当遵循法律规定向患者说明病情和医疗措施。需要实施手术、特殊检查及特殊治疗的，医务人员应当及时向患者说明医疗风险、替代医疗方案等情况，并取得其书面同意；不宜向患者说明的，应当向患者的近亲属说明，并取得其书面同意。在医疗美容诊治过程中出现紧急情况时，医疗美容机构告知义务适用《中华人民共和国民法典》第一千二百二十条，因抢救生命垂危的患者等紧急情况，不能取得患者或者其近亲属意见的，经医疗机构负责人或者授权的负责人批准，可以立即实施相应的医疗措施。如医疗美容机构及其医务人员未尽到与当时的医疗水平相对应的注意义务，造成求美者损害的，医疗美容机构应当承担损害赔偿责任。《中华人民共和国民法典》对患者知情权与医疗机构告知义务做出了明确的规定，与《中华人民共和国执业医师法》《医疗事故处理条例》等法律法规相比，进一步明确了知情同意权的范围和侵犯知情权的法律责任。

在司法实践中，医方未尽医疗告知义务导致患者损害的案件究竟适用违约法律规定还是侵权法律规定，尚存在争议。医疗美容机构的告知义务是基于医疗服务合同产生的，与之对应的是求美者知情同意权，在发生纠纷时，会发生违约责任与侵权责任竞合，当事人可择一而诉。责任承担方面，医疗美容服务合同违约责任承担方式主要是支付违约金、继续履行、采取补救措施或者赔偿损失等，而侵权责任的承担方式包括停止侵害、排除妨害、消除危险、赔偿损失、赔礼道歉、消除影响和恢复名誉等。违约责任不包括要求违约方承担精神损害赔偿的权利，侵权责任可要求精神损害赔偿。

二、求美者隐私权纠纷

求美者隐私权是指患者享有的在医疗活动中或医疗活动终止后，有权保护自己与公共利益无关的私人信息、私人空间以及私人活动不受他人侵犯的权利。患者隐私权具有四种特性：主体具有特定性、具有可限制性、具有易受侵害性、侵权的认定与保护具有复杂性。《中华人民共和国民法典》第一千二百二十六条规定，医疗机构及其医务人员应当对患者的隐私和个人信息保密。泄露患者的隐私和个人信息，或者未经患者同意公开其病历资料的，应当承担侵权责任。由于医疗美容活动的特点，求美者大多是对自己的容貌、身体不满意所以寻求医疗美容手段的介入，因此医疗美容的项目和手段等相关情况都可能成为求美者不愿为外人知晓的隐私。求美者来医疗美容机构就医，双方应在互信的基础上开展医疗美容活动，求美者基于足够的信任将自己的容貌和身体交给医疗美容从业人员，因此医疗美容机构及其工作人员应保护求美者的隐私。《医疗机构病历管理规定（2013年版）》明确规定了病历的保管责任，门（急）诊病历原则上由患者负责保管。医疗机构建有门（急）诊病历档案室或者已建立门（急）诊电子病历的，经患者或者其法定代理人同意，其门（急）诊病历可以由医疗机构负责保管。住院病历由医疗机构负责保管。医疗机构应当严格病历管理，任何人不得随意涂改病历，严禁伪造、隐匿、销毁、抢夺、窃取病历。除为患者提供诊疗服务的医务人员，以及经卫生行政部门、中医药管理部门或者医疗机构授权的负责病案管理、医疗管理的部门或者人员外，其他任何机构和个人不得擅自查阅患者病历。《中华人民共和国民法典》也对医疗机构及其医务人员违反保密义务的后果进行了规定，如果医方泄露求美者的隐私或者未经其同意公开病历资料，造成求美者损害的，应当承担相应的侵权责任。

求美者接受医疗美容服务的信息应当被保护，未经求美者本人同意，医疗美容机构和医务人员同样不得对外泄露。《中华人民共和国执业医师法》《护士条例》等都对医师、护士在执业活动中关心、爱护、尊重患者，保护患者隐私做了规定。医疗美容机构及其医务人员泄露求美者隐私的，应当承担停止侵害、排除妨害、消除危险、赔偿损失、赔礼道歉、消除影响、恢复名誉等责任。医疗机构承担隐私权损害赔偿责任主要依据为《中华人民共和国民法典》《最高人民法院关于审理人身损害赔偿案件适用法律若干问题的解释》《最高人民法院关于确定民事侵权精神损害赔偿责任若干问题的解释》及《最高人民法院关于审理医疗损害责任纠纷案件适用法律若干问题的解释》。

三、求美者健康权纠纷

患者健康权是指求美者在接受医疗美容服务过程中维护自己身体组织与器官功能正常和完整的权利。在医疗美容法律关系中，美容诊疗义务是医疗美容机构的主要义务。根据求美者的面部和身体特征，运用医疗美容诊疗技术，以求达到求美者对美的追求。在医疗美容过程中，如果医疗美容机构的工作人员由于过失没有尽到法定的义务或合同约定的义务，给求美者造成身体健康甚至生命造成损害的，那么医疗美容机构就应当承担相应的医疗美容损害赔偿或者违约责任。医疗机构承担健康权损害赔偿责任的主要依据为《中华人民共和国民法典》《最高人民法院关于审理人身损害赔偿案件适用法律若干问题的解释》《最高人民法院关于确定民事侵权精神损害赔偿责任若干问题的解释》及《最高人民法院关于审理医疗损害责任纠纷案件适用法律若干问题的解释》。

在医疗美容行为过程中，求美者更注重实际效果，医疗美容机构承担着对求美者进行容貌和身体各部位形态进行修复和再塑的义务。《医疗美容服务管理办法》对医疗美容执业人员的资格准入要求很高，因为医疗美容执业人员不仅承担着普通医务人员保障患者生命健康的义务，而且承担着对求美者容貌和身体美观的义务。医疗美容机构在履行美容诊疗义务时需遵循无伤害原则。医疗美容行为的追求是让原本健康的面容和身体变得更美，从而满足求美者对美认知的心理需求，也就是医疗美容行为要在满足身体健康的生理需求之上寻求对美的心理需求。因此，无论求美者如何要求，医疗美容的项目、方式如何，都要在无伤害的原则下实施医疗美容技术，而不能为满足对美的心理追求而牺牲求美者的健康甚至是生命。医疗美容机构及其医务人员在诊疗活动中未尽到与当时的医疗水平相适应的诊疗义务，造成患者健康权损害的，医疗美容机构应当承担赔偿责任。

四、肖像权纠纷

患者肖像权是指公民所享有的对自己的肖像上所体现的人格利益为内容的一种人格权，为本人专有权利，未经本人同意，不得以营利为目的使用公民的肖像，不得损害公民名誉，不得泄露公民个人隐私。依据《中华人民共和国民法典》第一百一十条规定，自然人享有生命权、身体权、健康权、姓名权、肖像权、名誉权、荣誉权、隐私权和婚姻自主权等权利。法人、非法人组织享有名称权、名誉权和荣誉权。实际生活中，部分医疗美容机构以谋利为目的，擅自使用明星照片进行宣传，引发大量肖像权纠纷。北京市第二中级人民法院发布的医疗美容机构涉嫌侵犯明星肖像权统计数据显示，2016 年北京市第二中级人民法院共审理医疗美容机构涉嫌侵犯明星肖像权案件 61 件，约占肖像权纠纷案件的 40%。61 件医疗美容机构涉嫌侵犯明星肖像权的案件中，涉及明星 20 余人，涉

笔记

及医疗美容机构30余家。据介绍，医疗美容机构涉嫌侵犯明星肖像权案件均由明星一方作为原告提起诉讼，要求侵权的医疗美容机构停止侵权行为、赔礼道歉、赔偿经济损失、赔偿精神损害及诉讼费用等。上述案件中，北京市第二中级人民法院判决支持明星全部或者部分诉讼请求的案件约占全部案件的80%以上。医疗美容机构应当重视求美者及他人的肖像权保护，未经授权不得使用，避免引起肖像权纠纷。

如前所述，肖像权是指公民享有的个人生活安宁与个人信息不被他人非法侵扰、知悉、收集、利用和公开的一种人格权利。医疗美容机构应当对在医疗美容服务中取得的患者个人肖像信息进行保护，并且不得有侵害求美者隐私权的行为。医疗美容机构在实施医疗美容手术之前，要先取得求美者个人身体术前外貌图片，用于讨论手术方案及术后效果的对比，但求美者经过医疗美容手术后身体外貌会发生比较大的变化，这也符合求美者进行医疗美容的目的，医疗美容机构实施了未经求美者同意，擅自将求美者个人肖像对外披露，甚至将求美者术前术后信息公开宣传，泄露求美者肖像资料等行为，这些行为可能造成求美者极大的精神痛苦，引发医疗美容纠纷。求美者可因医疗美容机构侵犯其肖像权，造成求美者精神损害严重后果为由，要求医疗美容机构承担停止侵害、恢复名誉、消除影响、赔礼道歉等民事责任，还可以要求医疗美容机构赔偿精神损害抚慰金。

五、医疗美容合同纠纷

医疗美容机构和求美者双方应严格按照合同约定的义务履行自己的义务，任何一方因未依约履行医疗美容合同约定义务构成违约的，需承担违约责任。一般医疗服务面向的是身体上患有疾病、需要医疗介入的患者，就诊目的在于医治疾病、恢复健康，所接受的医疗服务具有较强的公益性和必要性；而医疗美容的服务对象则是对自己的容貌和身体各部位形态的“美化”有所需求的非患者，其目的在于改善容貌，优化感官，医疗美容服务具有较强的可选择性和自愿性，求美者在医疗美容合同中既是患者又是消费者。当医疗美容机构存在欺诈行为时，如无医疗执业许可证开展医疗美容服务、医务人员无医师资格开展执业活动、执业人员超范围执业、使用不合格医疗产品、对求美者做出夸大医疗美容效果许诺等行为，当这些行为引起医疗美容纠纷时，医疗美容机构不但要承担违约责任，还可能要承担惩罚性赔偿责任。医疗美容合同是求美者出于追求更符合个人审美容貌的目的，与医疗美容机构签订医疗美容合同，约定医疗美容机构及其医务人员提供医疗美容服务，对求美者容貌和人体部位进行修复和再塑。医疗美容服务机构在合同履行过程中获取利益，符合《中华人民共和国消费者权益保护法》中经营者特征。根据《中华人民共和国消费者权益保护法》第二条规定，消费者是指为满足个人生活消费需要而购买、使用商品或者接受服务的自然人。在医疗美容服务合同中，就诊者为满足美化外观的个人生活消费需求而接受服务，购买产品，具有较强的消费色彩。因此，医疗美容服务的求美者符合消费者的特征。

在医疗美容服务领域，医疗美容机构和求美者之间关系具有较强的商业交易的性质，故医疗美容合同适用于《中华人民共和国消费者权益保护法》。《侵害消费者权益行为处罚办法》第五条规定，经营者提供商品或者服务不得有下列行为：①销售的商品或者提供的服务不符合保障人身、财产安全要求；②销售失效、变质的商品；③销售伪造产地、伪造或者冒用他人的厂名、厂址、篡改生产日期的商品；④销售伪造或者冒用认证标志等质量标志的商品；⑤销售的商品或者提供的服务侵犯他人注册商标专用权；⑥销售伪造或者冒用知名商品特有的名称、包装、装潢的商品；⑦在销售的商品中掺杂、掺假，以假充真，以次充好，以不合格商品冒充合格商品；⑧销售国家明令淘汰并停止销售的商品；⑨提供商品或者服务中故意使用不合格的计量器具或者破坏计量器具准确度；⑩骗取消费者价款或者费用而不提供或者不按照约定提供商品或者服务。

当医疗美容机构（营利性组织）在服务中存在《侵害消费者权益行为处罚办法》第五条第①项至第⑥项规定行为之一且不能证明自己并非欺骗、误导消费者而实施此种行为的，属于欺诈行为。经营者有该办法第五条第⑦项至第⑩项、第六条和第十三条规定行为之一的，属于欺诈行为。求美

笔记

者可以从消费者角度按照《中华人民共和国消费者权益保护法》第五十五条向医疗美容机构主张增加赔偿或惩罚性赔偿。

第4节　医疗美容纠纷案件的法律适用

医疗美容纠纷责任竞合是医疗美容纠纷的一个重要特点。在医疗美容活动中，求美者有权要求医疗美容机构按照医疗美容科学和行业惯例、规定的要求，合理、谨慎地对就诊人诊断、治疗及护理；医疗美容机构有向患方索取相应的医疗费用的权利，故医疗美容机构与求美者双方之间存在互为对等给付的义务，双方构成合同关系。医疗美容机构未履行合同约定的义务，应当承担违约责任。在医疗美容过程中，医疗美容机构负有诊疗义务，如违反此诊疗义务，并产生损害结果，对求美者负有侵权责任。此时，便产生医疗过失中的违约责任与侵权责任的竞合。医疗美容纠纷中，违约行为与侵权行为的指向为同一法律关系，医疗美容纠纷按侵权原则处理，但不排除当事人选择合同之诉。

我国侵权责任和违约责任的竞合采用限制竞合的做法。《中华人民共和国民法典》第一百二十条规定，民事权益受到侵害的，被侵权人有权请求侵权人承担侵权责任。第一百八十六条规定，因当事人一方的违约行为，损害对方人身权益、财产权益的，受损害方有权选择请求其承担违约责任或者侵权责任。医疗美容纠纷中，因医疗美容过失产生违约责任与侵权责任竞合时，同样采用限制竞合论，主要原因是违约之诉与侵权之诉在案件管辖、诉讼时效、举证责任、责任承担范围等方面均有不同，求美者提起何种之诉对案件的审理结果会产生重大影响。禁止竞合理论，承认受害人提起违约之诉，这无疑剥夺了求美者提起侵权之诉的可能。允许竞合不加限制赋予当事人选择权，给予了当事人投机的机会，增加了法院的讼累。本着平衡当事人利益和减轻法院的讼累，防止受害人就同一事实提起两次诉讼，限制受害人的双重请求权的考虑，采用限制竞合是较为合理的。

一、医疗美容违约责任法律适用

求美者以医疗美容双方存在医疗美容服务合同为由，主张医疗机构存在医疗过失，构成违约的，应当举证证明：①医疗美容双方存在有效医疗美容合同；②医疗美容机构的医疗美容行为存在不符合医疗美容合同的约定、未履行其应尽医疗美容诊疗义务的事实；③需要承担医疗美容违约责任的事实。根据《中华人民共和国民法典》规定，考虑医疗美容合同的特殊性，医疗美容违约请求权的成立需具备以下要件：①医疗美容合同已成立并生效。求美者的挂号行为构成要约，医疗美容机构接受求美者挂号构成承诺，即医疗美容合同成立的一般情形；在不用挂号的医疗美容诊所，求美者的求诊行为构成要约，医疗美容医师同意进行医疗美容诊疗构成承诺，医疗美容合同成立。②医疗美容机构具有违约行为。医疗美容机构的违约行为不以是否达到求美者期待的结果为标准，而是以是否具有医疗过失、是否违反其应尽诊疗义务为标准。医疗美容机构虽属于医疗机构，但其是否负有强制缔约的义务值得进一步探讨，即一般情况下医疗机构不得拒绝患者，但出现预约或已挂号的患者超过其所能承受的医疗能力，或出现疑难病症而受技术水平限制无法承受，在履行说明、转诊义务后，医疗美容机构是否有权拒绝患方但不构成违约的情况有待商榷。③医疗美容合同违约方不具有免责事由。④医疗美容合同违约责任的承担方式符合合同约定或法律规定。如求美者基于违约请求权要求医疗美容机构赔偿的，还应当证明其受到损害与医疗美容机构的违约行为存在因果关系。其中求美者对其主张的事实应负举证责任，医疗美容机构对其反驳事实负举证责任。

按严格责任说，违约责任是守约方不需要就违约方存在过错等举证，但这不表示求美者不需要提供任何证据。求美者与医疗美容机构存在医疗美容合同关系、医疗美容机构诊疗存在过失造成求

笔记

美者损害等事实，求美者仍然应当承担举证义务。否则，法庭审理就无法判断求美者是否具备诉的利益、是否为适格当事人等诉讼成立所必须要考虑的因素。求美者在起诉时的举证标准，起码要达到能使法官内心确认，依据他目前提供的这些证据，可以初步推断其主张的事实可能成立。至于其主张最终是否在以后的诉讼进程中得到支持，双方当事人会随着证据交换等诉讼的举证和反驳，最终以事实为依据以法律为准绳宣判。

医疗美容机构否认求美者违约请求权的，应举证证明根据医疗美容合同约定和法律规定的特定抗辩事由，求美者请求权已受制、阻碍及消灭的要件事实。医疗美容机构的抗辩事由通常为：①医疗美容双方未形成有效的医疗美容合同；②医疗美容机构的医疗美容行为不存在医疗美容过失，符合法律法规和医学美容诊疗常规；③医疗美容机构的医疗美容行为具有免责事由，包括：在紧急情况下为抢救垂危患者生命而采取紧急医学措施造成不良后果的；医疗美容诊疗中无过错输血感染造成不良后果的；在现有医学美容科学技术条件下，发生无法预料或者不能防范的不良后果的；在医疗美容中由于求美者体质特殊而发生医疗意外的；因求美者原因延误医疗美容诊疗导致不良后果的；医疗美容纠纷因不可抗力造成不良后果的。

求美者要求医疗美容机构承担违约责任，赔偿违约造成的损失以不超过合理预见的损失范围为限。根据《中华人民共和国民法典》第五百七十七条规定，当事人一方不履行合同义务或者履行合同义务不符合约定的，应当承担继续履行、采取补救措施或者赔偿损失等违约责任。医疗美容合同违约责任最主要的形式是赔偿损失。医疗美容合同一方当事人违反医疗美容合同义务时，应当承担造成他方的直接损失和签订医疗美容合同时，可以预见的间接损失予以赔偿，以合理预见的损失为限。医疗美容违约责任中直接损失是指求美者因医疗美容机构的违约行为所造成的财产实际损失。

二、医疗美容侵权责任法律适用

医疗美容诊治过程中，求美者认为医疗美容机构存在医疗过失，构成医疗美容侵权责任的，求美者承担如下举证责任：①求美者到医疗美容机构就诊接受医疗美容的事实；②因医疗美容诊疗造成损害的事实；③医疗美容行为与损害结果之间存在因果关系。因医疗美容属于医疗行为，《中华人民共和国民法典》第一千二百一十八条规定医疗损害责任适用一般过错责任，与之相应的举证规则，原则上适用“谁主张，谁举证”，特殊情形适用过错推定，如出现《中华人民共和国民法典》第一千二百二十二条规定的情形时，医疗美容纠纷适用举证责任倒置。

患者有损害，因下列情形之一的，推定医疗机构有过错：①违反法律、行政法规、规章以及其他有关诊疗规范的规定；②隐匿或者拒绝提供与纠纷有关的病历资料；③遗失、伪造、篡改或者违法销毁病历资料。2002 年 4 月 1 日施行的《最高人民法院关于民事诉讼证据的若干规定》中第四条规定，因医疗行为引起的侵权诉讼，由医疗机构就医疗行为与损害结果之间不存在因果关系及不存在医疗过错承担举证责任。但由于医疗美容行为具有高度的专业性特点，在举证责任上《中华人民共和国民法典》未继续沿用最高法院的这一司法解释观点，医疗美容损害责任按照过错责任确定各方责任承担举证责任。在医疗美容损害纠纷中，应当遵循“谁主张、谁举证”的举证责任分配原则，求美者承担对自己提出的事实和反驳医疗美容机构诉讼请求的举证责任。医疗美容纠纷中求美者可申请法院提交专业鉴定机构对医疗行为与损害后果之间是否存在因果关系、医疗机构是否存在过错等情形进行鉴定。

医疗美容机构否认求美者侵权请求权成立的，应当举证证明其医疗美容行为与医疗美容损害后果之间不存在因果关系及不存在医疗美容过失行为。当求美者对此医疗美容纠纷赔偿请求权成立时，医疗美容机构应当承担提供证据反驳求美者的举证责任，即医疗美容行为与医疗美容纠纷损害结果之间不存在因果关系及不存在医疗美容过错，否则承担败诉的后果。医疗美容侵权纠纷中，不良后果除明显系医疗美容机构或求美者过失所致而无须鉴定外，是否存在医疗过失及因果关系一般通过法院委托鉴定机构出具鉴定意见，求美者拒绝申请鉴定的，应当承担举证不能的不利后果。医

笔记

疗过失及因果关系的鉴定涉及法医学、临床医学等多种学科专业知识，且认定具有很强的专业性，仅凭法官的知识和社会经验对医疗美容纠纷中的病历、诊断及其陈述很难进行判断，做出评判已不能保证客观性，因此医疗美容纠纷需通过司法鉴定出具鉴定意见。

三、医疗美容纠纷赔偿主体

医疗美容纠纷的赔偿主体涉及医疗美容法律关系。医疗美容法律关系，是指医疗美容机构及其医务人员提供医疗美容服务，对求美者的容貌和身体部位进行修复和再塑过程中，形成的以权利义务关系为内容的法律关系，包括主体、客体与内容。医疗美容法律关系的主体，是指在医疗美容法律关系中享有权利承担义务的人，既可以是自然人，也可以是拟制的人，是法律赋予同自然人一样有独立的人格和意志的组织体。法律关系的主体直接影响着法律关系的形成、变更和终止。医疗美容法律关系的主体包括医疗美容机构、设立了医疗美容科室的医疗机构和求美者。医疗美容纠纷赔偿主体为医疗美容法律关系中的医疗美容机构和设立了医疗美容科室的医疗机构。需要明确的是，承担赔偿责任的主体为医疗美容机构而非医务人员，根据《中华人民共和国民法典》第一千二百二十一条规定，医务人员在诊疗活动中未尽到与当时的医疗水平相应的诊疗义务，造成患者损害的，医疗机构应当承担赔偿责任。

四、医疗美容纠纷中非法行医罪认定

非法医疗美容从业人员在医疗美容纠纷中除要承担民事赔偿责任外，有可能构成非法行医罪，面临《中华人民共和国刑法》第三百三十六条所规定的处罚，即未取得医生执业资格的人非法行医，情节严重的，处三年以下有期徒刑、拘役或者管制，并处或者单处罚金；严重损害就诊人身体健康的，处三年以上十年以下有期徒刑，并处罚金；造成就诊人死亡的，处十年以上有期徒刑，并处罚金。医疗美容纠纷中从业人员是否为非法行医，可依据《最高人民法院关于审理非法行医刑事案件具体应用法律若干问题的解释》进行判断，即具有下列情形之一的，应认定为《刑法》第三百三十六条第一款规定的未取得医生执业资格的人非法行医：①未取得或者以非法手段取得医师资格从事医疗活动的；②个人未取得医疗机构执业许可证开办医疗机构的；③被依法吊销医师执业证书期间从事医疗活动的；④未取得乡村医生执业证书，从事乡村医疗活动的；⑤家庭接生员实施家庭接生以外的医疗行为的。对实施非法行医犯罪，同时构成生产、销售假药罪，生产、销售劣药罪，诈骗罪等其他犯罪的，依照《刑法》处罚较重的规定定罪处罚。司法解释所称“医疗活动”“医疗行为”，参照《医疗机构管理条例实施细则》中的“诊疗活动”“医疗美容”认定。

《最高人民法院关于非法行医罪犯罪主体条件征询意见函》中，对合法医疗美容医务人员在非法医疗美容机构中执业进行了性质认定，具有医生执业资格的人在“未被批准行医的场所”行医属非法行医。其中，“未被批准行医的场所”是指没有卫生行政部门核发的医疗机构执业许可证的场所。但是，下列情况不属于非法行医：①随急救车出诊或随采血车出车采血的；②对病人实施现场急救的；③经医疗、预防、保健机构批准的家庭病床、卫生支农、出诊、承担政府交办的任务和卫生行政部门批准的义诊等。

五、医疗美容纠纷中惩罚性赔偿金适用

实践中对医疗美容纠纷是否适用惩罚性赔偿金，有不同观点。主张医疗美容纠纷应适用《中华人民共和国消费者权益保护法》的观点主要认为，医疗美容合同中求美者符合消费者的特征，根据《中华人民共和国消费者权益保护法》第二条规定，消费者为生活消费需要购买、使用商品或者接受服务，其权益受本法保护；本法未作规定的，受其他有关法律、法规保护。在医疗美容服务合同中，就求美者为满足美化外观的个人生活消费需求而接受服务，购买产品，具有较强的消费特征。

笔记

因此，医疗美容服务的求美者符合消费者的特征。医疗美容机构符合经营者的特征，医疗美容机构多以营利为目的，且以私营医疗美容机构为主，符合为消费者提供其生产、销售的商品或者提供服务的经营者的身份特征。医疗美容合同中求美者处于需求方，但却不具备相应专业知识，处于相对弱势方，为体现平等民事主体之间订立合同的公平性，应纳入消费者范畴予以保护。

医疗美容纠纷中医疗美容机构与求美者相比有优势，部分医疗美容机构为谋取经济利益、吸引客户，恶意夸大宣传诊疗效果，向求美者作出与其提供医疗美容服务不符的承诺，诱导求美者进行医疗美容消费，不充分履行告知义务。对医疗美容手术的风险轻描淡写或做出与事实不符的表述，在签订合同过程中甚至存在恶意欺诈行为，为保护消费者的合法权益不受侵犯，法律对欺诈行为做出了惩罚性赔偿规定。《中华人民共和国消费者权益保护法》第五十五条规定，经营者提供商品或者服务有欺诈行为的，应当按照消费者的要求增加赔偿其受到的损失，增加赔偿的金额为消费者购买商品的价款或者接受服务的费用的三倍；增加赔偿的金额不足五百元的，为五百元。法律另有规定的，依照其规定。经营者明知商品或者服务存在缺陷，仍然向消费者提供，造成消费者或者其他受害人死亡或者健康严重损害的，受害人有权要求经营者依照本法第四十九条、第五十一条等法律规定赔偿损失，并有权要求所受损失二倍以下的惩罚性赔偿。因此，医疗美容合同纠纷当医疗美容机构存在欺诈行为的前提下，适用惩罚性赔偿条款维护消费者合法权益。

主张医疗美容纠纷不适用《中华人民共和国消费者权益保护法》的观点认为，在现行的法律规范下，医疗美容纠纷不应单独适用《中华人民共和国消费者权益保护法》。从医疗美容的概念上看，其在行为主体、资质要求、行为方式、目的及行政管理等多方面都区别于一般的生活美容，并非所有的医疗美容都仅仅是为了达到变美丽的效果，更多的是含有一定的治疗、矫正目的，故不能将医疗美容简单等同于一般消费行为。同时认为在法律适用上，医疗美容纠纷既然被归于医疗纠纷的范畴，就应在《中华人民共和国民法典》内寻找救济，而不应再单独适用《中华人民共和国消费者权益保护法》。如果在医疗服务合同纠纷案件中适用《中华人民共和国消费者权益保护法》，便会造成不同医疗美容纠纷适用不同法律的局面。

六、医疗美容产品质量责任法律适用

对于医疗产品质量问题，医疗美容机构作为产品的使用方，负有保证产品质量的责任。因医疗产品、血液制品瑕疵致人损害的，求美者可依照《中华人民共和国产品质量法》提起产品质量之诉，也可提起医疗损害赔偿之诉。如果医疗机构是缺陷医疗产品或血液的生产者，其应对其所造成的损害承担无过错的赔偿责任；如果医疗机构不是生产者，医疗机构仍应对其造成的损害负无过错赔偿责任，但其在进货、保存等环节没有过错的，其可最终向生产者进行追偿。《中华人民共和国消费者权益保护法》第四十条规定，消费者在购买、使用商品时，其合法权益受到损害的，可以向销售者要求赔偿。销售者赔偿后，属于生产者的责任或者属于向销售者提供商品的其他销售者的责任的，销售者有权向生产者或者其他销售者追偿。消费者或者其他受害人因商品缺陷造成人身、财产损害的，可以向销售者要求赔偿，也可以向生产者要求赔偿。属于生产者责任的，销售者赔偿后，有权向生产者追偿。属于销售者责任的，生产者赔偿后，有权向销售者追偿。消费者在接受服务时，其合法权益受到损害的，可以向服务者要求赔偿。

七、医疗美容纠纷精神损害赔偿法律适用

精神损害通常表现为导致受害人精神上的痛苦。受害人精神上的痛苦，在外在表现方面，受害人会出现异常的精神状况，如失眠、消沉、狂躁、易怒、迟钝等精神状态，严重的会出现需要临床治疗的情形。医疗美容纠纷中求美者在损害发生后，许多情况下求美者都会产生反常的精神状况，医疗美容失败可能对求美者造成严重的精神痛苦。法律对特定条件下达到一定程度的精神损害应予以评价，但不可能对任何情况下产生的任何程度的精神损害进行评价，即医疗美容纠纷受害者达到

笔记

一定程度的精神损害时，需要由加害人承担相应的赔偿责任。在社会生活中，医疗美容纠纷受害人得到精神损害赔偿金后，可以使用所获得的赔偿金，进行一些有利于自己身心健康的活动，以减少因医疗美容失败给自己带来的精神压力，避免因损害的发生而影响到受害者的社交活动，通过这些活动达到消除或者减轻精神痛苦的目的。此外精神损害赔偿金具有一定的惩罚性，由医疗美容机构承担精神损害的赔偿责任，无论是对医疗美容机构还是对他人都具有很好的社会教育警示作用。

最高人民法院颁布了《关于确定民事侵权精神损害赔偿责任若干问题的解释》，确定了精神损害赔偿的适用范围、责任形式及赔偿数额。因侵权致人精神损害，但未造成严重后果，受害人请求赔偿精神损害的，一般不予支持，人民法院可以根据情形判令侵权人停止侵害、恢复名誉、消除影响、赔礼道歉。因侵权致人精神损害，造成严重后果的，人民法院除判令侵权人承担停止侵害、恢复名誉、消除影响、赔礼道歉等民事责任外，可以根据受害人一方的请求判令其赔偿相应的精神损害抚慰金。《中华人民共和国民法典》第九百九十六条规定，因当事人一方的违约行为，损害对方人格权并造成严重精神损害，受损害方选择请求其承担违约责任的，不影响受损害方请求精神损害赔偿。同时，第一千一百八十三条进一步规定，侵害自然人人身权益造成严重精神损害的，被侵权人有权请求精神损害赔偿。

小结

医疗美容纠纷违约行为与侵权行为的指向为同一法律关系，在法律适用上存在违约责任与侵权责任的竞合。医疗美容合同是双务合同，医疗美容机构未履行合同约定的义务，即构成违约，应当承担违约责任。在医疗美容过程中，医疗美容机构负有诊疗义务，如违反此诊疗义务，并产生损害结果，应承担侵权责任。在纠纷处理过程中，选择正确的法律关系，才能在法律适用中做出最符合公平正义的选择，在医疗美容纠纷发生时，维护求美者和医疗美容机构双方的合法权益。

章前案例解析

1. 被告美容院不具备医疗美容机构资质，具体依据为《医疗美容服务管理办法》中明确规定，医疗美容，是指运用手术、药物、医疗器械以及其他具有创伤性或者侵入性的医学技术方法对人的容貌和人体各部位形态进行的修复与再塑。医疗美容机构开展医疗美容诊疗业务必须经过卫生部门登记注册获得医疗机构执业许可证，根据工商许可登记显示被告可以开展生活美容项目，依据《美容美发业管理暂行办法》第二条第二款规定，本办法所称美容，是指运用手法技术、器械设备并借助化妆、美容护肤等产品，为消费者提供人体表面无创伤性、非侵入性的皮肤清洁、皮肤保养、化妆修饰等服务的经营性行为。同时，医疗美容机构的主诊医师必须具备执业医师资格，经执业医师注册机构注册，具备从事相关临床学科工作经历，如负责实施美容外科项目的医师应具备6年以上从事美容外科或整形外科相关临床工作经验。故被告不具备医疗机构执业许可证，不具备医疗美容机构资质。

2. 被告美容院的经营者，明知其不具备医疗机构执业许可证，不具备医疗美容机构资质的情况下，仍然开展医疗美容经营活动，同时对于原告以一般消费者的认知水平和识别能力不能获悉及辨别被告为非法医疗美容服务提供者，故本案中被告行为属于消费欺诈行为，根据《中华人民共和国消费者权益保护法》规定，经营者明知商品或者服务存在缺陷，仍然向消费者提供，造成消费者或者其他受害人死亡或者健康严重损害的，受害人有权要求经营者依照本法第四十九条、第五十一条等法律规定赔偿损失，并有权要求所受损失二倍以下的惩罚性赔偿。

3. 本案中，违约行为与侵权行为的指向为同一法律关系，即美容机构未履行其应尽的诊疗义务存在的医疗过失与未履行法定或合同约定的义务的过失同时存在，故医疗美容纠纷存在侵权责任与违约责任的竞合。在本案中求美者有权要求医疗美容机构按照医疗美容科学和行业惯例、常规的要求，合理、谨慎地对就诊人诊断、治疗、护理；医疗美容机构有向患方索取相应的医疗费用的权利，故医疗美容机构与求美者双方之间存在互为对等给付的义务，双方构成医疗美容服务合同关系。因医疗美容机构未履行法定或合同约定的义务，即构成违约，应当承担违约责任。同时本案中被告医疗美容机构不具备开展医疗美容的资质，侵害了求美者权利，并产生了损害结果，对求美者负有侵权责任。此时，便产生医疗过失中的违约责任与侵权责任的竞合。医疗美容纠纷中，违约行为与侵权行为的指向为同一法律关系，原告可在违约之诉或侵权之诉中择一而诉。

4. 本案美容属医疗美容行为，提供“线雕隆鼻术”的美容服务的机构应具备相应的医疗机构执业许可，以一般消费者的认知水平和识别能力不能获悉及辨别被告美容院并不具备相应的资质，并未取得医疗机构执业许可证的事实。被告在美容服务中，隐瞒上述与消费者有重大利害关系的信息，对原告的消费抉择产生重大影响，美容院构成欺诈。依据《中华人民共和国消费者权益保护法》第四十九条经营者提供商品或者服务，造成消费者或者其他受害人人身伤害的，应当赔偿医疗费、护理费、交通费等为治疗和康复支出的合理费用，以及因误工减少的收入。造成残疾的，还应当赔偿残疾生活辅助具费和残疾赔偿金。第五十二条经营者提供商品或者服务，造成消费者财产损害的，应当依照法律规定或者当事人约定承担修理、重作、更换、退货、补足商品数量、退还货款和服务费用或者赔偿损失等民事责任。第五十五条经营者提供商品或者服务有欺诈行为的，应当按照消费者的要求增加赔偿其受到的损失，增加赔偿的金额为消费者购买商品的价款或者接受服务的费用的三倍；增加赔偿的金额不足五百元的，为五百元。法律另有规定的，依照其规定。经营者明知商品或者服务存在缺陷，仍然向消费者提供，造成消费者或者其他受害人死亡或者健康严重损害的，受害人有权要求经营者依照本法第四十九条、第五十一条等法律规定赔偿损失，并有权要求所受损失二倍以下的惩罚性赔偿之规定。要求精神损害赔偿，依据为《中华人民共和国民法典》第九百九十六条和第一千一百八十三条的规定。

思考题

1. 医疗美容纠纷案件中是否适用精神损害赔偿？
2. 如何确定医疗美容纠纷赔偿主体？
3. 避免发生医疗美容纠纷的措施有哪些？
4. 医疗美容机构可以要求求美者承担哪些责任？

（徐和利）

笔记

第6章

医疗美容损害责任

本章概要

医疗美容损害责任是指具备医疗美容从业资质的机构和从业人员在提供医疗美容服务过程中没有遵守相关的法律、法规、行政规章、诊疗规范和常规，没有尽到注意义务，医疗美容行为存在过错，造成求美者损害而应当承担的损害责任。医疗美容损害责任的构成要具备违法行为、损害后果、因果关系和过错四个构成要件。医疗美容损害责任包括一般医疗美容损害责任、求美者知情同意权侵权损害责任、求美者隐私权侵权损害责任、医疗产品侵权损害责任、医疗美容从业机构病历保管不善侵权损害责任和过度诊疗的侵权损害责任。

案例6

原告孔某因对自己的鼻梁不满意到被告某美容医院接受医疗美容，该美容医院为其施行了玻尿酸注射隆鼻术。术后孔某出现了左眼部胀痛和视物模糊的情况。两天后，孔某到某医院就诊，医院初步诊断结论为：左眼缺血性视神经病变、左眼视网膜分支动脉阻塞。此后，孔某在国内多家医院就诊，又被诊断出视网膜中央动脉阻塞，眼底出血，左眼视力仅为0.1。四个月后，孔某又被诊断出脑内多发缺血梗死灶和脑内动脉硬化。孔某遂将被告某医疗美容医院起诉至法院，要求其承担侵犯其健康权的医疗损害赔偿责任。在诉讼过程中，经当事人申请，法院委托某司法鉴定机构就被告某医疗美容医院的医疗美容行为是否存在过错、其过错行为与原告的损害之间是否存在因果关系及过错参与度、原告的伤残等级等进行了鉴定。鉴定意见认为，被告某医疗美容医院对原告的医疗美容行为存在过错，该过错行为和原告的损害后果之间存在因果关系，且原告的损伤已经构成八级伤残。法院经审理认为被告某医疗美容医院的行为构成医疗美容侵权行为，后酌定被告某医疗美容医院承担80%的过错责任。

问题： 1. 被告医疗美容医院的行为是否构成医疗美容侵权行为？

2. 被告医疗美容医院是否要承担医疗美容侵权损害赔偿责任？

3. 被告医疗美容医院是否能免除侵权损害赔偿责任的承担？

第1节　医疗美容损害责任概述

一、医疗美容损害责任的概念

医疗美容损害责任是指具备医疗美容从业资质的机构或者从业人员在提供医疗美容服务过程中没有遵守相关的法律、法规、行政规章、诊疗规范和常规，没有尽到注意义务，医疗美容行为存在过错，造成求美者损害而应当承担的损害责任。

二、医疗美容损害责任的特征

（一）医疗美容损害责任是一种医疗损害责任

医疗美容不同于生活美容，因生活美容而造成的损害责任是一般侵权损害责任。但医疗美容是运用医学技术方法对人的容貌和身体各部位形态进行修复与再塑，所以医疗美容实质上也是一种广义的医疗行为，因此，因医疗美容而造成的损害责任是一种医疗损害责任而不是一种一般侵权损害责任。2017 年 12 月 14 日施行的《最高人民法院关于审理医疗损害责任纠纷案件适用法律若干问题的解释》（法释〔2017〕20 号）第一条规定，患者以美容医疗机构或者开设医疗美容科室的医疗机构实施的医疗美容活动中受到人身或财产损害为由提起的侵权纠纷案件，适用本解释。这也充分肯定了医疗美容损害责任是一种医疗损害责任。

（二）医疗美容损害责任不同于一般的医疗损害责任

近几年来，医疗美容行业发展较快，因医疗美容而引起的纠纷也日渐增多。因医疗美容而产生的纠纷主要包括：医疗美容从业机构或人员不具备相应的资质仍提供医疗美容服务并对接受服务者造成损害引起纠纷；医疗美容从业机构或人员具备相应的医疗美容资质，但在提供医疗美容服务过程中没有遵守相关的法律、法规、行政规章、诊疗规范和常规，没有尽到注意义务，医疗美容行为存在过错，造成求美者损害引起纠纷；求美者心理预期过高，医疗美容的结果虽没有造成求美者任何损害但没有达到其心理预期从而引起纠纷。上述三类纠纷中因第二类纠纷而导致的医疗损害责任才是医疗美容损害责任。第一类纠纷如果医疗美容从业机构或者人员不具备医疗行业从业资质则构成一般的侵权责任，如果其具备医疗行业从业资质但不具备医疗美容从业资质的则只构成一般的医疗损害责任，而不构成医疗美容损害责任。第三种纠纷则不构成任何损害责任。

（三）医疗美容损害责任是一种替代责任

在医疗美容侵权行为中，实施具体加害行为的是医疗美容机构的医务人员，但医疗美容行为是一种医疗行为，医疗损害责任就是一种替代责任，即医疗侵权行为的责任承担主体是医疗机构而非具体的医务人员，所以在医疗美容行为中向求美者承担责任的主体也应当是医疗美容机构而非具体实施美容行为的医务人员。在向受到损害的求美者承担医疗损害责任以后，如果医疗美容行为的具体实施者在实施行为的过程中存在过错的，医疗美容机构可以向其进行追偿。特别要注意的是，如果医疗美容机构不具备相应医疗行业和医疗美容行业从业资质，又造成求美者损害的，就不再是一种替代责任，而是由医疗美容机构的开办者个人或者加害行为的实施者向求美者承担损害责任。

三、医疗美容损害责任和相关责任的区别

（一）医疗美容损害责任和医疗美容一般侵权责任的区别

实践中，医疗美容机构和从业人员实施的一些行为也构成侵权行为，需要承担侵权责任，但这种侵权责任却不构成医疗美容损害责任，而是构成一般侵权责任。最典型的几类侵权责任体现为医疗美容机构和从业人员侵害求美者肖像权、名誉权和一般隐私权的侵权责任。例如，医疗美容机构未经求美者同意利用求美者的照片进行广告宣传的就有可能侵犯求美者肖像权、名誉权和隐私权，或者求美者根本没有到该机构进行过医疗美容活动，医疗美容机构利用其肖像进行宣传的，也会侵犯求美者的肖像权或名誉权。这种一般的侵权责任和医疗美容侵权责任最大的不同之处在于，是否属基于医疗美容活动的侵权行为，如果是基于医疗美容活动的侵权行为，则是医疗美容损害侵权，如果不是基于医疗美容活动的侵权行为，就是一般的侵权行为。这里的基于医疗美容活动的损害，包含两种情况，一是在医疗美容活动实施过程中求美者就出现了损害；二是医疗美容活动实施完毕

笔记

后患者出现损害，无论何种损害都与求美者接受了医疗美容活动有关。但一般的侵权行为，诸如求美者接受医疗美容活动后效果良好，医疗美容机构未经求美者同意利用各种途径对求美者的美容效果进行宣传等侵权行为均和医疗美容活动无关，所以只会构成一般的侵权行为而承担一般侵权责任，但不会构成医疗美容侵权行为而承担医疗美容损害责任。

（二）医疗美容损害责任和非法行医责任的区别

医疗美容机构必须经卫生行政部门登记注册并获得医疗机构执业许可证后方可开展执业活动，实施医疗美容项目的主诊医师必须具有执业医师资格，经执业医师注册机关注册同时符合其他法律规定的条件才可以开展医疗美容项目，不具备主诊医师条件的执业医师，只能在主诊医师的指导下从事医疗美容临床技术服务工作，但也必须是执业医师。从事医疗美容护理工作的人员必须具有护士资格，并经护士注册机关注册。因此，如果不具备执业医师资格者从事相应的医疗美容活动，就构成非法行医。如果非法行医造成求美者伤害的，在民事领域承担一般侵权损害责任。至于行政和刑事领域，还可能接受行政机关的处罚，情节严重的，可能还会承担刑事责任。

第 2 节　医疗美容损害责任的归责原则

一、医疗美容损害责任归责原则的概念

归责原则，是指以何种根据或基础确认和追究侵权人的侵权责任，它所解决的是侵权责任的伦理和正义性基础问题。所以归责原则解决的是侵权人在承担侵权责任时的基础性问题，医疗美容损害责任的归责原则指的是在医疗美容侵权行为中，根据何种准则和基础要求医疗美容侵权责任人承担侵权责任。

二、医疗美容损害责任的归责原则

（一）过错责任原则

1. 过错责任原则的概念　过错责任是指在医疗美容活动中，以行为人主观上是否存在过错作为判断行为人是否承担侵权责任的依据。行为人过错的大小也决定了行为人责任的轻重程度和责任的范围。《中华人民共和国民法典》第一千二百一十八条规定，患者在诊疗活动中受到损害，医疗机构或者其医务人员有过错的，由医疗机构承担赔偿责任。

2. 过错责任原则在医疗美容损害责任中的适用　患者在诊疗活动中受到损害，医疗机构及其医务人员有过错的，由医疗机构承担赔偿责任，由于医疗美容行为也是一种医疗行为，所以在一般情况下，医疗美容的侵权责任也适用过错责任原则。医疗美容机构或者从业人员在实施医疗美容活动的过程中主观上存在过错的需要承担相应的责任，如果主观上不存在过错的，则不需要承担相应的责任。过错责任原则也是医疗美容损害责任的一般归责原则，只有在法律有特别规定的情形下才适用其他的归责原则。

（二）过错推定责任原则

1. 过错推定责任原则的概念　过错推定责任原则是指在医疗美容的活动中，根据法律的规定推定行为人有过错，行为人不能证明自己没有过错的，应当承担侵权责任。过错推定责任原则并不是一种独立的归责原则，而是过错责任原则的一种特殊情形。在过错责任原则之下，受害人必须证明加害人主观上存在过错，加害人才承担相应的侵权责任。但根据过错推定责任原则，根据法律的规定是可以推定行为人主观有过错的，如果行为人不能证明其主观上没有过错，就应当承担侵权责任。

2. 过错推定责任原则在医疗美容损害责任中的适用　《中华人民共和国民法典》第一千二百二十二条规定了患者在诊疗活动中受到损害，有下列情形之一的，推定医疗机构有过错：①违反法律、行政法规、规章以及其他有关诊疗规范的规定；②隐匿或者拒绝提供与纠纷有关的病历资料；③遗失、伪造、篡改或者违法销毁病历资料。过错推定责任原则只有在法律有明确规定的情形下才能予以适用，纵观我国与侵权有关的法律、法规的规定，对过错推定责任原则适用的规定并不是很普遍，在医疗美容损害责任的承担中，如果医疗美容从业机构和人员存在《中华人民共和国民法典》第一千二百二十二条规定的三种情形，则直接推定医疗美容从业机构和人员存在过错，除非能证明其在主观上不存在过错，否则就要承担相应的侵权损害责任。

（三）无过错责任原则

1. 无过错责任原则的概念　无过错责任原则是指在医疗美容活动中，行为人损害了他人的合法权益，不论行为人主观上是否有过错，只要法律规定行为人应当承担责任的，行为人就应当承担相应的责任。

无过错责任的成立不以行为人主观上存在过错为要件，但无过错责任并不是指行为人主观上没有过错，而是不考虑行为人在实施行为时主观上是否有过错，即无论行为人主观上是有过错，还是没有过错都不是法律考虑的范畴，只要行为人实施了某种行为，造成受害人的损害，行为人就要承担相应的侵权责任。但无过错责任并不意味着绝对责任，在民法领域中对无过错归责原则下的减轻责任或免责的事由也有相应的规定。当出现这些事由时，即便行为人实施了某种行为造成受害人的损害，也可以减轻或免除行为人责任的承担。

2. 无过错责任原则在医疗美容损害责任中的适用　《中华人民共和国民法典》第一千二百二十三条规定，因药品、消毒产品、医疗器械的缺陷，或者输入不合格的血液造成患者损害的，患者可以向药品上市许可持有人、生产者、血液提供机构请求赔偿，也可以向医疗机构请求赔偿。患者向医疗机构请求赔偿的，医疗机构赔偿后，有权向负有责任的药品上市许可持有人、生产者、血液提供机构追偿。医疗美容行为的实施过程中，必然使用大量的药品、消毒药剂和医疗器械，而药品、消毒药剂和医疗器械均符合产品的特征，所以如果医疗美容行为中使用的药品、消毒药剂和医疗器械是缺陷产品，则这些缺陷产品的生产者要承担相应的无过错责任。无过错责任对于行为人来说无疑是较为严格的责任，正因为如此，法律对无过错责任的适用范围采用了明确规定的方式，如没有法律的规定，无过错责任是不能得到适用的，而且如果出现法律规定的免责事由时，即使出现损害，责任承担者也是可以免责的。

（四）公平责任原则

1. 公平责任原则的概念　公平责任是指在医疗美容活动中，当事人双方都对损害后果的出现在主观上没有过错的情况下，根据公平的观念，考虑相关的因素，由加害人和受害人对损害加以分担的一种责任方式。公平责任原则是否是一种独立的侵权责任的归责原则，在理论上和司法实践中一直有争议。但可以肯定的是无论公平责任原则是不是一种独立的侵权责任的归责原则，作为一种特殊适用情形，它在某些特殊的损害情形下必然会得到适用。

2. 公平责任原则在医疗美容损害责任中的适用　医疗美容活动归根结底是一种医疗活动，医疗活动往往充满着高风险性，损害的发生可能是在双方当事人都没有过错的前提下出现的，如无过错输血的情形等，在这些情形下，由一方当事人独自承担这种损害后果是不符合法律正义特别是分配正义的原则的，所以应当由双方当事人根据具体的情形来分担损失。同时，如果公平责任原则在适用过程中不考虑双方的情况，采用平均分担损失的做法也是不符合公平责任原则的内涵的，因为公平并不等于平均。因此，涉及医疗美容损害责任中的公平责任原则的适用情形，应充分考虑双方当事人的具体情况来予以适用。

笔记

第3节　医疗美容损害责任的构成要件

一、医疗美容损害责任构成要件的概念

医疗美容侵权责任的构成又称为医疗美容侵权责任的构成要件，是指承担医疗美容侵权责任所必须具备的各种因素。在医疗美容侵权行为中，如果医疗美容机构和从业人员的行为具备这些因素，则要承担侵权责任，如果不具备这些要素，则不需要承担相应的侵权责任。

世界上不同的立法对侵权责任的构成要件采用了不同的态度。主要包括法国立法上的损害、因果关系和过错的三要件说和德国立法上的违法行为、损害、因果关系和过错的四要件说。两者最大的区别在于是否将违法行为作为侵权责任的构成要件。《中华人民共和国民法典》第一千一百六十五条规定：行为人因过错侵害他人民事权益造成损害的，应当承担侵权责任。一般认为，在我国立法上，侵权行为的构成要件应当包括违法行为、损害后果、因果关系和行为人的主观过错四要件。因此，医疗美容侵权责任的构成要件也包括违法行为、损害后果、因果关系和主观过错四个要件。

二、医疗美容损害责任的构成要件

（一）违法行为

违法行为是指在医疗美容活动中，医疗美容行为的主体实施了违反相关的法律法规的行为。医疗美容损害责任中的违法行为的构成包含两重含义，一是医疗美容机构和从业人员对求美者实施了医疗美容行为，二是这种医疗美容行为是违反与医疗美容活动有关的法律、法规、诊疗规范和常规的。

出现违法行为的前提条件是存在相关的法律法规的规定。如果没有相关法律法规的存在，一般就不会存在违法行为。迄今为止，我国制订了大量的与医疗卫生有关的法律法规，虽然这些法律法规种类多样、层次不同，但医疗美容行为只要违反这些法律法规就是一种违法行为。同时，医疗活动是一类特殊的活动，除了相关的法律法规，医疗行业主管部门或者行业协会还制订了大量的诊疗常规，在实践中，医疗活动都是根据这些诊疗常规开展的，所以医疗美容行为如果违反这些诊疗常规也可能构成违法的行为。

（二）损害后果

损害后果是指在医疗美容活动中，因加害人的加害行为使受害人遭受的财产、人身或者精神上的不利后果。根据《中华人民共和国民法典》规定，没有损害，就没有责任。损害是加害人承担侵权责任的前提，但这种损害必须是法律上的损害。“任何人身或者财产上的不利益，只有在法律上被认为具有补救的可能性和必要性时，才产生民事责任。”“法律的损害也就是具有可赔偿性的损害应符合以下两个条件：首先，可赔偿的损害必须是能够通过侵权人承担赔偿责任得到补偿，而非通过其他方式得到补偿。其次，基于法律价值上的考量，该损害应当由侵权人承担。易言之，一方面，该损害是由于侵权人侵害受害人的民事权益所致；另一方面，该损害并非过于遥远以至于不应由侵权人加以赔偿。”医疗美容侵权责任的损害后果也必须是一种法律上的损害。如果不是法律上的损害，就不构成损害后果。在实践中，有一类医疗美容纠纷就不具备损害后果，即医疗美容行为没有损害，只是没有达到求美者的心理预期，这种求美者和医疗美容机构之间产生的纠纷就不具备损害后果。在医疗美容活动中，求美者往往对于医疗美容的结果具有较高的心理预期，一旦医疗美容活动没有达到求美者的心理预期，双方就会产生纠纷，但这种没有达到求美者的心理预期的正常医疗美容行为往往没有损害后果，不属于法律上的损害，只有医疗美容行为造成求美者美容利益以外的损害时才是法律上的损害。同时，由于医疗美容行为是一种医疗行为，医疗活动具有其特殊性，医疗活动的许多行为具有侵袭性。这些侵袭行为如果是医疗美容活动所必需的，也不构成损害后果，只有超出必要限度的侵袭行为才构成损害行为。

一般而言，医疗美容的损害按照不同的分类方式可以分为不同的损害，按侵犯的权益的内容可

以分为财产损害、人身损害和精神损害。财产损害是指因医疗美容活动给求美者造成的财产方面的损失，如求美者身体出现损害，为了治疗这些损害而必须支付的医疗费、交通费、误工费等财产方面的损失。人身损害是指因医疗美容活动而造成的求美者身体方面的损失，如因接受医疗美容手术而造成求美者身体残疾甚至死亡的严重损害。至于精神损害则是指因医疗美容活动造成求美者损害而致使其遭受严重的精神痛苦，有精神痛苦才有精神损害，无精神痛苦则无精神损害，这种精神痛苦还要达到一定严重的程度。例如，求美者容貌的不可逆转的损害势必会给求美者造成严重的精神痛苦，但如果精神痛苦没有达到一定的程度，如求美者在接受医疗美容活动过程中由于医疗活动本身正常的侵袭性给求美者造成的心理恐惧则不构成精神痛苦。因此只有造成一定严重程度的精神痛苦才构成精神损害。按损害是否由加害行为直接造成，则可分为直接的损害和间接的损害。求美者因医疗美容活动造成损害而必须支出的医疗费属于直接的损失，如求美者为一名模特，她和某演出公司签订了一份演出合同，但由于医疗美容活动造成损害无法履行演出合同而造成的损失则属于间接的损失。

关于医疗美容的损害，虽然规定了损害是发生在医疗美容活动中，但并不要求在医疗美容活动结束时求美者就感知到损害后果的存在。因为有的损害后果不一定求美者当时即能查知，虽然损害是客观存在的，但也许要经过很长时间才能为求美者所察知。但要注意的是，医疗诊疗行为本身具有侵袭性，认定求美者的损害时必须排除以下因素：①求美者其他疾病的自然转归；②求美者的特殊体质造成的不可避免的损害；③医学手段自身包含的侵袭性。

（三）因果关系

医疗美容侵权行为中的因果关系是指在医疗美容活动中，加害行为与损害之间的引起与被引起的关系。没有医疗美容机构和从业人员实施的加害行为，就没有求美者的损害，加害行为是原因，求美者的损害是结果。但在实践中，因果关系的类型是比较复杂的，有一因一果、一因多果、多因一果和多因多果。医疗美容损害中的因果关系多为多因一果，包括：①由两个或两个以上医疗美容从业人员前后相继的过失行为导致了严重损害后果的发生；②医疗美容活动损害之外的损害和医疗美容损害两个损害的结合造成最终的损害；③医疗美容机构和从业人员和求美者的共同过错造成的损害等情形。医疗美容损害的因果关系判定需要具备专门的医学知识，因此医疗美容因果关系的判定常常需要鉴定机构的帮助。

（四）主观过错

医疗美容侵权行为中的主观过错是指行为人在实施侵权行为时的主观心理状态。一般来说，行为人的这种主观心理状态分为故意和过失两种。故意是指行为人明知其行为会发生侵害他人民事权益的后果，仍有意为之的一种主观心理状态。过失是指行为人因疏忽或轻信而未达到应有的注意程度的一种不正常或不良的心理状态。在医疗美容侵权行为中，这两种心理状态都有可能出现，医疗美容行为实施者在对求美者实施医疗美容行为时主观上可能没有伤害求美者的故意，但由于技术水平不高，或者疏忽大意，导致求美者受到损害，这种情形是过失行为，但是如果存在诸如过度治疗，明知是缺陷产品仍给求美者使用等行为时，医疗美容行为的实施者在主观上就可能构成故意。

医疗美容损害责任中过失的判断标准是医疗美容从业机构和从业人员是否尽到了自己高度的注意义务。医疗美容行为作为一种医疗行为，其从业人员首先必须具有医务人员的从业资格，还要具备医疗美容行业的从业资格，其专业性很高，其注意义务的标准高于普通的人员。《中华人民共和国民法典》第一千二百二十一条规定，医务人员在诊疗活动中未尽到与当时的医疗水平相应的诊疗义务，造成患者损害的，医疗机构应当承担赔偿责任。

第4节　医疗美容损害责任的免责事由

一、医疗美容损害责任免责事由的概念

免责事由是指被告针对原告的诉讼请求而提出的证明原告的诉讼请求不成立或不完全成立的

事实。医疗美容损害责任的免责事由是指被告针对原告的诉讼请求而提出的证明原告所主张的侵权事由不成立或者不完全成立的事实。在医疗美容侵权诉讼中，原告一般是求美者主张存在侵权的事实，但被告一般是医疗美容从业机构和人员提出证明不存在侵权事由或者侵权事由不是由自己实施的事实。

二、医疗美容损害责任的免责事由

（一）一般免责事由

在民法上，一般免责事由包括：受害人的过错、受害人故意、第三人过错、不可抗力、正当防卫和紧急避险。

1. 受害人的过错 在受害人过错造成损害的情形下，对于损害后果的出现可以分为以下几种情形：①损害是由受害人的行为导致的，与加害人的行为没有关系；②受害人的故意和加害人的共同行为造成了损害后果的出现；③受害人的故意和加害人的行为都有可能导致损害后果的出现。在侵权行为存在受害人故意的情形下，只有第①种情形加害人是完全免责的。第②种情形，加害人如果是轻过失的，也可能免责。第③种情形则适用过失相抵的原则，加害人是不能免责的。

2. 受害人故意 在医疗美容侵权案件中，受害人的故意可以使加害人在没有过错或具有轻过失的情况下免责。

3. 第三人过错 法律规定损害如果是基于第三人的过错造成的，第三人应当承担侵权责任。存在第三人过错的侵权行为可以分为以下几种情况：①损害是完全由第三人的过错造成的；②损害是由第三人过错和行为人的过错共同造成的；③损害是由第三人过错或行为人的过错行为其中之一造成的，但无法分辨是由谁的行为造成的；④损害是由第三人过错行为和行为人的过错行为分别造成的。如果损害完全是由第三人的过错导致的，行为人当然可以完全免责。如果损害的发生能够区分第三人的责任，则行为人可以部分免责；如果无法区分行为人的过错和第三人的过错，或者第三人和行为人构成了共同危险的行为，则行为人要和第三人承担连带责任，连带责任人根据各自责任大小确定相应的赔偿数额；难以确定责任大小的，平均承担赔偿责任。在行为人和第三人承担连带责任的情况下，如果能区分行为人和第三人的责任大小的，行为人在第三人承担责任的范围内免责。在医疗美容损害责任的承担中，行为人对不属于自己过错的行为或可以证明属于他人过错行为造成的损害免责。

4. 不可抗力 不可抗力是指不能预见、不能避免并不能克服的客观情况。相关法律对不可抗力作为免责事由进行了规定。在医疗美容侵权行为中，不可抗力也是侵权的免责事由，当出现的客观情况是加害人无法预见、避免和克服的损害，他就没有过错，即使受害人确切遭受了损害，加害人也不承担赔偿责任。然而，如果就客观情况本身而言，加害人无法预见、避免和克服，但是加害人在出现这一客观情况下完全有能力避免因自己的行为给他人造成损害时，加害人仍应被认为具有过错，需要承担赔偿责任。

5. 正当防卫 正当防卫是指行为人为了保护自己或他人的合法权益，对于正在进行的不法侵害采取的不超过必要限度的防卫措施。因正当防卫造成损害的，不承担责任。正当防卫超过必要的限度，造成不应有的损害，正当防卫人应当承担适当的民事责任。在医疗美容侵权责任领域，如果是基于正当防卫造成的损害，不需要承担民事责任。但要严格区分正当防卫与其他侵权行为，特别是正当防卫与自救行为，正当防卫与防卫过当、事后防卫等行为，只有构成正当防卫的，行为人才可以免责，如果是构成其他行为的，侵权的行为人可能要承担相应的侵权责任。

6. 紧急避险 紧急避险是指为了使本人或者第三人的人身或财产公共利益免遭正在发生的、实际存在的危险而不得已采取的一种加害他人人身或财产的行为。法律规定因紧急避险造成损害的，由引起险情发生的人承担责任。如果危险是由自然原因引起的，紧急避险人不承担责任或者给予适当补偿。紧急避险采取措施不当或者超出必要限度，造成不应有的损害的，紧急避险人应当承担适当的民事责任。医疗美容活动过程中，如果出现紧急避险的事由的，紧急避险人不承担民事责任，但可能承担适当的补偿。如果紧急避险采取措施不当或者超出必要限度，造成不应有的损害的，则要承担相应的责任。

（二）特殊免责事由

作为一种特殊的侵权损害类型，医疗美容侵权责任也有自己独特的免责事由，当出现以下事由时医疗机构不承担侵权责任。医疗诊疗行为是需要医患双方互相配合的行为，作为一种医疗行为，医疗美容行为也需要双方的相互配合，对于通常的医疗行为中患者或其近亲属不配合医疗机构的行为，有学者总结如下：①患者不同意医方建议，拒绝留观；②患者不同意医方建议，放弃治疗；③患者不同意医方建议，拒绝必要的检查；④患者不同意医方建议，拒绝必要的治疗；⑤患者私自停药；⑥患者私自拔管；⑦患者不遵医嘱，私自食用禁止食物；⑧患者未经医护人员同意，私自外出；⑨患方不配合，不设立陪护人员，造成患者摔伤、坠床、自杀。在医疗美容行为的实施过程中，求美者也可能出现上述部分情形从而导致不必要的损害，如果是基于求美者的不配合行为造成损害的，医疗美容机构和从业人员在自身没有过错的情形下可以免责。但并不是出现这些情形的时候医疗机构及其医务人员就一定免责，如果医疗美容机构和从业人员对求美者的损害也存在过错的，医疗美容机构和从业人员也应在其过错范围内承担责任。

第5节　医疗美容损害责任的种类

一、医疗美容一般损害责任

（一）概念

医疗美容一般损害责任是指求美者在医疗美容活动中受到损害，医疗美容机构和从业人员有过错的，由医疗美容机构承担赔偿责任。

《中华人民共和国民法典》规定，民事权益受到侵害的，被侵权人有权请求侵权人承担侵权责任。在医疗美容损害责任中，求美者往往是由于生命权、健康权和身体权等权利受到侵犯造成人身、财产和精神的损害，此时，医疗美容机构应承担医疗美容损害责任。

（二）医疗美容一般损害责任的构成要件

医疗美容一般损害责任的构成要件包括医疗美容机构和从业人员的违法行为、损害后果、因果关系和主观过错四项。

1. 违法行为　医疗美容一般损害责任的构成要件之一是医疗美容机构和从业人员在医疗美容活动过程中存在违反相关法律、法规、诊疗规范和常规的违法行为。医疗美容行为的实施是医疗美容损害责任构成的前提条件，如果没有实施违法的医疗美容行为，就不会构成医疗美容损害责任。

2. 损害后果　求美者出现了人身、财产和精神上的损害。

3. 因果关系　求美者的损害后果和医疗美容机构和从业人员的美容行为之间存在因果关系。

4. 主观过错　医疗美容机构和从业人员在诊疗过程中在主观上存在过错，这种过错包括故意和过失。

二、侵犯求美者知情同意权的责任

（一）概念

知情同意权是指在医疗美容活动中具备意思表示能力的求美者，在非强制状态下充分接受和理解各种与其美容活动相关的信息，在此基础上对医疗美容实施者制定的医疗美容计划自愿做出选择的权利。知情同意权包括知情权和同意权，知情权的实现和恰当行使是同意权得以正确行使的前提和基础。根据我国法律的相关规定，患者在诊疗过程中，有权从医疗机构和医务人员处获知关于其病情、医疗措施和医疗风险等的内容，并且在充分了解这些内容的基础上有权决定自己是否接受治疗和接受何种治疗方式的权利，这是患者知情同意权的必然内涵。作为一种医疗行为，医疗美容活动中的双方也要遵循有关知情同意的相关法律、法规的规定。如果医疗美容机构和从业人员违反法律、法规的规定，侵犯求美者知情同意权造成损害的，就构成侵犯求美者知情同意权的侵权责任。

《医疗美容服务管理办法》中规定，执业医师对就医者实施治疗前，必须向就医者本人或亲属书面告知治疗的适应证、禁忌证、医疗风险和注意事项等，并取得就医者或监护人的签字同意。未经监护人同意，不得为无行为能力或者限制行为能力人实施医疗美容项目。《中华人民共和国民法典》第一千二百一十九条规定，医务人员在诊疗活动中应当向患者说明病情和医疗措施。需要实施手术、特殊检查、特殊治疗的，医务人员应当及时向患者说明医疗风险、替代医疗方案等情况，并取得其书面同意；不能或者不宜向患者说明的，应当向患者的近亲属说明，并取得其明确同意。这一条规定意味着说明义务分为三个层次：第一层次，一般的诊疗活动，医务人员应当向患者说明病情和医疗措施；第二层次，需要实施手术、特殊检查、特殊治疗的，医务人员应当及时向患者说明医疗风险、替代性医疗方案等情况，并取得其明确同意；第三层次，不能或者不宜向患者说明的，应当向患者的近亲属说明，并取得其明确同意。在医疗美容活动中，说明义务至少包括上述前两个层次，一般的医疗美容活动，医疗美容的实施者应当向求美者说明相关医疗美容措施。需要实施手术、特殊检查、特殊活动的，医疗美容活动的实施者应当及时向求美者说明相关的风险，替代性方案，并取得其明确同意。

（二）责任构成

侵犯求美者知情同意权的侵权损害责任包括医疗美容机构和从业人员的违法行为；求美者出现损害事实；违法行为与损害事实之间存在因果关系；医疗美容机构和从业人员主观上存在主观过错四个构成要件。

1. 违法行为 《中华人民共和国民法典》第一千二百一十九条、《中华人民共和国执业医师法》第二十六条、《医疗机构管理条例》第三十三条、《医疗机构管理条例实施细则》第六十二条等相关法律法规都规定了诊疗过程中医疗机构和医务人员的说明义务和患者的知情同意权。这些法律法规同样适用于医疗美容行为，如果医疗美容行为实施者在实施医疗美容活动的过程中违反这些法律、法规的规定，其行为就构成了违法行为。

2. 损害事实 求美者出现了财产、人身或精神上的损害。

3. 因果关系 求美者出现的损害是由于医疗美容行为实施者违反法律、法规的规定，没有履行或者没有完全履行告知义务导致的，求美者出现的损害是医务人员违法行为的结果。

4. 主观过错 医疗美容机构和从业人员在实施这种行为时主观上存在过错，医疗美容机构和从业人员在实施这种行为时主观上既可能是故意也可能是过失。

三、侵犯求美者隐私权的责任

（一）概念

《中华人民共和国民法典》第一千二百二十六条还特别规定了医疗机构及其医务人员应当对患者的隐私和个人信息保密。《医疗美容服务管理办法》规定，美容医疗机构和医疗美容科室的从业人员要尊重就医者的隐私权，未经就医者本人或监护人同意，不得向第三方披露就医者病情及病历资料。所以求美者在医疗美容过程中隐私权同样不受侵犯。在医疗美容活动中，求美者为了达到更

笔记

佳的美容效果总是在自觉或者不自觉地向医疗美容活动实施者透露一些个人隐私情况。这些个人情况是法律规定必须加以保密的私人信息，未经当事人允许不得泄露其隐私和个人信息。所以，医疗美容活动的实施者在实施医疗美容活动的过程中获知了求美者的隐私，未经求美者同意，不得泄露或公开，否则就会侵犯求美者的隐私权。值得特别注意的是，对于求美者而言，进行医疗美容活动行为本身就涉及求美者的隐私，如果未经求美者同意公开其隐私并给求美者造成损害的，如果侵权者是医疗美容机构及其从业人员，则构成侵犯求美者隐私权的医疗侵权损害责任，如果是其他主体实施的，则构成一般侵权损害责任。

（二）责任构成

侵犯求美者的隐私权作为一种侵权责任，其构成也要符合违法行为、损害后果、因果关系、主观过错四个要件。侵犯求美者的隐私权的行为的构成较一般的侵犯隐私权的构成存在一些特殊之处，如侵权的主体特定、范围特定等。

1. 违法行为 侵犯求美者的隐私权的构成要件之一是医疗美容机构和从业人员存在违法行为。一般的侵犯隐私权的行为主体是一般的民事主体，但侵犯求美者隐私权的主体是医疗美容机构和从业人员，并且是具体对求美者实施美容活动的人员。如果医疗美容机构的其他人员在非医疗美容活动中知晓求美者隐私并加以利用、扩散导致求美者隐私权受到侵犯的，应当属于一般侵犯隐私权的情形。同时，被侵权的相对方是接受医疗美容活动的求美者，如果没有接受医疗美容活动的其他人，其隐私权被侵犯的，则构成侵犯隐私权的一般侵权行为。

2. 损害后果 隐私权属于具体人格权的一种，是一种人身权益。有关求美者的隐私权的法律保护的规定，体现在与医疗有关的法律、法规中。求美者的隐私权保护的范围是特定的，就是与医疗美容活动有关的隐私。求美者的损害后果是指这些因医疗美容活动有关的隐私受到侵犯，使求美者遭受了财产、人身和精神方面的损害，并且这种损害后果还要达到一定程度。

3. 因果关系 求美者隐私权受到侵害和医疗美容机构和从业人员的违法行为之间存在因果关系。

4. 主观过错 医疗美容机构和从业人员在实施这种行为时主观上存在过错。过错包括了故意和过失，医疗美容机构和从业人员在实施这种行为时主观上既可能是故意也可能是过失。

（三）侵犯求美者隐私权的限制

隐私作为个人私有信息与公共利益在大多数情况下不存在冲突，但在医疗美容活动中有时会存在冲突。求美者到医疗美容机构接受医疗美容活动，为了医疗美容活动的需要，应该向医疗美容实施方如实陈述自己的与医疗美容相关的情况，对于此类信息求美者不能基于隐私保护的理由不如实进行说明，因为医疗美容是一种医疗行为，不同于一般的生活美容，医疗美容必须使用医疗技术，而医疗技术往往存在风险性和侵袭性，如求美者对某一种可能使用到的药物过敏，求美者就需要如实进行说明。因求美者隐瞒相关的情况造成的不良后果则需要求美者自己来承担。所以对求美者来说负有一个如实说明的义务，这体现了求美者隐私和说明义务的冲突，是对求美者隐私权的限制。

四、侵犯求美者病历资料等相关权利的责任

病历是指医务人员在医疗活动中形成的文字、符号、图表、影像、切片等资料的总和，包括门（急）诊病历和住院病历。病历归档以后形成病案。病历资料包括门诊病历、体温单、医嘱单、入院记录、病程记录、术前讨论记录、手术同意书、麻醉同意书、麻醉术前访视记录、手术安全核查记录、手术清点记录、麻醉记录、手术记录、麻醉术后访视记录、术后病程记录、病重（病危）患者护理记录、出院记录、死亡记录、输血治疗知情同意书、特殊检查（特殊治疗）同意书、会诊记

笔记

录、病危（重）通知书、病理资料、辅助检查报告单、医学影像检查资料等。

（一）违法书写病历的侵权责任

卫生部于2010年发布了《病历书写基本规范》（卫医政发〔2010〕11号），这是关于病历书写的行政规章，其中对病历的基本书写规范作出了明确规定。除此之外，其他的法律、法规也对病历的书写做出了相应的规定。这些法律、法规、行政规章的规定构成了关于病历书写的法律依据。如果医疗美容机构的从业人员在诊疗活动中没有按照法律、法规和规章的规定书写病历，就是一种违法行为，在主观上可以认定其存在过错，如果同时造成求美者损害的，医疗美容机构和从业人员就构成侵权损害责任。

（二）隐匿或者拒绝提供与纠纷有关的病历资料的责任

求美者有损害，医疗美容机构有隐匿或者拒绝提供与纠纷有关的病历资料的行为的，推定医疗美容机构和从业人员存在过错，医疗美容机构和从业人员无法证明其没有过错的，依法承担侵权责任。《最高人民法院关于审理医疗损害责任纠纷案件适用法律若干问题的解释》第六条规定，《中华人民共和国民法典》第一千二百二十二条规定的病历资料包括医疗机构保管的门诊病历、住院志、体温单、医嘱单、检验报告、医学影像检查资料、特殊检查（治疗）同意书、手术同意书、手术及麻醉记录、病理资料、护理记录、医疗费用、出院记录及国务院卫生行政主管部门规定的其他病历资料。如果医疗美容机构在纠纷中隐匿或者拒绝提供上述病历资料，就可以直接推定其存在过错，从而应当向出现损害的求美者承担相应的侵权损害责任。

（三）伪造、篡改或者销毁病历资料的责任

求美者有损害，医疗美容机构有伪造、篡改或者销毁病历资料的行为的，推定医疗美容机构有过错。换言之，如果医疗美容机构不能证明其行为没有过错，则要承担侵权损害责任。

（四）病历保管不善的责任

根据相关法律、法规的规定，除门诊病历由患者自己保存之外，住院患者的病历由医疗机构保存。医疗机构的门诊病历的保存期自患者最后一次就诊之日起不少于十五年，住院病历，包括电子病历的保存期自患者最后一次住院出院之日起不得少于三十年。因此，医疗美容机构有妥善保管相关病历资料的义务。如果违反了相应的义务，则可能承担相应的侵权损害责任。这里的妥善保管的义务包括两重含义：第一，是在法律规定的期限内妥善保管病历资料，使其不出现损坏或者遗失等情形的义务；第二，是在法律规定的范围内不非法使用求美者病历资料的义务，如不将求美者的病历资料非法提供给第三方进行非合理范围内使用的义务。如果医疗美容机构违反这两方面的义务，可能构成病历保管不善的侵权责任。

五、药品、消毒药剂、医疗器械、血液制品的侵权损害责任

（一）药品、消毒药剂、医疗器械、血液制品的界定

《中华人民共和国民法典》规定了药品、消毒产品、医疗器械的缺陷等的侵权损害责任。药品、消毒产品和医疗器械、血液制品都属于广义上的产品。关于产品的概念，《中华人民共和国产品质量法》第二条所称产品是指经过加工、制作，用于销售的产品。

（二）药品、消毒产品、医疗器械、血液制品侵权损害责任的概念

药品、消毒产品、医疗器械、血液制品的侵权损害责任是指在医疗美容活动中，因药品、消毒产品、医疗器械存在缺陷或者输入不合格血液制品造成求美者的损害而应当承担的损害责任。在医

疗美容活动中，会涉及大量的医疗产品，在实践中，因医疗产品的使用导致求美者的损害从而导致侵权责任的承担的情形为数不少，而且由于医疗产品责任可能涉及医疗美容机构、医疗产品的生产者、销售者、检验机构等，责任承担较其他种类的侵权行为来说更复杂。

（三）责任构成

药品、消毒产品、医疗器械、输入不合格血液的侵权损害责任要符合以下几个构成要件：①药品、消毒产品、医疗器械存在缺陷或者输入不合格血液制品；②造成求美者损害；③缺陷药品、消毒产品、医疗器械的使用或者输入不合格血液制品和求美者的损害之间存在因果关系。

1. 药品、消毒药剂、医疗器械存在缺陷或者输入不合格血液制品　药品、消毒产品、医疗器械存在缺陷或者输入不合格血液制品是药品、消毒产品、医疗器械、血液制品的侵权损害责任构成的前提条件，关于缺陷存在和血液制品不合格的认定是参照《中华人民共和国产品质量法》《中华人民共和国药品管理法》《中华人民共和国献血法》《医疗器械监督管理条例》《血液制品管理条例（2016 修订）》等相关法律、法规的规定来确定的。

2. 损害　求美者出现了人身、财产和精神方面的损害。

3. 因果关系　求美者所遭受的损害是结果，缺陷药品、消毒产品、医疗器械的使用或者输入不合格血液制品是原因。没有缺陷药品、消毒产品、医疗器械的使用或者输入不合格血液制品的原因，就不会出现求美者遭受损害的结果。

（四）责任承担主体

因药品、消毒药剂、医疗器械存在缺陷或者输入不合格血液制品造成损害的，求美者可以向药品上市许可持有人、生产者或者血液制品提供机构请求赔偿，也可以向医疗美容活动的实施机构请求赔偿。求美者向医疗美容实施机构请求赔偿的，医疗美容实施机构赔偿后，有权向负有责任的药品上市许可持有人、生产者或者血液制品提供机构追偿。缺陷医疗产品与医疗美容活动实施机构的过错行为共同造成求美者同一损害，求美者可以请求医疗美容活动实施者和药品上市许可持有人、医疗产品的生产者或者销售者承担连带责任。医疗美容活动实施者或者药品上市许可持有人、医疗产品的生产者、销售者承担赔偿责任后，向其他责任主体追偿的，根据医疗美容行为与缺陷医疗产品造成求美者损害的原因力的大小来确定相应的责任承担。

医疗美容活动的实施者或者求美者通过网络交易平台购买药品遭受损害，网络交易平台不能提供药品的生产者或者销售者的真实名称、地址与有效联系方式的，网络交易平台提供者应承担相应的责任。网络平台提供者承担赔偿责任后，可以向生产者和销售者进行追偿。网络交易平台提供者知道或者应当知道药品的生产者、销售者利用其平台侵害相关人员的合法权益，未采取必要措施，造成损害的，网络平台提供者应当和生产者、销售者承担连带赔偿责任。

药品检验机构故意出具虚假检验报告，应当和药品的生产者、销售者一起承担连带责任。药品检验机构因过失出具不实检验报告，应当承担相应责任。

医疗产品的生产者、销售者明知医疗产品存在缺陷仍然生产、销售造成求美者死亡或者健康严重损害的，被侵权人可以请求生产者、销售者赔偿损失及二倍以下惩罚性赔偿。

（五）免责事由

药品、消毒药剂、医疗器械、血液制品都属于产品，因此也适用《中华人民共和国产品质量法》关于产品免责事由的规定，包括：①未将产品投入流通的；②产品投入流通时，引起损害的缺陷尚不存在的；③将产品投入流通时的科学技术水平尚不能发现缺陷的存在的。出现上述三种事由的情况，缺陷药品、消毒药剂、医疗器械的使用、输入不合格血液制品的侵权损害责任的责任主体可以主张免责。

六、过度诊疗的侵权责任

（一）概念

过度诊疗是指由于多种原因引起的超过疾病实际需要的诊断和治疗的医疗行为或医疗过程。《中华人民共和国民法典》规定医疗机构及其医务人员不得违反诊疗规范实施不必要的检查。在医疗美容行为过程中，医疗美容机构的从业人员也可能对求美者进行过度诊疗，从而构成过度诊疗的侵权损害责任。

（二）过度诊疗的构成要件

医疗美容过度诊疗行为的构成要件也包括医疗美容机构和从业人员实施了违反法律、法规、诊疗规范和常规的过度美容行为，求美者出现损害事实，损害和过度美容行为之间存在因果关系，医疗美容从业机构和人员主观上存在过错四项。

1. 违法行为 过度诊疗作为一种侵权责任为侵权责任法律、法规所规置，其主要的原因在于“过度”。“过度”是过度诊疗损害责任中的核心概念，无“过度”则无责任，因此，“过度”的判断标准至关重要。“过度”是与“适度”相对应而存在的。“过度”就是超过必要的限度，过度诊疗是指超过必要限度而进行的医疗行为。“过度”与“适度”是有客观的判断标准的。这个客观的判断标准就是法律、行政法规、规章以及其他有关诊疗规范的规定。一般情况下，合理的诊疗就是遵循法律、行政法规、规章以及其他有关诊疗规范的规定而从事的医疗活动。超过这些规定而进行的医疗行为就是过度的行为。综上所述，如果要构成过度诊疗行为，前提是违反了法律、行政法规、规章以及其他有关诊疗规范的规定。如果医疗美容活动的实施者超过法律、法规规定的限度对求美者开展医疗美容活动，则其行为就具有了违法性。

2. 损害事实 损害事实的存在同样是过度诊疗行为侵权责任的构成要件之一。过度诊疗体现为对求美者的超过必要限度的医疗美容行为，这些行为无疑会对患者造成人身和财产权益的侵害。根据侵权责任有损害有责任理论，过度检查应当承担侵权损害责任，相反，如果没有损害事实的存在或者说没有达到一定程度的损害是不可能承担过度诊疗的侵权责任的。但特别要注意的是，过度诊疗行为往往伴随的是医疗美容活动实施者说明义务履行的欠缺和对求美者知情同意权的侵犯。如果医疗美容活动的实施者正确地履行了自己的说明义务，意味着医疗美容活动的实施者将合理的医疗美容活动对求美者进行了说明，而过度诊疗的医疗美容活动往往伴随着的是医疗美容活动的实施者对求美者没有进行正确的说明。医疗美容活动的实施者不正确地履行自己的说明义务，使得求美者即使同意也是一种基于重大误解而作出的选择。因此，过度诊疗行为侵害的是求美者人身、财产权益，还往往包括求美者的知情同意权。同时，过度诊疗也可能造成求美者的精神损害。因此，损害事实的存在也是过度诊疗损害责任的构成要件之一。

3. 因果关系 构成医疗损害责任，医疗美容机构和从业人员的违法行为与求美者损害后果之间必须具有因果关系。同样的，过度诊疗损害责任的构成中，医疗美容机构及其从业人员的过度诊疗行为与求美者的损害事实之间必然也具备因果关系，没有医疗美容机构和从业人员的过度诊疗行为就没有求美者的人身、财产权益受到侵害这一事实，无此原因则无此结果。

4. 主观过错 在大多数情况下，医疗损害责任是一种过失责任，即侵权行为的实施者的主观心理状态是一种过失。而过度诊疗行为则与此相反，过度诊疗的实施主体在实施行为时主观上更多的是一种故意。因为此时，医疗美容从业机构的人员明知合理的、适度的医疗行为的标准是什么，但是基于其他目的，如为谋取经济利益等故意超越这些标准对求美者实施诊疗，在行为上体现为一种积极的行为，在这种状态下，医疗美容从业者主观上更多地体现为故意，而非过失。

笔记

小结

医疗美容损害责任是一种医疗损害责任，但它同时又区别于一般的医疗损害责任。只有掌握医疗美容损害责任的归责原则、构成要件和每一种类型的侵权损害责任构成才能准确地认定一个医疗美容行为是否构成医疗美容侵权行为和是否要承担医疗美容损害责任。

章前案例解析

1. 被告医疗美容医院的行为符合医疗美容侵权行为的构成要件，主要表现为被告医疗美容医院实施了违反诊疗法律、法规的医疗美容行为，被告医疗美容医院主观上存在过错，原告求美者出现了损害后果，该损害后果与被告医疗美容医院的违法行为之间存在因果关系，因此，被告医疗美容医院的行为构成了医疗美容侵权行为。

2. 被告医疗美容医院的行为构成了医疗美容侵权行为，侵犯了原告求美者的健康权。根据《中华人民共和国民法典》规定的民事主体的民事权利，侵害民事权益，应当依照本法承担侵权责任。《中华人民共和国民法典》规定自然人享有生命权、身体权、健康权、姓名权、名誉权、荣誉权、肖像权、隐私权、婚姻自主权等权利。《中华人民共和国民法典》第一千二百一十八条还规定，患者在诊疗活动中受到损害，医疗机构或者其医务人员有过错的，由医疗机构承担赔偿责任。因此，被告某医疗美容医院侵犯原告求美者健康权的行为应当承担医疗美容损害赔偿责任。

3. 被告医疗美容医院不能避免其责任的承担，因为其不具备医疗美容损害责任的免责事由。《中华人民共和国民法典》规定的一般免责事由包括：受害人的过错、受害人故意、第三人过错、不可抗力、正当防卫和紧急避险、自助行为等。特殊的免责事由则是患者或者其近亲属不配合医疗机构进行符合诊疗规范的诊疗的。被告医疗美容医院的行为均不具备上述免责事由，所以不能避免责任的承担。

思考题

1. 医疗美容损害责任的概念是什么？
2. 医疗美容损害责任的归责原则有哪些？
3. 简述医疗美容损害责任的构成要件。
4. 医疗美容损害责任的免责事由分别有哪些？
5. 医疗美容损害责任的种类有哪些？

（李晓堰）

笔记

第7章

医疗美容医务安全机制

本章概要

医疗机构的医务管理工作极为重要，核心是医疗质量和医疗安全。医疗质量安全核心制度是医疗美容机构及其医务人员在医疗活动中应当履行的重要义务。要完善医疗美容机构的医务安全制度建设，就必须提高医疗质量，保障求美者安全，细化并严格遵守十八项医疗质量安全核心制度，以及坚持医疗美容医务安全制度的基本原则。除此之外，医疗美容机构还需要建立控制风险机制，提高风险防范意识，建立健全防范措施，建立监督机制，依法依规行医，来保障求美者安全并降低医疗风险。

案例 7

某医疗美容门诊部在为一位面皱求美者实施局麻下全面部除皱术时，求美者突发呼吸心跳停止，急行心肺复苏，后因抢救无效死亡。求美者家属投诉到当地卫生行政主管部门，质疑因医疗事故导致求美者死亡。卫生行政主管部门在调查中发现，医疗美容机构提供的门诊病历字迹潦草、部分内容识别不清，手术同意书为格式条款形式，医疗美容门诊以没有来得及书写为由不提供手术记录和抢救记录。手术实施者为毕业三年的外科执业医师。

问题：1. 本案中，医疗美容门诊部存在哪些过错？

2. 本案中，医疗美容门诊部是否需要承担行政法律责任和刑事法律责任？

3. 结合本案例，医疗美容门诊部在医疗质量安全方面应该做哪些改进？

第1节　医疗美容医务安全概述

医疗机构是指依法定程序设立的从事疾病诊断、治疗活动的卫生机构的总称。医疗美容机构是指以开展医疗美容诊疗业务为主的医疗机构。医疗机构管理是医疗机构在医疗、教学、科研活动中各项管理职能的总称，是按照医疗机构工作的客观规律，运用现代管理理论和方法，对人、财、物、信息、时间等资源，进行计划、组织、协调、控制，充分发挥整体运行功能，以取得最佳医疗率和医疗效果的管理活动过程。医疗卫生行业的根本任务是救死扶伤，牢固树立“以患者为中心”的服务宗旨，是医疗卫生行业加强医疗诚信建设，提升医疗质量和服务水平的重要基础。因此，医疗美容医务安全的核心是医疗质量和医疗安全，医疗机构的医务管理在医疗机构管理当中是最重要的。

一、医疗质量和医疗安全是衡量医疗义务的标准

由于医疗活动具有侵害性、风险性和结果的不确定性，因而属于国家严格管控的范畴。因此，医疗质量和医疗安全作为医疗美容机构及其医务人员开展医疗活动的基本要求，同样纳入到国家管控范围内，在国家医疗卫生管理法律、法规、规章中都有相应的规定。医疗美容活动是医疗美容机

构及其医务人员给求美者提供的以医疗美容为内容的服务活动，属于民事法律关系，即医疗服务法律关系。在医疗服务法律关系中，医疗美容机构及其医务人员是提供服务的一方，求美者是接受医疗服务的一方，医患双方均是医疗服务法律关系的主体。医疗服务法律关系中，医疗服务法律关系主体均享有相应的法律权利和承担相应的法律义务，其中医疗美容机构及其医务人员的主要义务是给求美者提供符合医疗美容诊疗规范要求、具有医疗美容质量保证、对求美者具有安全保障的医疗服务，医疗美容机构及其医务人员是否尽到法律上的注意义务，是从是否具有医疗美容质量保证、对患者人身是否具有安全保障两个方面来衡量。

二、严格遵守医疗质量安全核心制度是医务人员在医疗活动中应当履行的重要义务

《医疗质量安全管理办法》对所规制的对象即医疗机构及医务人员具有约束力，是医疗机构及医务人员在医疗过程中必须遵守的医疗服务行为规范。根据《医疗质量安全管理办法》的规定，医疗质量安全核心制度是指医疗机构及其医务人员在诊疗活动中应当严格遵守的相关制度，主要包括首诊负责制度、三级查房制度、会诊制度、分级护理制度、值班和交接班制度、疑难病例讨论制度、急危重患者抢救制度、术前讨论制度、死亡病例讨论制度、查对制度、手术安全核查制度、手术分级管理制度、新技术和新项目准入制度、危急值报告制度、病历管理制度、抗菌药物分级管理制度、临床用血审核制度、信息安全管理制度等。

三、未落实医疗质量安全核心制度的法律责任

医疗美容机构不落实医疗质量安全核心制度及相关的技术规范，即意味着医疗美容机构未尽该法定义务，由此耽误求美者的诊疗，造成求美者残疾或死亡等后果，医疗美容机构就应当承担相应的法律责任，包括行政法律责任、民事法律责任、刑事法律责任。

（一）行政法律责任

违反医疗质量安全核心制度造成严重后果的，属于严重违反医疗卫生管理法律、法规的情形，往往构成严重的医疗事故，医方所应承担的责任程度更大，可以依据《中华人民共和国执业医师法》《医疗机构管理条例》《医疗事故处理条例》《医疗纠纷预防和处理条例》等追究医疗机构及医务人员的行政法律责任。另外《医疗质量管理办法》对于不尽医疗质量管理义务、未履行医疗质量管理制度的医疗机构及医务人员所承担的医疗行政法律责任也做出了详细的规定。《医疗质量管理办法》规定了医疗机构开展诊疗活动超出登记范围、使用非卫生技术人员从事诊疗工作、违规开展禁止或者限制临床应用的医疗技术、使用不合格或者未经批准的药品、医疗器械、耗材等开展诊疗活动的，由县级以上地方卫生计生行政部门依据国家有关法律法规进行处理。对于没有履行医疗安全及医疗质量管理义务的情况，则规定给予责令限期改正、警告并处罚款；对公立医疗机构负有责任的主管人员和其他直接责任人员，依法给予处分。

（二）民事法律责任

由于医疗美容机构及医务人员未尽医疗质量安全管理义务，违反医疗质量安全核心制度而导致求美者出现不良后果，包括求美者死亡、残疾、严重精神障碍、增加医疗费用等情形，求美者可以追究医疗美容机构的侵权责任或者违约责任。《中华人民共和国民法典》第一千二百一十八条规定，患者在诊疗活动中受到损害，医疗机构或者其医务人员有过错的，由医疗机构承担赔偿责任。第一千二百二十一条规定，医务人员在诊疗活动中未尽到与当时的医疗水平相应的诊疗义务，造成患者损害的，医疗机构应当承担赔偿责任。这里所讲的“过错”和“未尽到与当时的医疗水平相应的诊疗义务”都涉及医疗质量安全管理制度，尤其是医疗质量安全核心制度。

笔记

（三）刑事法律责任

医务人员由于严重不负责任，违反《中华人民共和国刑法》相关规定的，应承担相应的刑事责任。所谓“严重不负责任”，主要包括医务人员未尽医疗执业注意义务，即医务人员违反医疗质量安全核心制度中涉及诊疗活动实施制度、诊疗活动程序制度的行为。司法实践中，一般是指由于医务人员的医疗行为存在严重过错并导致患者死亡或身心受到严重损害，违反刑事法律的相关规定，应追究相关责任人的刑事责任。

第2节　医疗美容病历的书写和管理

病历是医务人员在诊疗工作中形成的文字、符号、图表、影像、切片等资料的总和，是医务人员通过问诊、查体、实验室及器械检查、诊断与鉴别诊断、治疗护理等全部医疗活动所收集的资料，进行逻辑思维整理形成的全部医疗工作的真实记录。它反映了患者发病、病情演变、疾病转归和诊疗情况的全过程，是临床医师进行正确诊断、治疗和制定预防措施的科学依据。病历既是医院管理、医疗质量和业务水平的反映，也是临床教学、科研和信息管理的基础资料，同时是医务人员医德考核、医疗质量服务和医院工作绩效评价、医疗保险赔偿的主要依据。病历是具有法律效力的医疗文件，是处理医疗纠纷的重要依据。

一、病 历 概 述

《病历书写基本规范》规定，病历是指医务人员在医疗活动过程中形成的文字、符号、图表、影像、切片等资料的总和，包括门（急）诊病历和住院病历。《电子病历应用管理规范（试行）》规定，电子病历是指医务人员在医疗活动过程中，使用信息系统生成的文字、符号、图表、图形、数字、影像等数字化信息，并能实现存储、管理、传输和重现的医疗记录，是病历的一种记录形式，包括门（急）诊病历和住院病历。《医疗机构病历管理规定（2013 年版）》规定，按照病历记录形式不同，可区分为纸质病历和电子病历。电子病历与纸质病历具有同等效力。医疗美容病历是医疗美容工作过程的全面记录，是由美容医师根据问诊、查体、专科情况等获得的资料经过归纳、整理而写成。它主要记载求美者的诊疗情况。医疗美容电子病历是医疗美容病历的一种记录方式，目前，在各级医疗美容机构中越来越得到普及应用。

二、医疗美容病历的书写

由于医疗美容机构绝大多数为医疗美容诊所或医疗美容门诊部，其涉及的医疗美容病历多为门诊病历，部分为住院病历，罕见急诊病历。因此，医疗美容病历的书写重点在于门诊病历。需要区分的是病历与病案，根据《医疗机构病历管理规定（2013 年版）》，病历归档以后形成病案。医疗美容病历主要包括医疗美容门诊病历和医疗美容知情同意书以及手术记录等。

（一）医疗美容病历书写的基本原则

医疗美容病历书写的基本原则就是客观、真实、准确、及时、全面、完整、规范。客观是指记录求美者客观存在的信息；真实、准确是指记录的信息与实际发生的一致；及时是指按照相关规范的时限要求完成相应的病历内容书写；全面、完整是指对诊疗活动全过程相关信息进行记录；规范是指医学术语运用得当，记录顺序符合逻辑。

（二）医疗美容病历书写的基本内容

有关医疗美容病历书写应当按照规定的内容书写，并由具有资质的医务人员签名。由于医疗美容病历的种类不同，其书写的内容也不尽相同，具体书写内容及格式要符合《病历书写基本规范》的规定。

（三）医疗美容病历的书写要求

医疗美容病历的书写要求主要包括以下三点：①内容真实，病历必须客观地、真实地反映求美者情况和诊疗经过，不能臆想和虚构。内容的真实来源于认真而仔细的问诊，全面而细致的检查，辩证而客观的分析及正确、科学的判断。②格式规范，美容医师必须按规定格式进行书写。使用规范的医学名词和术语，力求精练、准确。③书写全面，病历各项都应填全，不可遗漏。注明日期和时间，并签全名或盖章，以示负责。依法依规完善医疗美容病历书写，将有利于实现医疗美容病历的客观、真实、准确、及时、完整、规范。

（四）主要的医疗美容病历内容

1. 医疗美容门诊病历内容　患者姓名、性别、出生年月日、民族、婚姻状况、职业、工作单位、住址、药物过敏史等项目；主诉、病史及相关病史（包括既往有无手术史、有无瘢痕体质等）；查体；美容专科情况；辅助检查结果；诊断；术前须知；诊疗过程；医疗美容记录；医疗美容知情同意书等。复诊病历记录书写内容应当包括就诊时间、科别、主诉、病史、必要的体格检查和辅助检查结果、诊断、治疗处理意见和医师签名等。

2. 医疗美容住院病历　求美者住院期间应书写住院病历，住院病历包括完整病历和入院记录、病程记录、会诊记录、转科记录、出院记录、死亡记录、手术记录等，因相同的事项再次住院，可书写再住院病历。住院病历是最完整的病历模式，要求在患者入院后 24 小时内完成。表格式住院病历主要对主诉和现病史以外的内容进行表格化书写，表格式病历设计应根据表格式病历规范和病历表格印制规范要求，结合医疗美容专科病种特点和要求研究设计。报省卫生行政部门备案，经省、直辖市卫生行政部门审批后使用。

3. 医疗美容知情同意书　医疗美容知情同意书主要是用于医疗美容治疗，是求美者与医生之间在医疗技术操作之前双方签订的协议。与医疗美容有关的知情同意书主要为"手术同意书"、"麻醉同意书"。根据《中华人民共和国执业医师法》《医疗机构管理条例》《医疗纠纷预防和处理条例》《中华人民共和国民法典》《医疗美容服务管理办法》等规定，在临床诊治过程中，医师在进行手术治疗、特殊检查、特殊治疗时，应当对医疗美容的患者充分履行告知义务，并详尽填写同意书。因此，知情、选择、同意是求美者的权利；履行充分告知是医疗美容医生的法定义务。知情同意书必须经求美者或其近亲属、法定代理人或监护人签字，医师签全名。同意书一式两份，医患双方各持一份，医疗机构应将其纳入病历中保存。

4. 医疗美容手术记录　手术记录由手术者书写，特殊情况下可以由第一助手书写，但第一助手书写的手术记录必须由手术者审签。如系表格式专页，按表格项目填写。手术记录应于手术后及时（当日、当班）完成。记录内容包括手术日期时间、术前诊断、术中诊断、手术名称、手术医师、麻醉方法及麻醉医师等基本项目及手术经过等。

5. 医疗美容影像资料　影像资料是美容外科病历资料的一个重要组成部分，由于求美者外貌仅仅通过文字描述过于抽象，不能充分体现，并且医疗美容治疗前后需要一个客观的资料对比以助于判断治疗效果。因此，收集和储存求美者影像资料具有其他医疗美容资料不可替代的作用。

三、医疗美容病历的管理

医疗美容病历在医疗服务过程中的作用和地位极其重要。对于医疗美容机构，病历是把控自身医疗质量和医疗安全的核心内容；对于求美者，病历是自己在接受医疗美容服务过程中的重要记录；对于医疗美容机构的主管部门，病历是掌握国民健康情况，管理和完善医疗服务，制定卫生政策的

笔记

重要数据来源和依据；对于医患双方，发生医疗美容纠纷时，病历又是重要的证据之一，重视病历书写与病历保管是医疗美容纠纷防范中的关键组成部分。因此，医疗美容病历管理具有重要的现实意义。病历管理包括病历的书写、制作、归档、保管、复制和封存、证据提交等多项内容。

（一）医疗美容病历的保存

医疗机构及其医务人员应当按照国务院卫生行政部门的规定，填写并妥善保管病历资料。《医疗纠纷预防和处理条例》《中华人民共和国民法典》均规定医疗机构必须完成和妥善保管病历资料，否则将会承担相应的法律责任。《中华人民共和国民法典》列举了三种过错推定责任形式，其中包括违反法律、行政法规、规章以及其他有关诊疗规范的规定；隐匿或者拒绝提供与纠纷有关的病历资料；遗失、伪造、篡改或者违法销毁病历资料。如果医疗机构存在上述情况，将承担不利的法律后果。依据《现代汉语词典》，篡改，是指用作伪的手段改动或曲解，即用虚假的内容替代真实的内容；伪造，是指假造，即书写虚假的内容；隐匿，是指隐瞒、隐藏，即不提供真实的内容。隐匿医疗美容病历具有不正当性，会干扰医疗美容纠纷处理的正常进行。拒绝提供与纠纷有关的医疗美容病历资料在纠纷处理中并不多见。求美者与医疗美容机构争议较多的在于医疗美容病历是否存在伪造和篡改。求美者往往以医疗美容病历中存在夹杂其他求美者病历、检查结果无对应报告、护理行为与医嘱不对应、诊断结果记录错误、重要诊疗行为无记载、病历修改不符合规定、记录情况不符、记载内容相互矛盾、内容不完整、病历制作不规范、病历签名问题（特别是代签）、封存及复印病历不规范等事由主张医疗美容病历的不真实性，并以此要求不经鉴定直接推定医疗美容机构有过错进而得到赔偿。

（二）医疗美容病历保管责任及期限

《医疗机构病历管理规定（2013 年版）》规定了住院病历由医疗机构负责保管，而门（急）诊病历原则由患者保管。医疗机构建有门（急）诊病历档案室或者已建立门（急）诊电子病历的，经患者或者其法定代理人同意后，其门（急）诊病历可以由医疗机构负责保管。考虑到医疗美容手术多在门诊实施，为便于求美者的复诊以及有关知情同意书、手术记录等重要病历资料的完整保存，可能由医疗美容机构保管更为妥善。《医疗机构病历管理规定（2013 年版）》明确规定了门诊病历由医疗机构保管的，保存时间自患者最后一次就诊之日起不少于十五年；住院病历保存时间自患者最后一次住院出院之日起不少于三十年。因此，医疗美容门诊病历由医疗美容机构保管的，其保管期限不少于十五年；医疗美容住院病历保管期限不少于三十年。电子病历的保管期限与前述相同。

（三）医疗美容病历的复印及复制

求美者为了到其他医疗机构就诊或解决医疗美容纠纷等需求，可要求保管医疗美容病历的医疗美容机构提供病历复印件。医疗美容机构必须按照有关法律法规的规定向求美者提供医疗美容病历复印件。《中华人民共和国民法典》规定医疗机构及其医务人员应当按照规定填写并妥善保管住院志、医嘱单、检验报告、手术及麻醉记录、病理资料、护理记录等病历资料。《医疗纠纷预防和处理条例》则规定患者有权查阅、复制其门诊病历、住院志、体温单、医嘱单、化验单（检验报告）、医学影像检查资料、特殊检查同意书、手术同意书、手术及麻醉记录、病理资料、护理记录、医疗费用以及国务院卫生主管部门规定的其他属于病历的全部资料。

需要注意的是《中华人民共和国民法典》规定的是提供住院志、医嘱单、检验报告、手术及麻醉记录、病理资料、护理记录等客观病历资料，而《医疗纠纷预防和处理条例》规定的是医疗机构必须提供全部病历。尽管二者规定的内容不尽相同，但两者之间并无法律意义上的冲突，且《中华人民共和国民法典》是上位法，但《医疗纠纷预防和处理条例》规定的医方全部病历提供的义务，并不是对《中华人民共和国民法典》法定内容的突破，而是对其进行补充，在都认可客观病历提供的前提下，《医疗纠纷预防和处理条例》为了保障患方对整个就诊过程的知情权，同时也为了纠纷的更好解决，因此明确了医疗机构必须提供全部病历，包括客观病历和主观病历。

（四）医疗美容病历的封存

《医疗纠纷预防和处理条例》规定了发生医疗纠纷需要封存、启封病历资料的，应当在医患双方在场的情况下进行。封存的病历资料可以是原件，也可以是复制件，由医疗机构保管。病历尚未完成需要封存的，对已完成病历先行封存；病历按照规定完成后，再对后续完成部分进行封存。医疗机构应当对封存的病历开列封存清单，由医患双方签字或者盖章，各执一份。《医疗机构病历管理规定（2013 年版）》则规定医疗机构申请封存病历时，医疗机构应当告知患者或者其代理人共同实施病历封存；但患者或者其代理人拒绝或者放弃实施病历封存的，医疗机构可以在公证机构公证的情况下，对病历进行确认，由公证机构签封病历复制件。实际中主要的问题是患者治疗过程中的病历封存问题，一方面患者继续治疗仍需原件，另一方面尚未治疗终结的患者的病历被封存，不利于病历归档和保管，在此情况下，封存的病历可以以复制件为主。封存病历复制件由医疗机构负责保管。封存后病历的原件可以继续记录和使用。开启封存病历应当在签封各方在场的情况下实施。

医疗美容病历封存时须注意：①求美者或其法定代理人或监护人有权参与封存；②封存时医患双方均需派人参加，医疗美容机构不要单方封存；③尽量封存复制件；④封存病历的外包装要完整、密闭、可靠，同时要注明医患双方封存人全名、封存时间、封存地点、封存内容等信息。⑤封存完成后，医疗美容机构有义务向患方提交证明封存病历的书面凭据，书面凭据应当包括封存件交由医疗美容机构保管的信息内容。⑥医疗美容机构应该妥善保管封存件，不得遗失、毁损、私自开启封存件。医疗美容纠纷彻底解决后，按照有关法律规定，医疗美容机构可开启医疗美容病历封存件。

第 3 节　医疗美容医务安全制度建设

一、医疗美容医务制度建设的基本原则及措施

（一）加强核心制度学习培训

由于医疗美容工作特殊性，求美者大多是健康人群，部分医疗美容机构及医务人员对于求美者的基本健康权利不重视，不能很好地掌握医疗质量安全中的核心制度，致使医疗美容工作中制度实施不严格、不规范。如没有严格遵守首诊负责制、术前讨论制度、手术安全核查制度、手术分级管理制度、新技术和新项目准入制度和病历管理制度等，导致求美者的损害，引发严重的医疗纠纷。医疗美容机构应该有计划组织全体医务人员认真学习与医疗密切相关的核心制度及相关的法律法规，旨在全员全过程参与医疗美容机构的医疗质量及医疗安全管理，有效促进医疗质量安全持续改进。

（二）加强“三基三严”培训考核

《医疗机构管理条例实施细则》第五十七条规定，医疗机构应当经常对医务人员进行“基础理论、基本知识、基本技能”的训练与考核，把“严格要求、严密组织、严谨态度”落实到各项工作中。通过行之有效的“三基三严”训练与考核，医疗美容人员的“三基三严”水平和临床工作能力可以明显提升，医疗美容质量和医疗美容安全的核心制度可以得到有效落实，服务作风更加扎实，医疗美容质量可以有明显进步，可以提高求美者的满意度，减少或避免医疗纠纷的发生。因此，依法依规进行“三基三严”培训是提高医疗美容医务人员业务技术水平的重要措施，也是夯实医疗基础、提升医疗质量的重要手段。

（三）加强法律法规学习，履行自身义务

良好的培训能够使医疗美容机构的医务人员全面了解相关的法律法规，依法依规行医。医疗美

容机构执业人员要严格遵守有关法律、法规和规章，执行医疗美容技术操作规程；树立敬业精神，遵守职业道德，履行医务人员职责，尽职尽责为求美者服务；关心、爱护、尊重求美者，保护求美者的隐私；努力钻研业务，更新知识，提高专业技术水平；宣传卫生保健知识，对求美者进行健康教育。依法依规行医是医疗美容机构及其医务人员必须遵守的法定义务，也是保证医疗美容质量安全的重要手段。通过相关法律、法规的学习，切实加强医务人员依法行医水平，能够使医疗美容机构及其医务人员更好地应对医疗工作中遇到的各种突发事件，同时也可提高医院的医疗安全水平，为医院的发展提供有效的保证。

（四）建立医疗核心制度执行量化考评体系

科学制订核心制度考核标准，建立科学合理、规范有序的医疗美容机构全面质量与医疗安全管理考核机制，将完善制度、优化流程、全面监控、加强沟通、整改到位等措施贯穿于基础质量、环节质量和终末质量控制的各个环节，是实施医疗质量持续改进的长效机制。

（五）健全核心制度，落实监管体系

在医疗美容实际工作中，医疗核心制度落实的环节控制和过程监督是医疗质量管理的重要保证。部分医疗美容机构为提高经济效益，将大部分精力投入在医疗机构的硬件建设上，忽视了医疗质量安全管理；部分医疗美容机构管理人员来自临床一线，缺乏良好管理意识，在管理过程中不能严格遵循管理制度，致使医疗美容质量下降，影响求美者的医疗美容效果。在医疗美容机构发生医疗纠纷时，处理不及时、不到位，导致医疗纠纷不断发生，形成恶性循环，给医疗美容行业形象造成影响。因此，医疗美容机构应结合本机构的实际情况建立完善的医疗安全管理体系，通过有效的监督及时发现医疗安全中存在的问题，并持续加以改进。

（六）将核心制度纳入医院的综合考评体系中

良好的制度需要严格的落实。要了解医疗质量安全核心制度落实的效果，在定期督查的基础上抽查更能反映出医务人员核心制度落实的实际情况。医疗美容机构的医务部门、质量监管部门应经常对重点科室（如手术室、麻醉科）、重点人员（医疗美容主诊医师）等进行抽查，对术前讨论制度、手术安全核查制度、手术分级管理制度、新技术和新项目准入制度等医疗核心制度落实情况进行随机检查。医疗美容机构负责人要经常了解医务人员对核心制度的掌握情况和执行情况。通过考评体系发现问题，加以整改，避免因医务人员思想懈怠发生医疗差错或事故。医疗核心制度是保证医疗美容机构正常运行的重要制度，对医疗美容机构的发展具有非常重要的推动作用，因此，在进行医疗美容机构考核制度的制定时需要将其纳入其中，并根据医疗核心制度对医务人员进行合理的奖罚。制定合理的考核制度，并将核心制度的执行与医务人员的医疗美容质量进行有效的结合，出现问题后及时发现和解决。医疗核心制度的监督和医院的奖罚制度结合，对提高医疗美容工作人员的工作积极性，提升医疗美容机构整体医疗质量安全水平具有积极的促进作用。

（七）持续推进核心制度落实信息化建设

医疗美容机构信息系统是医疗美容机构正常运转的基本条件，也是掌握和调控医疗美容机构运行的网络中枢。医疗美容机构信息系统主要包括医疗美容机构管理系统、临床管理系统、医技管理系统及其他辅助管理系统等。信息系统能够连续、完整、准确地采集、存储、传递、处理医疗美容机构管理、运行指标、临床应用等信息，并将收集到的信息准确地生成相关统计报表进行自动分析，为医疗美容机构管理、决策、质量安全及核心制度监管等方面提供信息技术支持。医疗美容机构信息系统已成为医疗美容机构不可或缺的技术支持环境。完善的信息系统既能提高医疗美容机构的工作效率，又能给监管带来更多便捷，有利于工作的快速跟进和推动。

笔记

（八）加强临床资格准入和医疗技术准入的监督

无执业医师、执业护士资格的人员，不能独立从事医疗、护理工作。《医疗美容服务管理办法》规定，不具备主诊医师条件的执业医师，可在主诊医师的指导下从事医疗美容临床技术服务工作。所以必须严格控制医疗技术和人员资格准入。同时，医疗美容机构和医疗美容科室应根据自身条件和能力在卫生计生行政部门核定的诊疗科目范围内开展医疗服务，未经批准不得擅自扩大诊疗范围。医疗美容机构及开设医疗美容科室的医疗机构不得开展未向登记机关备案的医疗美容项目。严格执行技术准入，按照医疗美容机构相应级别开展适宜的项目，避免盲目追求高、精、尖。加强对新技术、新项目的管理，及时制定相关制度，对拟开展的新技术和新项目，需进行严格的效果评价和临床实践，确保实际运用中切实体现出技术或项目价值，服务好求美者，并保障求美者的安全。

医疗核心制度是保障医疗质量、规范医务人员诊疗行为、防范医疗风险、避免或杜绝医疗差错与事故的重要制度，也是医务人员必须遵守的行为准则，应长期坚持、持续抓好。只有医疗核心制度落实到医疗服务的每一个环节，体现在每一个诊疗行为上，医疗质量才有根本保障。对于医疗美容机构的发展，医疗质量安全与核心制度落实是相辅相成的共生关系，切实抓好医疗质量安全与核心制度落实两个要点，处理好二者关系，二者共同推进，互促发展。

第4节　医疗美容质量安全与风险管理

医疗质量是指医疗机构的工作质量，是衡量医务人员诊疗水平的标准。一般从医务人员的技术水平、医疗效果和工作质量等方面来衡量。医疗质量定义所包括的主要内容有诊断是否正确、及时、全面；治疗是否及时、有效、彻底；诊疗时间的长短；有无因医、护技术和管理措施不当给患者带来不必要的身心痛苦、损害、感染和差错事故；医疗工作效率的高低；医疗技术使用的合理程度；医疗资源的利用效率及其经济效益；患者生存质量的测量；患者的满意度等。所以说，医疗质量是医疗技术、管理方法及其经济效益的综合体现。这些要素通过组织管理有机地结合起来服务于患者并产生医疗效果。

一、医疗美容质量安全

医疗美容安全是指医疗美容机构在实施医疗活动过程中，求美者不发生法律和法规允许范围以外的心理、机体结构或功能损害、障碍、缺陷或死亡。医疗美容机构及其医务人员在实施医疗活动的过程中，应当保障医疗美容安全，即通过采取必要的措施，避免或预防求美者出现不良结果或受到伤害。医疗质量最核心的要素是安全。没有医疗美容安全就没有医疗美容质量安全。医疗美容安全是医疗美容质量的基础，是医疗质量的重要内容，确保医疗美容质量与求美者的医疗安全是所有医疗美容医务工作者共同的职责。

近年来，国内整形美容机构如同雨后春笋般快速发展，但安全事件的时有发生也充分暴露行业中存在严重的医疗安全问题。关注医疗安全，共创医患关系和谐局面，是现代医疗服务所追求的目标。患者安全目标，是指将卫生保健相关的不必要伤害减少到可接受的最低程度的风险控制过程。医疗安全的本质是患者安全。患者安全是卫生保健的一项基本原则。医疗过程的每个环节都包含一定程度的内在不安全性。行医、产品、程序或系统方面的问题可造成不良事件。要改进患者的安全，就需要做出复杂的全系统的努力。患者安全是每一个医疗机构的首要任务。中国医院协会发布《患者安全目标（2019版）》的十大患者安全目标及主要措施就包含正确识别患者身份、确保用药与用血安全、强化围手术期安全管理、预防和减少健康保健相关感染、加强医务人员之间的有效沟通、防范与减少意外伤害、提升管路安全、鼓励患者及其家属参与患者安全、加强医学装备安全与警报管理、加强电子病历系统安全管理。

医疗机构及其医务人员保证患者安全，降低医疗风险，以及患者关注自己的权益，这是现代法治社会和市场经济的必然结果，是现代医学必然要面对的问题。从某种意义上讲这是社会进步、文明公正的体现，这也给现代医学提出了新的、更高的要求，要求医务人员必须学会积极地预防和避免各种各样的医疗风险，把风险减到最低程度，同时又要求医务人员树立法治的意识，依法依规施治患者，用法律的手段来约束自己的行为。

二、医疗美容风险

医疗美容风险是指医疗美容机构及其医务人员在对求美者实施医疗美容活动的过程中，医疗行为导致求美者发生损害或伤残事件的可能性、医疗美容效果的不确定性以及发生其他安全事件的可能性。由于医疗美容属"锦上添花"，求美者绝大多数都是机体健康者，因此，医疗美容风险因素不同于一般的医疗风险，医疗美容风险的原因主要来自医方和求美者方两个方面。

（一）求美者方面

医疗美容治疗的部位、范围及求美者的年龄、体质、重要器官功能状况、个体差异等都是影响医疗安全的重要因素，特别是部分求美者以保护个人隐私为由刻意隐瞒既往病史（如手术史、瘢痕体质等），或者在医疗美容项目上不顾及自身条件，盲目"求全求洋"，企图通过一次医疗美容手段解决所有美容需求，这些都有可能对手术安全构成直接威胁，成为医疗风险的产生因素。

（二）医方因素

实践中，部分医疗美容机构存在着管理制度不够完善，落实不力；医疗美容从业人员技术水平参差不齐；医疗美容价格随行就市，随意性较大等问题，同时，部分医疗美容机构及从业人员易于受利益驱动而不顾及求美者的自身条件盲目实施各种医疗美容行为；部分医疗美容机构及人员法律意识淡薄，不严格依规依法行医等，上述行为均成为医疗美容风险的产生因素。

三、医疗美容质量安全与风险管理

（一）建立控制机制

医疗美容机构应依法依规设立医疗质量管理组织，或指定专（兼职）人员负责本机构的医疗美容质量管理工作。还应建立医疗美容风险的预警和管理机制，预防医疗美容风险的发生。医疗机构医疗质量管理组织的职责包括按照国家医疗质量管理的有关要求，制订本机构医疗质量管理制度并组织实施；组织开展本机构医疗质量监测、预警、分析、考核、评估以及反馈工作，定期发布本机构质量管理信息；制订本机构医疗质量持续改进计划、实施方案并组织实施；制订本机构临床新技术引进和医疗技术临床应用管理相关工作制度并组织实施；建立本机构医务人员医疗质量管理相关法律、法规、规章制度、技术规范的培训制度，制订培训计划并监督实施；落实上级卫生行政部门的相关规定。

（二）提高风险防范意识，建立健全防范措施

医疗美容机构及其医务人员要正确认识医疗美容风险存在的客观普遍性和复杂性的特点，要提高防范医疗美容风险的意识和对医疗美容风险的敏感性，要从医疗美容的角度认真细致地做好各种医疗美容风险的识别，提高识别能力。具备及时发现医疗美容风险苗头的能力，要严格规范遵守医疗美容的规章制度和操作程序。

笔记

良好的防范意识和正确的态度虽极为重要，但还需要有效的控制措施，才能有真正的防范效果。因此，医疗美容机构要从以下几个方面建立健全防范措施：①提高医疗美容医务人员的综合素质。市场经济条件下，医疗美容医务人员的综合素质非常重要。随着医疗美容事业的发展，各种新技术、新材料、新理念、新方法层出不穷，意味着许多新的风险因素出现，需要不断提高医疗美容医务人员的自身素质以适应新变化，以减少医疗美容风险的发生；②建立、健全制度和严格落实医疗美容规范。长期的医疗美容实践证明，医务人员严格遵守制度是减少医疗美容风险发生的重要因素。医疗美容质量的提高会起到降低医疗美容风险的作用，所以建立、健全规章制度，落实医疗美容规范是防范风险的重要措施之一；③加强医疗美容科普宣传。实践中，一些医疗美容风险是由于求美者对美容医学知识的匮乏，或出于各种想法，在和医生交流过程中有意或无意掩盖了真实状况，误导医生造成的。所以要向求美者普及医疗美容科普知识，降低其不合理的医疗美容效果的期望值；医务人员要进行充分的医患沟通，了解求美者的求美动机及需求，掌握求美者既往的医疗美容诊疗情况，并履行好知情告知的义务，对求美者及其家属进行预防医疗美容风险的解释和说明，这对及时发现和处理医疗美容风险有重要的作用。

（三）建立有效的监督机制

良好的措施是保证行为规范的基本途径，任何良好的措施必须落到实处，才能发挥其作用。措施的落实需要通过检查、督促、评价来实现，而要使措施真正地发挥作用，必须建立有效的监督机制。医疗美容机构有必要建立系统科学的预防、处理风险的管理机制，保障措施落到实处。医疗美容机构处理医疗美容纠纷属于亡羊补牢的做法。因为处理只是消极的应对，是做善后工作，所以成效甚微。真正有效的方法是预防风险的发生。有了一定的监督机制，就可以通过经常不断的检查、督促，把医疗美容机构的医务人员的行为引导到医疗美容规范要求的轨道上。通过不断的检查和监督，医疗美容机构可以对医疗美容风险存在的因素不断进行改进和提高，并可以做到对潜在风险及时纠正，这样才可以有效地控制医疗美容风险。

（四）正确对待医疗美容风险中的利益关系

近年来，医疗美容风险的一个突出表现就是医疗美容纠纷。实际上，由于医疗美容的价格多是随行就市，属于低成本高收益，而求美者对医疗美容效果的期待值又往往超出合理范畴。因此，极易发生医疗美容纠纷，其本质就是一个经济利益和期待利益的问题。正确对待和处理好医疗美容机构与求美者之间的经济利益和期待利益是防范医疗美容纠纷风险的关键。

（五）依法依规行医

医疗美容属于临床医学中一个限制准入行业，医疗美容服务实行主诊医师负责制。医疗美容项目必须由主诊医师负责或在其指导下实施。因此，未经卫生行政部门核定并获得美容主诊医师资格的人员不得独立从事医疗美容诊疗服务。医疗美容机构及其医务人员必须严格依法依规从事医疗美容活动。目前，许多医疗美容机构对于依法依规行医认识不足，表现为超范围执业、使用不具备资质的人员从事医疗美容工作、为追求利益最大化“鼓动”求美者接受不合理医疗美容服务等，给求美者造成身体及心理和经济上的损害。部分医疗美容机构及医务人员因此而承担了不同类型的法律责任。

在法治社会中，用法律手段来约束人们的行为最可靠、最有效。只有按照法律、法规行事，才能够把风险降低到最低限度。在风险管理中，要特别强调医疗美容医务人员要用法律、法规来约束自身行为，用法律意识来对待求美者的要求和期望。只有这样才能既保护自己的利益，也保护求美者的利益，万一出现风险也可在评定风险时有法可依，有据可查。在风险管理中，严格按照规章制度办事是最好的预防和最有效的管理。

笔记

小结

医疗美容质量安全制度是为了加强医疗安全管理，防范医疗安全风险，切实维护好求美者身体健康和生命安全。因此，应通过多种途径完善医疗美容质量安全制度建设：加强“三基三严”培训及考核；加强法律、法规学习，履行自身义务；建立医疗核心制度，执行量化考评体系，健全核心制度，落实监管体系，将核心制度纳入医院的综合考评体系中；持续推进核心制度，落实信息化建设；加强临床资格准入和医疗技术准入的监督把关等。在医疗美容病历的书写、制作、归档、保管、复印和封存、证据提交等管理中，要严格遵守法律、法规、规章的相关规定和病历管理规定的内容。同时，为了保障医疗美容质量安全，也应建立健全风险管理制度，更好地保障求美者安全。

章前案例解析

1. 医疗美容门诊部存在的过错如下：首先，门诊病历字迹潦草，内容识别不清，无法证明手术前准备合理。其次，手术同意书为格式条款形式，没有针对本例手术的针对性告知。然后，院方拒绝提供手术记录和抢救记录属于《中华人民共和国民法典》第一千二百二十二条规定的隐匿或者拒绝提供与纠纷有关的病历资料的情形。最后，本次手术者为毕业三年的外科执业医师，不满足《医疗美容服务管理办法》第十一条规定的条件：负责实施美容外科项目的应具有六年以上从事美容外科或整形外科等相关专业临床工作经历。因此，本次手术者不具备独立从事医疗美容外科的资格。并且本次手术也不满足第十八条规定的条件：医疗美容服务实行主诊医师负责制。医疗美容项目必须由主诊医师负责或在其指导下实施。

2. 本案中的医疗美容门诊部需要承担行政法律责任和刑事法律责任。

行政法律责任：根据《中华人民共和国执业医师法》第三十七条、《医疗纠纷预防和处理条例》第四十五条、《医疗质量管理办法》第四十四条规定，医疗美容门诊部及本次手术医务人员根据情节承担行政责任，主要有以下几种方式：警告、责令暂停医师在执业活动、责令给予开除、吊销执业证书等。

刑事法律责任：手术医生未取得相应资质单独从事医疗美容活动并造成严重后果，根据情形认定，可能需要承担相应的刑事法律责任。如医疗纠纷进行医疗事故鉴定并构成严重医疗事故的，并为主要责任的，可能以《中华人民共和国刑法（修订）》第三百三十五条的医疗事故罪追究其刑事责任。

3. 医疗美容门诊部应当吸取经验教训，提高医疗质量、保障求美者安全，细化并严格遵守十八项医疗质量安全核心制度，加强核心制度的学习培训，加强“三基三严”培训及考核，加强法律法规学习，履行自身义务，建立医疗核心制度，执行量化考评体系，健全核心制度，落实监管体系，将核心制度纳入医院的综合考评体系中，持续推进核心制度落实信息化建设，加强临床资格准入和医疗技术准入的监督把关等工作。

思考题

1. 违反医疗质量安全核心制度会有哪些法律后果？
2. 医疗美容病历的书写有哪些基本要求？
3. 如何落实医疗质量安全核心制度？
4. 如何提高风险防范意识？

（郑志伟）

笔记

第8章 医疗美容纠纷的举证责任和处理

本章概要

医疗美容纠纷的处理主要包括三种方式：协商（和解）、调解、司法诉讼。协商的前提是医患双方的约定彼此认同，终止纠纷。调解是在中立第三方的主持下，双方达成调解协议。司法诉讼是在法院的主持下依法定程序审理案件，最终做出审判。协商和调解的方式与内容强调双方的自愿；司法诉讼重视程序正义和实体正义。经过医疗纠纷的司法实践，形成了现在医疗美容纠纷“谁主张，谁举证”的证明责任。通过医疗事故鉴定、医疗过错鉴定和医疗损害鉴定等形式明确医方过错及原因力大小。医疗美容纠纷的法定赔偿项目包括医疗费及后续医疗费、误工费、护理费、住院伙食补助费、交通费、住宿费、营养费、残疾赔偿金、残疾辅助器具费、丧葬费、死亡赔偿金、被扶养人生活费和精神损害抚慰金等。

案例8

某三甲医院美容外科为一位单睑伴内眦赘皮女性求美者实施重睑及内眦赘皮矫正术。术后求美者认为重睑外形不对称，影响美观，并由此产生极大的心理负担，到多家医疗美容机构问诊，其自称修补费用数额巨大。因此，该求美者要求院方给予巨额经济赔偿。由于求美者诉求远远超过本地政府规定的医患双方协商解决的限额，纠纷由本市医疗纠纷人民调解委员会（医调委）主持调解。医调委就诊疗事实进行了专家咨询。专家咨询意见认为，该医院的医疗行为存在过错，即知情告知缺陷、手术操作失误伤及泪小管、手术设计不合理等，并认为过错原因力为主要责任。经医调委调解后，医患双方达成一致，医调委制作调解协议书。该调解协议书生效并经当地人民法院司法确认。

问题： 1. 医疗美容纠纷发生后，求美者应当提供哪些证据来支持其主张？
2. 医疗美容纠纷的合理解决方式有哪些？
3. 本案中，求美者能得到哪些法定项目的赔偿？

第1节　医疗美容纠纷案件的举证责任

一、证 据 概 述

证据是指依照诉讼规则能够证明案件事实的根据。证据对于当事人进行诉讼活动，维护自己的合法权益，对法院查明案件事实，依法正确裁判都具有十分重要的意义。《中华人民共和国民事诉讼法》规定当事人对自己提出的主张，有责任提供证据。发生医疗美容纠纷后，无论是通过何种解决途径，医患双方均需通过举证的方式来支持自己的主张。

在医疗美容纠纷中，所争议的事实就是：医疗美容机构是否对求美者实施了诊疗行为；医疗美容机构在诊疗过程中是否存在过错；是否造成了求美者的损害后果；医疗美容机构的过错和求美者的损害结果之间是否具有因果关系等，这些事实都是医疗美容纠纷诉讼中需要加以证明的基本事实。只要能够证明这些事实存在或者不存在的各种材料，都是证明案件事实的依据，也就是证据。

《最高人民法院关于适用〈中华人民共和国民事诉讼法〉的解释》（法释〔2015〕5 号）规定人民法院应当组织当事人围绕证据的真实性、合法性以及与待证事实的关联性进行质证，并针对证据有无证明力和证明力大小进行说明和辩论。能够反映案件真实情况、与待证事实相关联、来源和形式符合法律规定的证据，应当作为认定案件事实的根据。

具体说来，作为民事诉讼证据必须具备以下三个基本特征：其一，诉讼证据具有客观真实性。诉讼证据所反映的内容应当是客观存在的事实，具有客观真实性。它不带有任何主观随意性，不以人的主观意志为转移，任何主观想象、推测或假设的情形均不能作为证据。民事纠纷案件客观存在的事实总是要与一定的人、事、物发生联系。民事法律关系的产生、变更或者消灭，以及任何一起民事纠纷的发生和争议经过，民事侵权行为的发生、发展，在客观上都会留下真实的迹象和印迹。其二，诉讼证据具有关联性。即证据必须是与案件事实有联系的。不是一切客观存在的事实都可以作为证据，只有与案件有关联的事实、能够证明案件情况的事实才能作为证据。诉讼证据的关联性包括两个内容：一方面诉讼证据必须与案件事实有联系，能起到证明案件事实的作用；另一方面是诉讼证据之间必须存在相互印证的关系。其三，诉讼证据具有合法性。即作为案件事实的材料，必须是符合法律规定的事实材料。其来源、内容和形式都必须合法。某些事实材料必须具有法律所要求的特定形式才能作为民事证据。证据的合法性主要表现在以下几个方面：①证据必须是依照法律规定的程序和方法收集的；②证据必须具备合法的形式；③证据必须有合法的来源；④证据必须经合法程序查证属实。

二、证 据 种 类

关于证据种类，《中华人民共和国民事诉讼法》明确规定了证据包括：当事人的陈述、书证、物证、视听资料、电子数据、证人证言、鉴定意见、勘验笔录。

（一）当事人陈述

在医疗美容纠纷案件中，当事人的陈述一般包括患者及陪同人员的陈述、医疗机构工作人员的陈述。

（二）书证

在美容医疗纠纷案件中，书证主要是病历资料，即门诊病历、住院病历、急诊病历。书证是医疗美容纠纷中最重要的证据类型，具体包括以下几种类型。

1. 病历资料 《医疗机构病历管理规定（2013 年版）》规定病历是指医务人员在医疗活动过程中形成的文字、符号、图表、影像、切片等资料的总和，包括门（急）诊病历和住院病历。病历归档以后形成病案。发生医疗纠纷后，病历就成为最原始的证据资料。病历是医疗机构诊疗过程中的所有医疗文书资料，包含了医务人员对病情发生、发展、转归的分析、医疗资源使用和费用支付情况的最原始的记录，是经医务人员、医疗信息管理人员收集、整理、加工后形成的医疗档案。

2. 证明损害结果的书证 医疗美容患者接受医疗机构的诊疗后认为其出现了人身和财产及精神上的损害，需要提供能证明其主张的书证。诸如，证明其支出的相关费用（医疗费、护理费、营养费、交通费等）的单据；证明损害程度的残疾等级证明（伤残鉴定）及残疾用具费单据；证明患者死亡的死亡证明及丧葬费单据；证明因残疾或死亡实际抚养的、无其他生活来源者的户籍证明等。

3. 其他书证 这里主要指证明当事人主体资格的证据。当事人为自然人的，应提交身份证明资料，如身份证或户口本等；当事人为医疗美容纠纷中死者亲属的，应提交死者第一顺序继承人的证明及继承人基本情况的证明（包括户口本、当地派出所证明等）。当事人为医疗机构的，应提交

笔记

主体登记资料，如《医疗机构执业许可证》及法人证明等。

（三）物证

物证是指以物品、痕迹等客观物质实体的外形、性状、质地、规格等证明案件事实的证据。例如，肇事交通工具、现场留下的物品和痕迹等。在医疗美容纠纷案件中，物证主要是美容填充物（硅胶假体等）、医疗美容仪器设备、药品（麻醉药物、抗生素等）、可吸收缝合线等。

（四）视听资料

视听资料又称声像资料，一般以音响、图像等方式记录有信息的载体。在医疗美容纠纷案件中，表现形式为医患沟通时的录音带及录像带等内容。

（五）电子数据

《最高人民法院、最高人民检察院、公安部印发〈关于办理刑事案件收集提取和审查判断电子数据若干问题的规定〉的通知》中规定电子数据是案件发生过程中形成的，以数字化形式存储、处理、传输的，能够证明案件事实的数据。电子数据包括但不限于下列信息、电子文件：①网页、博客、微博客、朋友圈、贴吧、网盘等网络平台发布的信息；②手机短信、电子邮件、即时通信、通讯群组等网络应用服务的通信信息；③用户注册信息、身份认证信息、电子交易记录、通信记录、登录日志等信息；④文档、图片、音视频、数字证书、计算机程序等电子文件。在医疗美容纠纷中主要体现为电子病历和医患沟通时以数字化介质存储、处理、传输的录音录像等。

（六）证人证言

证人证言指证人在诉讼过程中向司法机关陈述的与案件情况有关的内容。在医疗美容纠纷案件中，一般为患者的陪同就医人员或本医疗机构内的其他患者的陈述。

（七）鉴定意见

鉴定意见是指鉴定机构的专业鉴定人员对案件中的专门性问题所出具的专门性意见。在医疗美容纠纷案件中，一般通过以下几种鉴定方式获得鉴定意见：医疗事故技术鉴定、医疗损害鉴定。

（八）勘验笔录

勘验笔录是人民法院指派的勘验人员对案件的诉讼标的物和有关证据，经过现场勘验、调查所作的记录。在医疗美容纠纷案件中，一般是人民法院指定的勘验人员对涉案的医疗美容仪器、设备、材料等进行现场勘验、调查所作的记录。

三、举 证 责 任

举证责任是医疗美容纠纷中一个非常重要的问题，是指根据法律预先规定，当事人对自己提出的主张，有提出证据并加以证明的责任，当待证事实“真伪不明”时，由负担举证责任的一方当事人承担不利后果。“真伪不明”的含义是：①该事实属于待证事实，即需要证明；②在作出裁判之前，所有证明手段都已经穷尽，法官仍不能判断真伪。“真伪不明”的对象一般指的是案件事实而不是法律。举证责任分配的法律规定就是指由哪一方诉讼主体就哪一种事实承担举证责任，也就是说把提出证据的责任具体到每一种事实和每一个诉讼主体。

（一）医疗美容纠纷的举证责任的意义

首先对某一特定的事实，承担举证责任的一方必须首先提供证据证明其主张。在医疗美容纠纷

笔记

中，对于医疗美容机构是否存在过错的这个事实，如果原告承担举证责任，那么原告就要通过提供证据来证明医疗机构存在过错。其次，谁承担举证责任，谁就要在无法证明案件事实的时候承担败诉的不利法律后果，这是医疗美容纠纷举证责任的实质含义所在。因此，之所以说医疗美容纠纷中举证责任非常关键，就是因为一旦出现事实无法查清，法官难以判断事实真相的情况，不同的举证责任承担方式就会导致不同的诉讼结果。

（二）医疗美容纠纷举证责任的沿革

2002 年 4 月 1 日实施的《最高人民法院关于民事诉讼证据的若干规定》规定，因医疗行为引起的侵权诉讼，由医疗机构就医疗行为与损害结果之间不存在因果关系及不存在医疗过错承担举证责任。这一条规定了在医疗纠纷中，原告只需要对就医事实和损害事实举证，医疗行为与损害结果之间不存在因果关系及不存在医疗过错的举证责任就由医院承担。这就是通常所说的“举证责任倒置”，其直接的法律后果是，对医疗过错问题和因果关系问题，如果医疗机构不能证明自己没有过错或者不存在因果关系将承担败诉的法律后果。2010 年实施的《中华人民共和国侵权责任法》修正了《最高人民法院关于民事诉讼证据的若干规定》第四条第一款第（八）项的规定，在医患法律关系上实现更加公平的利益配置。患者在医疗损害责任诉讼中须举证证明就诊的事实、遭受的实际损害、医疗行为和损害后果之间存在因果关系、医疗机构及其医务人员的过错。可见，《中华人民共和国侵权责任法》一改医疗损害责任中的证明责任倒置，就因果关系要件和医疗过错要件转由患者举证。2021 年 1 月 1 日实施的《中华人民共和国民法典》同样确定了医疗损害案件举证责任为“谁主张、谁举证”。

（三）目前医疗美容纠纷的举证责任分配

《中华人民共和国民法典》第一千二百一十八条规定，患者在诊疗活动中受到损害，医疗机构或者其医务人员有过错的，由医疗机构承担赔偿责任。《最高人民法院关于审理医疗损害责任纠纷案件适用法律若干问题的解释》（法释〔2017〕20 号）第四条规定，患者依据《中华人民共和国民法典》第一千二百一十八条规定主张医疗机构承担赔偿责任的，应当提交到该医疗机构就诊、受到损害的证据。因此，医疗美容纠纷的主要举证责任配置给患方。

1. 在医疗美容行为引起的侵权诉讼中，患方的主要举证责任 包括：①接受过医疗机构的诊疗活动的事实；②与诊疗活动有关的损害事实；③医疗机构的医疗行为存在过错的事实；④医疗过错与损害结果之间的因果关系及其原因力大小。

2. 患方的具体举证内容及方式 ①接受过医疗机构的诊疗活动的事实可以通过挂号单、病历、各种检验单、影像学报告、医疗费收据等来证明。②与诊疗活动有关的损害事实可以通过病历资料、诊断证明、伤残鉴定报告或死亡证明、医疗费收据（包括后续医疗费）、护理费收据、营养费收据、交通费收据、误工证明等来证明。③医疗机构的医疗行为存在过错以及医疗过错与损害结果之间的因果关系及其原因力大小的事实可以通过医疗机构或医务人员的自认、医疗纠纷人民调解委员会（以下简称“医调委”）的专家咨询意见、医疗事故技术鉴定、医疗损害鉴定等来证明。患方还可以举证证明医疗机构存在《中华人民共和国民法典》第一千二百二十二条规定的情形之一的，推定医疗机构有过错。这些情形包括：①违反法律、行政法规、规章以及其他有关诊疗规范的规定；②隐匿或者拒绝提供与纠纷有关的病历资料；③遗失、伪造、篡改或者违法销毁病历资料。

3. 在医疗美容行为引起的侵权诉讼中，医疗机构的主要举证责任 包括：①患者或者其近亲属不配合医疗机构进行符合诊疗规范的诊疗；②医务人员在抢救生命垂危的患者等紧急情况下已经尽到合理诊疗义务；③限于当时的医疗水平难以诊疗。

4. 医疗机构的具体举证内容及方式 ①证明病历资料的真实性、合法性、关联性及完整性：由于医疗美容机构多为诊所或门诊，其门诊病历往往由医疗机构保存，因此，医疗机构必须妥善保存好病历，保持病历的真实及完整；②证明患者或者其近亲属不配合医疗机构进行符合诊疗规范的

笔记

诊疗：可以通过患方在病历中所签拒绝诊疗的书面资料，包括拒绝手术、拒绝检查、拒绝救治等。需要注意的是拒不配合诊疗的主体是患者或者其近亲属。在适用免责事由时对主体的限制，即必须是患者本人或者其近亲属拒绝配合合理的诊疗行为，医疗机构才能免责。患者自己无法对医疗行为的运用与否作出判断，需要由其近亲属来作出决定。医方免责的前提是针对患方的不配合行为已经实施了必要的告知义务。在实践中，患方的不配合往往是由于不了解情况、不懂医学知识、没有意识到患者病情的严重性等原因，对此，医疗机构及其医务人员有将实情向患方告知的义务。只有在充分告知患方的情况下，患方仍然不予配合并造成不良后果的，医疗机构才不承担责任。同时，医疗机构应当注意，对于医方实施符合诊疗规范的诊疗行为及履行告知义务，都应当存留必要的证据。患方不配合医疗机构进行符合诊疗规范的诊疗的具体情形包括：患方不同意医方建议，拒绝留观；患方不同意医方建议，放弃治疗；患方不同意医方建议，拒绝必要检查；患方不同意医方建议，拒绝必要治疗；患方私自停药；患方私自拔管；患方不遵医嘱，擅自食用禁忌食物；患方未经医护人员同意，私自外出；患方不配合，不设立陪护人员，造成患者摔伤、坠床、自杀等。③证明医务人员在抢救生命垂危的患者等紧急情况下已经尽到合理诊疗义务：通过抢救记录、危重护理记录、急诊手术记录等证明院方在患者紧急状况下实施了合理的救治措施。④证明限于当时的医疗水平难以诊疗：通过文献、临床指南、教科书、权威著作等证明属于极为罕见的并发症或医疗意外情况。

四、医疗损害纠纷责任的确认途径

医疗损害纠纷责任的认定主要包括是否存在医疗过错，是否因医疗过错而导致医疗损害，以及原因力大小。目前国内医疗损害纠纷责任的确认途径主要包括以下几个方面。

（一）医疗机构的内部认定

医疗机构内部可以成立医疗技术鉴定委员会。其成员由具有一定临床经验的各专业医务人员组成。在发生医疗损害纠纷后，为明确是否存在医疗过错，查找发生的原因，避免类似事件的发生，依据法律、行政法规、规章以及其他有关诊疗规范，结合具体的医疗过程，秉承实事求是的原则对医疗机构的医疗行为进行判断。

（二）医疗事故技术鉴定

《医疗事故处理条例》规定医疗事故的技术鉴定由医学会进行。

（三）医疗损害纠纷人民调解委员会的专家咨询建议

医调委建立由相关医学、药学、心理、保险和法律等专家组成的专家库，为医疗损害纠纷的调查、评估和调解提供技术咨询和建议。

（四）人民法院委托的鉴定

《最高人民法院关于审理医疗损害责任纠纷案件适用法律若干问题的解释》规定，患者无法提交医疗机构及其医务人员有过错、诊疗行为与损害之间具有因果关系的证据，依法提出医疗损害鉴定申请的，人民法院应予准许。医疗损害鉴定是指医疗机构及其医务人员在日常医疗行为中存在法定过错并造成患者人身损害而导致的医疗损害民事诉讼中，人民法院对于医疗技术等专门问题对外委托的鉴定。

（五）医疗损害鉴定

《医疗纠纷预防和处理条例》规定，医患双方共同委托医学会或者司法鉴定机构进行鉴定，也可以经医患双方同意，由医疗纠纷人民调解委员会委托鉴定。

在医疗美容纠纷的处理过程中，鉴定往往是确定医疗过错主要的方式。鉴定的事项包括医疗美容机构实施诊疗行为有无过错；诊疗行为与损害后果之间是否存在因果关系以及原因力大小；医疗美容机构是否尽到了说明义务、取得求美者或者求美者近亲属书面同意的义务；医疗美容产品是否有缺陷、该缺陷与损害后果之间是否存在因果关系以及原因力的大小；求美者损伤残疾程度；求美者的护理期、休息期、营养期；其他专门性问题。

第2节　医疗美容纠纷案件的处理方式

医疗美容纠纷的基本处理原则是公平、公正、及时、实事求是、依法处理。2018年10月1日实施的《医疗纠纷预防和处理条例》规定了医疗纠纷的解决途径：双方自愿协商；申请人民调解；申请行政调解；向人民法院提起诉讼；法律、法规规定的其他途径。即和解、调解、司法诉讼。

（一）医患双方协商（和解）

和解在法律上指当事人约定互相让步，以终止争执或防止争执发生。民事双方当事人约定互相让步或者一方让步，以解决双方的争执的活动。和解有别于调解。和解是当事人之间自愿协商，达成协议，没有第三方参与；调解是在第三方主持下完成的。发生医疗美容纠纷后，患方与医疗美容机构之间通过协商解决纠纷，其基本原则是自愿、合法、平等。

协商步骤及方式包括患方投诉及医方接待、投诉内容核实、投诉的解释及答复等。投诉接待是解决及处理医疗损害责任纠纷的第一步，也是非常重要的一个环节。在初步了解投诉人反映的情况后，由其亲笔填写统一格式的《投诉记录单》，明确告知投诉人主要从以下方面反映情况：基本的医疗过程，其中对投诉人认为存在医疗过错的医疗行为尽可能地详细描述；投诉人认为可能存在哪些医疗过错；投诉人提出的尽可能详细的诉求，包括其想解决医疗损害纠纷的方式，要求医疗美容机构满足其哪些要求。特别注意要投诉人亲笔签字及注明时间。如若投诉人提交的是打印好的书面材料，则要求其当面在每一页上签字。在接受投诉人提交的投诉材料后，要明确告知其医疗机构接待及处理医疗损害纠纷的程序和时限。对于信访投诉、电话投诉、网络投诉，可以通过电话沟通或约来医疗美容机构面谈的方式予以答复或解释。根据投诉人的投诉内容，医疗机构负责对投诉反映的情况进行调查及核实。调查核实要实事求是，要仔细查阅有关的病历资料，客观评价涉及的医疗过程是否存在过错或瑕疵，给出其合理的解释。如若涉及多科室或比较复杂的医疗损害纠纷，可以交由医疗机构的医疗技术鉴定委员会组织相关专业的医学专家讨论和评判。医疗美容机构在规定的时限内给予投诉人以口头或书面的方式答复或解释。具体答复时限按照《医疗机构投诉管理办法》的规定执行。

需要特别注意的是发生医疗损害责任纠纷后，患方往往采取与医疗美容机构面对面的解决方式，也就是俗称的“私了”。对于非公立的医疗机构，往往愿意采取这种方式与患方协商解决。而公立的医疗机构由于涉及国有资产的顾虑，怕承担国有资产流失责任，往往不愿意与患方私了。

在患方投诉的基础上，医疗美容机构对患方投诉的解释及答复就是双方就医疗损害纠纷协商开始的基础。正是存在患方对医疗美容机构的质疑，于是其想获得医疗美容机构一个合理的回复。这种回复并不仅仅限于是否经济赔偿或补偿，也包含了知晓医疗美容机构是否存在过错的事实真相。其目的可能是欲与医疗美容机构“私了”，达成赔偿协议。因此，在患方投诉后，医疗美容机构应本着实事求是和公平公正、尊重科学的原则，积极和妥善地与患方沟通，平等协商，减轻彼此的不信任感，尽可能取得医患双方都能接受的结果。

达成一致后，如果需要赔偿或补偿，双方必须签署协议书。依据《医疗纠纷预防和处理条例》的规定，医患双方经协商达成一致的，应当签署书面和解协议书。对于当地政府有诉求额度规定的医疗损害纠纷则建议按照政府的规定，到有关机构接受调解解决。对于无法达成一致的，医疗美容机构则可以建议患方通过其他合法途径维权。

（二）行政调解

行政调解是指由行政机关主持，使双方自愿达成协议、解决纠纷的一种制度。自中华人民共和国成立初期到《医疗事故处理条例》颁布之前，卫生行政部门主持调解是解决医疗纠纷的一个主要途径。按照《医疗事故处理条例》的规定，医患双方均可独自或共同向医疗机构所在地的卫生行政部门申请调解。卫生行政部门接到调解申请后，主持进行调解。如果医患双方对是否构成医疗事故或是否存在医疗过错存在争议，则可以委托医学会或者司法鉴定机构进行医疗损害鉴定，在鉴定的基础上进行调解。

由于普遍存在医疗机构隶属于卫生行政部门、医学会的鉴定人员是由与医疗机构相识或熟悉的医务人员组成的"偏见"，患方往往对卫生行政部门的主持调解缺乏信任，其调解结果往往不尽人意。在实践中通过卫生行政部门主持调解的解决医疗纠纷的案件数量相对其他解决方式要少。

（三）医调委主持的调解

调解是指在第三方的主持下，以国家法律、法规、规章和政策以及社会公德为依据，对纠纷双方进行斡旋、劝说，促使他们互相谅解，进行协商，自愿达成协议，消除纠纷的活动。医调委调解是指医疗纠纷人民调解委员会，通过说服、疏导等方法，促使医患双方在平等协商基础上自愿达成调解协议，解决医疗损害纠纷的一种群众自治活动，是一项具有中国特色的化解矛盾、消除纷争的非诉讼纠纷解决方式。各行政区域内的医调委依据《中华人民共和国人民调解法》主持的调解是目前解决医疗损害纠纷一个比较重要的途径。

1. 调解的申请 在发生医疗损害纠纷后，如果医患双方自行协商中患方请求赔付金额超过当地政府规定的限额后（一般在 1 万元至 2 万元），医疗机构应当终止协商，并主动告知患方可向医疗损害纠纷发生地的医调委申请调解。医患双方当事人可以书面申请调解，也可以口头申请调解。口头申请调解的，人民调解员应当当场记录申请人基本情况、申请调解的争议事项和理由等内容，并由申请人签字确认。医调委收到医疗损害纠纷调解申请后，应当在三个工作日内予以审查。决定受理的，及时答复当事人；不予受理的，应当书面通知当事人并说明理由。

医调委受理调解申请后，应当告知医患双方当事人在调解过程中的权利和义务。特殊情况下，医调委获悉医疗机构内正在发生重大医疗损害纠纷的，可以指派人民调解员赶赴医疗机构，开展现场疏导工作，接受调解申请。

2. 医调委的组成 医疗损害纠纷人民调解员由医调委聘任的人员担任，系从医学、法学、心理学等专业人员中选聘，为专职兼职结合。医疗损害纠纷人民调解员的条件包括为人公道、品行良好，具有医疗、法律专业知识和调解工作经验，热心于人民调解工作。医调委一般配备 3 名以上专职人民调解员。医调委主任一般由专职人民调解员担任。

3. 调解过程 在调解过程中，医调委确定 1 至 3 名人民调解员作为调解人。医患双方当事人对调解员提出回避要求且理由充分的，该调解员应当回避；双方当事人可以聘请律师、委托代理人、推举代表参加调解，单方代表人数不超过 5 名，受委托人应当向医调委提交授权委托书；调解应当在专门设置的调解场所进行；人民调解员进行调解时，必须做好调解笔录。人民调解员应当分别向医患双方了解相关事实和情况；需要查阅病历资料或者向有关专家、人员咨询的，相关单位和人员应当给予配合。

对双方争议较大的医疗损害纠纷，医调委可以向其专家库中相关专家进行咨询，征求专家咨询意见和调解建议。必要时，可以由双方当事人共同委托进行医疗损害鉴定或者医疗事故技术鉴定，明确责任。医调委经医患双方当事人同意，也可以委托鉴定，医调委预先向医患双方当事人收取鉴定费，最终按照责任比例承担。医疗损害鉴定或者医疗事故技术鉴定按照国家法律法规规定执行。

笔记

人民调解员通过说服、疏导等方法，促使医患双方当事人在平等协商基础上达成调解协议。医患双方当事人达成调解协议后，制作、签署书面调解协议。经医调委调解达成调解协议后，一方或双方当事人认为有必要的，双方应自调解协议生效之日起 30 日内共同向人民法院申请司法确认。

医调委调解医疗损害纠纷具有快速、高效的特点，可以使医患双方在第三方的主导下面对面讨论纠纷，合情合理合法地解决纠纷。大量的调解案例证明，通过医调委的调解结案的医疗损害纠纷会实现讼息及事息的效果，有效地化解了社会矛盾，调解的模式越来越受欢迎，并将成为解决医疗损害纠纷的主要模式之一。

（四）司法诉讼

诉讼是指诉讼当事人以通过向具有管辖权的法院起诉另一方当事人的形式，在法院主持下按照法定程序审理案件以解决纠纷。医疗损害纠纷以民事纠纷为主，遵循“谁主张，谁举证”的原则，无论是患方或者医疗机构都必须提供法律认可的证据。由于在诉讼中常需要经过鉴定程序，一般审理周期比较长。

民事诉讼实行“谁主张，谁举证”的原则。也就是诉讼当事人对自己提出的诉讼请求所依据的事实或者反驳对方诉讼请求所依据的事实有责任提供证据加以证明。没有证据或者证据不足以证明当事人的事实主张的，由负有举证责任的当事人承担不利后果。《中华人民共和国民法典》第一千二百一十八条规定，患者在诊疗活动中受到损害，医疗机构或者其医务人员有过错的，由医疗机构承担赔偿责任。医疗机构的医疗行为存在过错，并且与损害结果之间存在因果关系，则要承担赔偿责任。人民法院常常把证明医疗机构的医疗行为存在过错及与损害结果之间存在因果关系的举证责任配置给原告。如果有证据可以证明医疗机构存在隐匿或者拒绝提供与纠纷有关的病历资料或遗失、伪造、篡改或者销毁病历资料，则人民法院可以推定医疗机构存在医疗过错。

第 3 节　医疗美容纠纷案件的赔偿范围

《中华人民共和国民法典》第一千一百六十五条规定，行为人因过错侵害他人民事权益造成损害的，应当承担侵权责任。依照法律规定推定行为人有过错，其不能证明自己没有过错的，应当承担侵权责任。因此，在医疗美容纠纷案件中，医疗机构应该根据过错及原因力大小给予患方经济赔偿。

一、法律规定的赔偿项目

《中华人民共和国民法典》第一千一百七十九条规定，侵害他人造成人身损害的，应当赔偿医疗费、护理费、交通费、营养费、住院伙食补助费等为治疗和康复支出的合理费用，以及因误工减少的收入。造成残疾的，还应当赔偿辅助器具费和残疾赔偿金；造成死亡的，还应当赔偿丧葬费和死亡赔偿金。该法第一千一百八十三条规定，侵害自然人人身权益造成严重精神损害的，被侵权人有权请求精神损害赔偿。

《最高人民法院关于审理人身损害赔偿案件适用法律若干问题的解释》第十七条规定，受害人遭受人身损害，因就医治疗支出的各项费用以及因误工减少的收入，包括医疗费、误工费、护理费、交通费、住宿费、住院伙食补助费、必要的营养费，赔偿义务人应当予以赔偿。受害人因伤致残的，其因增加生活上需要所支出的必要费用以及因丧失劳动能力导致的收入损失，包括残疾赔偿金、残疾辅助器具费、被扶养人生活费，以及因康复护理、继续治疗实际发生的必要的康复费、护理费、后续治疗费，赔偿义务人也应当予以赔偿。受害人死亡的，赔偿义务人除应当根据抢救治疗情况赔偿本条第一款规定的相关费用外，还应当赔偿丧葬费、被扶养人生活费、死亡补偿费以及受害人亲属办理丧葬事宜支出的交通费、住宿费和误工损失等其他合理费用。因此医

笔记

疗损害责任纠纷赔偿的项目包括：医疗费及后续医疗费、误工费、护理费、住院伙食补助费、交通费、住宿费、营养费、残疾赔偿金、残疾辅助器具费、丧葬费、死亡赔偿金、被扶养人生活费、精神损害抚慰金等。

二、赔偿标准及计算公式

1. 医疗费　以实际损失多少就赔偿多少为原则，既包括已经发生的医疗费，也包括今后发生的医疗费。医药费的赔偿，一般应以所在地治疗医院的诊断证明和医药费、治疗费、住院费的单据或病历、处方认定。由于新医改的实施，医疗机构逐渐取消挂号费和诊疗费，而以医事服务费取代。住院费包括住院期间的床位费、水电费等。后续医疗费尚须有医疗机构的证明或鉴定机构的鉴定结论。按照基本医疗费用标准给付。

医疗费赔偿金额=医事服务费（即挂号费+诊疗费）+药费+检查费+治疗费+住院费用+后续医疗费

2. 误工费　根据受害人的误工时间和收入状况确定。按照“实际减少”的收入为赔偿标准。受害人误工日期，应当按其实际损害程度、恢复状况并参照鉴定机构的鉴定意见或者治疗医院出具的证明等认定。

受害人有固定收入的，误工费的赔偿应当按照其收入的实际损失计算。

误工费=误工收入（元/天）×误工时间（天）

受害人无固定收入的，按照其最近三年的平均收入计算

误工费=误工时间（天）×最近三年的平均收入水平（元/天）

受害人不能举证证明其最近三年的平均收入状况的，可以参照相同或者相近行业上一年度职工的平均工资计算。

误工费=误工时间（天）×相同或相近行业上一年度职工的平均工资（元/天）

3. 住院伙食补助费　住院伙食补助费，按照国家机关一般工作人员出差伙食标准予以确定。

住院伙食补助费=住院天数×国家机关一般工作人员出差伙食补助标准（元/天）

4. 护理费　根据治疗医院的护理证明或鉴定机构的鉴定意见确定护理期限和护理人数。

护理人员有收入的，护理费的赔偿按照其收入乘以护理的天数计算。

护理费=护理人员收入（元/天）×护理时限（天）

护理人员无收入的，护理费的赔偿可以比照当地护理人员劳动报酬或居民平均生活费标准计算。

护理费=当地护理人员劳动报酬×护理时限（天）

护理费=当地居民平均生活费×护理时限（天）

鉴定机构的鉴定意见或者治疗医院出具的证明等认定需要护理依赖的，则护理期限最长不超过20年。

护理依赖的受害人护理费=当地居民平均生活费×护理人数×20年

5. 交通费　交通费的票据应与就医次数相符。票据少于就医次数的，一般可根据实际票据认定；票据多于就医次数的，应以实际就医次数认定。一般限于乘坐合理的交通工具。

6. 住宿费　住宿费的赔偿，可以按照当地国家机关一般工作人员的出差住宿标准计算，以住宿费的收据为凭，包括患者在外地等待检查结果的住宿费；转院时的患者及陪护人员的住宿费，不包括患者在院期间的床位费、亲友陪护的住宿费。

7. 营养费　鉴定机构的鉴定意见或者治疗医院出具的证明等认定需要加强营养者，其营养费的赔偿，可以比照住院伙食补助费的标准计算。最长不超过20年。

营养费=住院伙食补助费×20年

8. 残疾赔偿金

（1）受害人在60周岁以下

城镇居民残疾赔偿金=上一年度城镇居民家庭人均可支配收入（元/年）×20年×伤残赔偿系数

笔记

农村居民残疾赔偿金=上一年度农民人均纯收入（元/年）×20 年×伤残赔偿系数

（2）受害人在 60～74 周岁

城镇居民残疾赔偿金=上一年度城镇居民家庭人均可支配收入（元/年）×[20 年–（受害人实际年龄–60 岁）]×伤残赔偿系数

农村居民残疾赔偿金=上一年度农民人均纯收入（元/年）×[20 年–（受害人实际年龄–60 岁）]×伤残赔偿系数

（3）受害人在 75 周岁以上

城镇居民残疾赔偿金=上一年度城镇居民家庭人均可支配收入（元/年）×5 年×伤残赔偿系数

农村居民残疾赔偿金=上一年度农民人均纯收入（元/年）×5 年×伤残赔偿系数

伤残赔偿系数是指伤残等级，根据鉴定机构的鉴定结论确定。

9. 辅助器具费 因残疾需要配置补偿功能的器具的，应当根据治疗医院的证明或法医意见，结合使用者的年龄、我国人口平均寿命、器具使用年限等因素，按照普及型器具的费用计算赔偿数额。

10. 丧葬费 丧葬费，按照当地上一年度职工月平均工资标准 6 个月计算。

丧葬费=上一年度职工月平均工资（元/月）×6 个月

11. 死亡赔偿金

（1）受害人在 60 周岁以下

城镇居民死亡赔偿金=上一年度城镇居民家庭人均可支配收入（元/年）×20 年

农村居民死亡赔偿金=上一年度农民人均纯收入（元/年）×20 年

（2）受害人超过 60 周岁

60 周岁以上不满 75 周岁的年龄每增一岁减少一年；75 周岁以上的，按 5 年计算。

12. 被扶养人生活费

（1）被扶养人在 18 周岁以下

城镇居民被扶养人生活费赔偿金额={城镇居民家庭人均消费性支出（元/年）×（18–被扶养人实际年龄}÷对被扶养人承担扶养义务的人数×伤残赔偿系数（受害人死亡的，不乘以伤残赔偿系数）

农村居民被扶养人生活费赔偿金额={农民家庭人均生活消费支出额（元/年）×（18–被扶养人实际年龄）}÷对被扶养人承担扶养义务的人数×伤残赔偿系数（受害人死亡的，不乘以伤残赔偿系数）

（2）被扶养人在 18～60 周岁，无劳动能力又无其他生活来源的

城镇居民被扶养人生活费赔偿金额={城镇居民家庭人均消费性支出（元/年）×20 年}÷对被扶养人承担扶养义务的人数×伤残赔偿系数（受害人死亡的，不乘以伤残赔偿系数）

农村居民被扶养人生活费赔偿金额={农民家庭人均生活消费支出额（元/年）×20 年}÷对被扶养人承担扶养义务的人数×伤残赔偿系数（受害人死亡的，不乘以伤残赔偿系数）

（3）被扶养人在 60～74 周岁

城镇居民被扶养人生活费赔偿金额={城镇居民家庭人均消费性支出（元/年）×[20 年–（死亡人实际年龄–60 岁）]}÷对被扶养人承担扶养义务的人数×伤残赔偿系数（受害人死亡的，不乘以伤残赔偿系数）

农村居民被扶养人生活费赔偿金额={农民家庭人均生活消费支出额（元/年）×[20 年–（死亡人实际年龄–60 岁）]}÷对被扶养人承担扶养义务的人数×伤残赔偿系数（受害人死亡的，不乘以伤残赔偿系数）

（4）被扶养人在 75 周岁以上

城镇居民被扶养人生活费赔偿金额={城镇居民家庭人均消费性支出（元/年）×5 年}÷对被扶养人承担扶养义务的人数×伤残赔偿系数（受害人死亡的，不乘以伤残赔偿系数）

农村居民被扶养人生活费赔偿金额={农民家庭人均生活消费支出额（元/年）×5 年}÷对被扶养人承担扶养义务的人数×伤残赔偿系数（受害人死亡的，不乘以伤残赔偿系数）

13. 精神损害抚慰金 《最高人民法院关于审理人身损害赔偿案件适用法律若干问题的解释》中规定，受害人或者死者近亲属遭受精神损害，赔偿权利人向人民法院请求赔偿精神损害抚慰金的，适用《最高人民法院关于确定民事侵权精神损害赔偿责任若干问题的解释》予以确定。《中华人民共和国民法典》第一千一百八十三条规定，侵害自然人人身权益造成严重精神损害的，被侵权人有权请求精神损害赔偿。精神损害抚慰金的具体数额一般根据过错程度、侵害的手段、场合、行为方式等具体情节、侵权行为所造成的后果、侵权人的获利情况、侵权人承担责任的经济能力、受诉法院所在地平均生活水平等综合因素由法院根据实际情况酌情判决。

三、待定事项的认定

1. 残疾用具（残疾辅助器具）的更换 中国残疾人联合会《关于印发<残疾人辅助器具基本配置目录>的通知》（残联〔2010〕50 号）中明确指出，辅助器具服务是残疾人补偿和改善功能、提高生存质量、增强社会参与能力的最直接最有效的手段之一，在残疾人康复、教育、就业和日常生活等方面具有不可替代的作用。

残疾赔偿金赔偿的是伤残者受害人因劳动能力全部或部分丧失，导致其实际收入减少或生活上的需要的增加的部分，是民事责任中赔偿损失的责任。而残疾辅助器具费才是对生活质量降低部分的赔偿，是民事责任中恢复原状的责任。《最高人民法院关于审理人身损害赔偿案件适用法律若干问题的解释》规定了残疾辅助器具费按照普通适用器具的合理费用标准计算。伤情有特殊需要的，可以参照辅助器具配置机构的意见确定相应的合理费用标准。超过确定的护理期限、辅助器具费给付年限或者残疾赔偿金给付年限，赔偿权利人向人民法院起诉请求继续给付护理费、辅助器具费或者残疾赔偿金的，人民法院应予受理。赔偿权利人确需继续护理、配置辅助器具，或者没有劳动能力和生活来源的，人民法院应当判令赔偿义务人继续给付相关费用五年至十年。据此，相关法律及司法解释已经就残疾用具的更换依据、标准及年限进行了明确规定。同时对超过确定的辅助器具费给付年限继续向人民法院诉求辅助器具费的，人民法院依法审理后酌情支持其主张。

2. 医疗费 医疗费主要用于个人，是指个人身体遭受损害后所接受的医学上的检查、治疗和康复必需的费用。一般来说，医药费所占比例最大，数额也最高。根据司法解释相关规定，医疗费须根据医疗机构出具的医疗费、住院费等收款凭证，结合病历和诊断证明等相关证据确定。确定医疗费用的一般原则是依据医院提供的合法的收款凭证，凭证显示的金额就是医疗费的数额。需注意，这里的收费凭证是符合国家相关财务管理规范的合法凭据，如果不是正当途径得到的收费凭证，法院往往以证据不能证明医疗费用为由驳回赔偿医疗费的请求。在诉讼中，如果双方对医疗费用的合理性和必要性产生争议，则由赔偿义务人对治疗所需医疗费用的必要性和合理性承担相应的举证责任。换言之，赔偿义务人对医疗费用有异议的，要举证证明该费用的不合理性和不必要性。

3. 交通费 患者在遭受医疗损害后，如果是去外地医院治疗，那么还涉及交通费的赔偿问题，这需要车票等书面证据证明。收集交通费的证据需要注意两点：一是需要取得有效票据，如运输部门的发票或正规收据。实践中有当事人为省钱乘坐不合法的交通工具，无法取得有效票据，仅仅有收条之类，很有可能被法院驳回诉讼请求。这就提醒当事人在治疗过程中的交通费票据要妥善保管，避免因票据丢失而得不到赔偿。二是交通费开支要遵循合理原则，即每一笔开支的具体用途都要说明其合理性。包括什么时候发生的，谁使用的，为什么使用等。有些当事人一次性向法院提交大堆票据，但无法说明其具体用途，往往也会被法院驳回。当事人应当养成良好的保存票据习惯，对每份交通费票据，都要注明时间和用途，举证时使法官能一目了然，有利于保护自身合法权益。

笔记

小结

在医疗美容纠纷发生后，医疗美容机构应当告知患者或者近亲属关于解决纠纷的合法途径。首先医患双方可以进行协商，医疗美容机构可以先根据院内核实调查结果形成初步意见，患者也可以就自己异议部分提出看法，双方进行协商。不能就争议事项和赔偿内容达成一致的，也可以在第三方中立机构的主持下，在专家咨询意见的基础上进行调解。此外，患者还可以向人民法院起诉。这些都是患方维护自身权益的合法途径。医疗美容纠纷的合法合理解决，是构建和谐医患关系的重要因素。

章前案例解析

1. 发生医疗纠纷后，患方能够提供的证据：到医疗机构缴纳医疗费用的收据以证明双方医疗美容合同法律关系存在；术前的生活照片和术后的照片以证明手术后发生重睑不对称的损害结果；关于是否存在医疗过错及有无因果关系，在本案中系由医疗纠纷人民调解委员会组织的专家咨询加以确认，患方尚无其他证据直接支持院方存在医疗过错且导致其损害的主张。

2. 医疗美容纠纷的合理解决方式有三种：和解、调解和诉讼。本案中，由于患方诉求超过本地政府规定的医患双方协商解决的限额，因此医患双方在本市医疗纠纷人民调解委员会的主持下进行调解。行政调解和人民调解只能二者选一，如果已经诉讼，则不能和解和调解（行政调解、人民调解）。

3. 医疗美容纠纷的法定赔偿项目包括医疗费及后续医疗费、误工费、护理费、住院伙食补助费、交通费、住宿费、营养费、残疾赔偿金、残疾辅助器具费、丧葬费、死亡赔偿金、被扶养人生活费和精神损害抚慰金等。在本案中，该患者并未住院，也未构成残疾，因此赔偿项目仅包含医疗费及后续医疗费、误工费、交通费、住宿费和精神损害抚慰金；如果住院进行泪小管吻合修补术，则增加护理费、住院伙食补助费。

思考题

1. 医疗美容纠纷诉讼中，证据有哪些种类？
2. 医疗美容纠纷中，医方的法定免责事由有哪些？
3. 目前我国医疗美容纠纷诉讼的举证责任如何配置？
4. 我国医疗美容损害的鉴定有哪些方式？
5. 医疗美容损害的法定赔偿项目有哪些？

（郑志伟）

笔记

第三篇

医疗美容商事制度及风险防控

第9章 医疗美容企业运营法律风险管理

本章概要

医疗美容企业和综合性医疗机构的医疗美容科在运营中会存在相应的法律风险。本章对医疗美容企业和综合性医疗机构的医疗美容科运营过程中的法律风险进行概述并就运营流程、运营管理及营销宣传等版块中的重点法律风险管理进行阐述。

案例9

求美者张某称小美运营的“大美美医疗美容诊所”在未取得其同意的情况下使用了其术前术后对比照片来展示服务效果，侵犯了其肖像权，要求该医疗美容诊所立即停止使用、赔礼道歉并赔偿损失。同时，张某还称其接受的A型肉毒毒素注射除皱项目的效果仅维持了两个月时间，与医疗美容诊所承诺的维持至少六个月效果严重不符，因而要求退还全部费用。张某同时要求医疗美容诊所向其提供医疗机构资质、病历、处方、医生执业证书的复制件进行核查。为达目的，张某扬言将采用网络曝光、大吵大闹、投诉举报、诉讼等方式处理此事。

问题： 1. 未取得肖像权人同意使用其术前术后对比照片的法律后果是什么？

2. 医疗机构承诺了服务效果但未实现的法律后果是什么？

3. 张某要求核查的资质文件如何合理应对？

4. 张某拟采取的各类纠纷处理方式企业应如何应对？

第1节 医疗美容企业运营法律风险管理概述

一、医疗美容企业运营法律风险概述

《医疗美容服务管理办法》第二条规定，医疗美容是指运用手术、药物、医疗器械以及其他具有创伤性或者侵入性的医学技术方法对人的容貌和人体各部位形态进行的修复与再塑。医疗美容服务具有“医疗与服务”的双重属性。

（一）医疗属性

医疗美容机构必须取得合法有效的医疗机构执业许可证方可执业，其执业行为需要严格按照《医疗机构管理条例》等医疗相关法律法规的要求开展。《最高人民法院关于审理医疗损害责任纠纷案件适用法律若干问题的解释》（法释〔2017〕20号）第一条也明确规定患者以在美容医疗机构或者开设医疗美容科室的医疗机构实施的医疗美容活动中受到人身或者财产损害为由提起的侵权纠纷案件，适用本解释。因此，医疗美容企业的执业活动需要严格遵守医疗规范和流程。

（二）服务属性

不同于疾病治疗型诊疗活动，医疗美容服务是患者对自己容貌和形态提出更高要求时所消费的非生活必需的服务。患者作为消费者，对于医疗美容服务的质量和效果具有更高的要求。

基于医疗美容服务的双重属性，医疗美容企业在对外服务方面的运营风险管理亦分为两个方面：一是规范诊疗活动，保证医疗美容服务的医疗安全，称为“医疗安全法律风险”；二是规范服务流程和方式，不得侵犯消费者权益，称为“服务安全法律风险”。两种风险的来源不同、法律依据不同、适用标准不同、法律后果不同，但两者是相辅相成、相互促进的。只有医疗美容服务符合诊疗规范，才能保证服务安全和服务效果；只有服务流程符合合同约定，才能体现和发挥医疗安全的价值。

除了对外服务方面，医疗美容企业在对内管理方面的法律风险亦不容忽视，包括但不限于人力资源法律风险管理、合同法律风险管理、财税法律风险管理、商业模式与对外合作法律风险管理、股权与投融资法律风险管理、法定代表人及主要负责人法律风险管理等。本章将重点阐述医疗美容企业在对外服务方面的运营法律风险管理。

二、医疗美容企业医疗安全法律风险概述

改革开放以来，我国医疗卫生事业的发展取得了巨大成就，医疗技术水平不断提升，国民健康素质显著提高，但也出现了一些较为突出的矛盾和问题。尤其是医疗服务中损害消费者利益的情况时有发生，部分医务人员法治观念薄弱，导致不必要的医疗纠纷发生，使医疗机构、患者都遭受不同程度的损失。

医疗美容行业作为新兴医疗行业，项目和服务内容不断推陈出新，其发展速度已经远远超过立法进程，加之消费者维权意识普遍增强，法律知识日渐普及，这也对医疗美容企业医生的医术和服务提出更高的要求。如何平衡市场日新月异的变化与经营行为合法合规，是医疗美容企业始终面临的挑战。

在考查医疗机构是否存在医疗安全法律风险时，可以从以下八个重点方面入手，称为“医疗安全八步核查法”。

（一）医疗机构执业资质与执业范围合法

1. 医疗机构需依法取得医疗机构执业许可证方可执业 医疗美容机构必须经卫生行政部门登记注册并获得医疗机构执业许可证后方可开展执业活动。未取得医疗机构执业许可证，不得开展诊疗活动，违反规定擅自执业的，由县级以上人民政府卫生行政部门责令其停止执业活动，没收非法所得和药品、器械，并可以根据情节处以1万元以下的罚款。

2. 医疗机构的医疗机构执业许可证需按照要求按时校验，逾期未校验的不得从事诊疗活动 床位不满100张的医疗机构，其医疗机构执业许可证每年校验一次；床位在100张以上的医疗机构，其医疗机构执业许可证每三年校验一次。逾期不校验医疗机构执业许可证仍从事诊疗活动的医疗机构，由县级以上人民政府卫生行政部门责令其补办校验手续；拒不校验的，吊销其医疗机构执业许可证。

3. 医疗机构的诊疗项目需符合其医疗机构执业许可证核准的诊疗科目，医疗机构不得擅自扩大诊疗范围 医疗美容机构和医疗美容科室应根据自身条件和能力在卫生行政部门核定的诊疗科目范围内开展医疗服务，未经批准不得擅自扩大诊疗范围。医疗美容机构及开设医疗美容科的医疗机构不得开展未向登记机关备案的医疗美容项目。诊疗活动超出登记范围的，由县级以上人民政府卫生行政部门予以警告、责令其改正，并可以根据情节处以3000元以下的罚款；情节严重的，吊销其医疗机构执业许可证。

4. 医疗机构需按照其级别开展不同风险等级的诊疗服务，符合《卫生部办公厅关于印发<医疗美容项目分级管理目录>的通知》（卫办医政发〔2009〕220号）的规定，不得开展超出其能力的高风险诊疗项目 《医疗美容项目分级管理目录》规定，医疗美容项目根据诊疗科目不同，分为美容外科、美容牙科、美容皮肤科和美容中医科，其中美容外科项目根据手术难度和复杂程度以及可能出现的医疗意外和风险大小分为四级。可开展一级项目的机构包括：①设有医疗美容科或整形外科的一级综合医院和门诊部；②设有医疗美容科的诊所。可开展一级、二级项目的机构包括：①设有医疗美容科或整形外科的二级综合医院；②设有麻醉科及医疗美容科或整形外科的门诊部。可开展一级、二级、三级项目的机构包括：美容医院。可开展一级、二级、三级、四级项目的机构包括：①三级整形外科医院；②设有医疗美容科或整形外科的三级综合医院。

（二）医疗机构的医务人员合法

1. 医疗机构聘用的医师和护士应当具备合法有效的执业资质 医师经注册后，可以在医疗、预防、保健机构中按照注册的执业地点、执业类别、执业范围执业，从事相应的医疗、预防、保健业务。未取得或者以非法手段取得医师执业资格从事医疗活动的或被依法吊销医师执业证书期间从事医疗活动的，根据《中华人民共和国刑法》第三百三十六条规定，未取得医师执业资格的人非法行医，情节严重的，处三年以下有期徒刑、拘役或者管制，并处或者单处罚金；严重损害就诊人身体健康的，处三年以上十年以下有期徒刑，并处罚金；造成就诊人死亡的，处十年以上有期徒刑，并处罚金。

护士经执业注册取得护士执业证书后，方可按照注册的执业地点从事护理工作。

医疗机构聘请非卫生技术人员从事医疗卫生技术工作的，由县级以上人民政府卫生行政部门责令其限期改正，并可以处5000元以下的罚款；情节严重的，吊销其医疗机构执业许可证。

2. 医疗美容机构实行主诊医师负责制 医疗美容机构实行主诊医师负责制，依法取得医疗美容主诊医师资格的医师方可独立开展医疗美容诊疗服务，未取得主诊医师资格的执业医师，可在主诊医师的指导下从事医疗美容临床技术服务工作。

3. 医疗机构的医师应办理合法有效的执业注册、备案或外出会诊手续 医师可在多个机构进行执业，应当确定一个机构作为其主要执业机构，并向批准该机构执业的卫生行政部门申请注册；对于拟执业的其他机构，应向批准该机构执业的卫生行政部门分别申请多点执业备案，注明所在执业机构的名称。医师外出会诊按照《医师外出会诊管理暂行规定》（卫生部令第42号）等有关规定执行。

4. 外国医师、港澳医师及台湾地区医师的注册手续 外国医师来华短期行医，是指在国外取得合法行医权的外籍医师，应邀、应聘或者申请来华从事不超过一年期限的临床诊断、治疗业务活动。外国医师来华短期行医必须经过注册，取得外国医师短期行医许可证，相关流程按照《外国医师来华短期行医暂行管理办法》（卫生部令第24号）等有关规定执行。

香港、澳门特别行政区医师在内地短期行医，是指具有香港特别行政区或者澳门特别行政区合法行医资格的医师，应聘在内地医疗机构从事不超过三年的临床诊疗活动。港澳医师在内地短期行医必须经过执业注册，取得港澳医师短期行医执业证书，相关流程按照《香港、澳门特别行政区医师在内地短期行医管理规定》（卫生部令第62号）等有关规定执行。

台湾地区医师在大陆短期行医，是指具有台湾地区合法行医资格的医师，应聘在大陆医疗机构从事不超过三年的临床诊疗活动。台湾医师在大陆短期行医必须经过执业注册，取得台湾医师短期行医执业证书，相关流程按照《台湾地区医师在大陆短期行医管理规定》（卫生部令第63号）等有关规定执行。

（三）医疗机构的药品合法

医疗机构必须按照有关药品管理的法律、法规，加强药品管理。

笔记

1. 医疗机构应当从合法途径购进合法药品 医疗机构购进药品时，应当要求供货商提供药品生产企业的药品生产许可证，药品经营企业的药品经营许可证，药品需取得合法有效的药品批准文号，进口药品需取得进口药品注册证书。若医疗机构未按照上述要求购进药品，可能构成销售假药罪，依据《中华人民共和国刑法修正案（八）》中规定，生产、销售假药，处三年以下有期徒刑或者拘役，并处罚金；对人体健康造成严重危害或者有其他严重情节的，处三年以上十年以下有期徒刑，并处罚金；致人死亡或者有其他特别严重情节的，处十年以上有期徒刑、无期徒刑或者死刑，并处罚金或者没收财产。

2. 毒性药品、麻醉药品和精神药品的特殊管理 国家食品药品监督管理局、卫生部发布《关于将A型肉毒毒素列入毒性药品管理的通知》（国食药监办〔2008〕405号）中规定，医疗美容机构常用的A型肉毒毒素药品需按照毒性药品进行管理，其使用需要凭医师签名的正式处方，处方一次有效，取药后处方保存两年备查。

医疗机构需要使用麻醉药品和第一类精神药品的，应当经所在地设区的市级人民政府卫生主管部门批准，取得麻醉药品、第一类精神药品购用印鉴卡。麻醉药品和第一类精神药品的使用需要具有处方资格医师签名的正式处方，麻醉药品处方至少保存三年，精神药品处方至少保存两年。

以上特殊药品危险性较高，其保管需安装专用防盗门，实行双人双锁管理，使用需严格登记造册。

（四）医疗机构的医疗器械合法

1. 医疗机构应当从合法途径购进合法医疗器械 医疗器械根据其风险程度实行分类管理，根据风险程度由低到高分为第一类、第二类和第三类。第一类医疗器械实行产品备案管理，第二类、第三类医疗器械实行产品注册管理。医疗机构购进医疗器械时，应审查医疗器械的“三证”：①第一类医疗器械生产企业的备案材料，第二类、第三类医疗器械生产企业的生产许可证；②第一类、第二类医疗器械经营企业的备案材料，第三类医疗器械经营企业的经营许可证；③第一类医疗器械的备案凭证，第二类、第三类医疗器械的注册证。

2. 医疗美容企业常用医疗器械风险管理 医疗美容服务过程中，常用的医疗器械为玻尿酸和植入性假体，此2种医疗器械具有注射或植入人体的特征，其合法性和合格性非常重要，不合格的玻尿酸或者假体容易引发感染或其他不良反应，进而导致医疗纠纷的发生。因此，医疗美容企业在向患者提供医疗美容服务过程中若涉及玻尿酸或假体等医疗器械时，应严格审查其资质、合格证及有效期，不得使用非法、不合格、过期或失效的医疗器械。此外，医疗机构应做好该类医疗器械的可追溯性工作，对不同批号的医疗器械使用进行登记造册。

（五）医疗机构的服务项目合法

评价医疗机构的服务项目是否合法，取决于多种因素，需要根据实际情况进行判定。常见情形：操作方式有误，如某医疗机构使用合法的医疗器械将合法的化妆品刺破真皮层注入人体皮肤，但该项目因操作方式违反了化妆品只能用于皮肤表层涂抹的使用范围而存在违法风险；使用国家限制应用的医疗技术，如某医疗机构开展干细胞治疗项目，该项目因国家限制干细胞治疗技术的临床应用而存在违法风险。

（六）医疗机构的病历文书合法

病历是指医务人员在医疗活动过程中形成的文字、符号、图表、影像、切片等资料的总和，包括门（急）诊病历和住院病历。病历归档以后形成病案。病历是发生医疗纠纷时用以鉴定诊疗活动是否存在过错或过失的重要证据，患者术前术后对比照片作为病历的一部分，亦是直观体现医疗美容服务效果的重要途径。

（七）医疗机构的诊疗过程合法

评价医疗机构诊疗过程是否合法亦取决于多种因素，需要根据实际情况进行判定。主要考查对就医者实施治疗前、治疗中及治疗后是否尽到充分的告知与提示义务、是否符合诊疗规范和医学技术操作、是否存在重大过错或过失、是否出现医疗事故或发生损害后果等。

（八）医疗机构的质量管理合法

医疗质量是医疗管理的核心，医疗机构是医疗质量管理的第一责任主体，应当全面加强医疗质量管理，持续改进医疗质量，保障医疗安全。

1. 加强医务人员职业道德教育　医务人员应当发扬救死扶伤的人道主义精神，坚持“以患者为中心”，尊重患者权利，履行防病治病、救死扶伤、保护人民健康的神圣职责。医务人员应当恪守职业道德，认真遵守医疗质量管理相关法律法规、规范、标准和本机构医疗质量管理制度的规定，规范临床诊疗行为，保障医疗质量和医疗安全。

2. 加强医院感染管理　医疗机构应当加强医院感染管理，严格执行消毒隔离、手卫生、抗菌药物合理使用和医院感染监测等规定，建立医院感染的风险监测、预警以及多部门协同干预机制，开展医院感染防控知识的培训和教育，严格执行医院感染暴发报告制度。

三、医疗美容企业服务安全法律风险概述

医疗美容企业与患者之间的关系从法律角度来说，属于平等民事主体之间的医疗服务合同关系，双方可根据实际情况决定是否签署书面的《医疗服务合同》来约定双方的权利义务。实践中，是否签署书面的《医疗美容服务合同》各机构不尽相同。在考察医疗美容企业是否按照约定履行服务义务时，如有书面的《医疗美容服务合同》，则通常以书面合同约定的条款为主，辅之以沟通记录等其他文件；如未签署书面的《医疗美容服务合同》，则需综合考察医疗机构之营销宣传、咨询接待、沟通对话等内容确认服务内容和标准。

在考察医疗机构是否存在服务安全法律风险时，可以从以下四个方面入手，称为“服务安全四步核查法”。

（一）医疗美容服务合同的订立和效力合法

1. 医疗美容服务合同的主体应当具有完全的民事权利能力和民事行为能力　随着医疗美容服务不断年轻化的发展趋势，越来越多的未成年人也具有医疗美容服务需求，部分未成年人因自身心理原因故意隐瞒父母，独自到医疗美容机构咨询医疗美容服务。但未成年人属于无民事行为能力或限制民事行为能力人，未经监护人同意，医疗美容机构不得为无行为能力人或者限制行为能力人实施医疗美容项目。因此，医疗美容企业在接待年轻顾客时，应要求其出示身份证原件核对其真实年龄，若其属于未成年人，应要求其监护人陪同并同意其实施医疗美容项目。

2. 医疗美容服务合同无效或可撤销的情形　医疗美容机构以欺诈、胁迫的手段订立的医疗美容服务合同，因违背患者的真实意思表示而可撤销。因重大误解订立的医疗美容服务合同以及在订立合同时显失公平的医疗美容服务合同亦属于可撤销情形。

医疗美容企业在营销宣传过程中，若存在故意夸大、不实或虚假宣传的，可能会构成欺诈行为。例如，某医疗美容机构在对外宣传过程中声称其自体脂肪填充技术系独家专利技术，患者看到宣传内容后被其专利技术所吸引并产生消费，事后查明该医疗美容机构并未取得任何自体脂肪填充技术方面的专利，其宣传内容存在虚假。患者可据此主张医疗美容服务合同可撤销并要求医疗机构依据《中华人民共和国消费者权益保护法》的规定进行赔偿。

（二）医疗美容服务合同的履行合法

医疗美容服务合同中的服务内容包括医疗美容治疗方案，实施医疗美容项目的医师，医疗美容服务使用的药品、医疗器械、耗材的品牌和产地，医疗美容项目实施的医疗技术和手法等。例如，

重睑术，即通常所称的双眼皮手术，医疗美容机构可根据患者自身条件和需求与患者协商一致选择手术切开方式制造重睑或选择埋线方式制造重睑；再例如，同样是A型肉毒毒素注射项目，患者可选择国产药品，亦可选择进口药品，不同药品的价格和效果均有差别。同样，医疗美容机构与患者协商一致由A医师为其实施医疗美容项目，如果医疗美容机构擅自变更为由B医师为其实施医疗美容项目，则医疗美容机构存在违约风险。

（三）医疗美容服务合同的变更合法

医疗美容服务的治疗方案一经确认，原则上医师应当按照治疗方案实施医疗美容项目，若医师在实施过程中发现患者存在个体差异或其他不适合实施该治疗方案的情形时，应及时、充分地与患者或者患者监护人进行沟通，协商变更治疗方案。医疗美容机构及医师不得超出治疗方案为患者实施诊疗活动，不得擅自单方变更治疗方案。

（四）医疗美容服务合同的终止合法

医疗美容服务项目大多数属于低风险类项目，一般不需要住院，部分实施全身麻醉的患者可能需要短时间留观，但大多数患者均具有“随做随走”的快捷性特点。原则上，医疗美容服务合同自实施完成即告终止，部分需要后续拆线的项目自最后一次拆线完成即告终止。

医疗美容服务合同的终止，不代表医疗服务合同权利义务的终结。事实上，恢复期内发生医疗纠纷的概率相对较高，一是因为恢复期内患者通常会感受到一定程度的疼痛或不适，二是因为恢复期内由肿胀导致项目实施部位的效果不理想或不明显，三是恢复期内患者本人的护理不当容易导致感染或其他不良反应。因此，一般医疗美容机构在患者恢复期内仍会对其进行售后服务和回访，以便随时了解患者的术后恢复情况及服务效果。医疗美容企业应重视医疗服务合同终止后的后合同义务，将售后服务作为医疗美容服务的重要部分给予充分重视，以便更好地服务和安抚顾客，降低后续纠纷发生的可能性。

第2节　医疗美容企业运营流程法律风险管理

一、医疗美容企业运营流程概述

广义的医疗美容企业运营流程可覆盖企业运营的方方面面，大到企业重大决策流程，小到某一事项的办事流程，本书所描述的医疗美容企业运营流程法律风险管理，是指狭义的患者服务流程法律风险管理。不同医疗美容企业的患者服务流程在细节方面可谓千差万别，但总体可分为服务前、服务中和服务后三大方面。

二、服务前法律风险管理

（一）顾客来源

医疗美容企业的顾客来源广泛，主要分为两大类：一是通过医疗美容机构投放的广告而获悉医疗机构信息并产生兴趣，进而直接上门的顾客；二是通过医疗美容机构代理商或合作商的宣传和介绍而获悉医疗机构信息并产生兴趣，进而由代理商或合作商带领上门的顾客。医疗美容机构既可选择单一方式获得顾客，也可选择多种方式组合使用获得顾客，这取决于医疗美容机构的市场定位和经营策略。

医疗美容企业获取直接上门的顾客的途径通常为投放户外广告或者将其服务信息投放至电商平台或自媒体平台进行售卖，该种获取顾客的方式需要重点关注营销宣传方面的法律风险；医疗美容企业获取代理商或合作商带领上门的顾客的途径通常为建立商业合作并共同开发顾客，该种获取

笔记

顾客的方式需要重点关注医疗美容机构与代理商或合作商的商业合同合法合规性与财务税务合法合规性问题。

（二）咨询接待与医师面诊

1. 咨询接待 无论患者通过何种途径获悉医疗美容机构信息，顾客上门后即进入咨询接待环节。医疗美容企业因其行业特殊性，逐渐诞生了一类专门从事医疗美容项目咨询与美学设计的咨询服务人员，这类人员的主要职责为接待患者，提供初期的咨询，了解患者的需求，确定患者的求美意向和消费预期，进而向患者介绍医疗美容机构的品牌及患者可能感兴趣的医疗美容服务项目，并与患者就美学改善方案达成一致后形成设计方案。需要强调的是，这类人员并非专业医疗技术人员，其咨询和设计内容仅限于美学方面，不得代替医师的问诊，不得向患者提供治疗方案。

2. 医师面诊 经过初步咨询，患者此时将带着其初步形成的美学设计方案找拟为其提供医疗美容服务的医师进行面诊，医师将根据患者的自身条件和患者根据美学设计方案想要达到的服务效果，为患者制订有针对性的治疗方案。在此期间，若医师经过问诊或面诊后判断客观上无法完成患者的美学设计方案，应及时向患者说明原因并要求患者考虑重新拟定美学设计方案，直至治疗方案与美学设计方案能够相匹配。

综上所述，咨询接待和医师面诊环节是医疗美容机构直接接触顾客的第一步，从医疗角度来说，实质为问诊、诊断病症及确定治疗方案的过程；从服务角度来说，实质为医疗服务合同内容的磋商并达成合意的过程。因此，医疗美容企业应将其作为重点进行规范。首先，医疗美容企业应当规范美学设计师的咨询服务行为，不得过度或夸大宣传，不得擅自向患者承诺绝对化的服务效果，不得向患者提供诱导性或欺骗性的信息；其次，医疗美容企业应当规范医师面诊服务行为，不得未经患者同意擅自变更美学设计方案，不得承诺绝对化的服务效果。

（三）签约与收费

1. 建议医疗美容机构与患者签署书面的《医疗美容服务合同》 鉴于医疗美容服务前期咨询和面诊过程中可能就医疗美容服务的内容进行过多次协商与变更，医疗美容机构与患者之间最终协商一致达成的服务内容建议以书面合同的形式予以确认，医疗美容服务合同的内容应至少包含服务合同双方主体信息，服务项目清单，服务项目单价及合同总价，服务费用支付方式，实施服务活动的医师，实施服务合同的重要药品、医疗器械及耗材的品牌与产地等。

2. 医疗美容服务项目收费标准及对外公示 医疗美容服务收费属于市场自主定价范畴，医疗美容机构可根据自身情况对其服务项目进行自主定价，但其收费标准应当按照要求悬挂并公示在医疗美容机构经营场所内明显处。医疗美容机构应将收费项目及明细向患者进行解释和说明，不得故意隐瞒或强制增加收费项目。

实践中，不同的医疗美容机构对于同一类别的医疗美容项目收费标准可能存在很大不同，部分收费标准较高的医疗美容机构经常遇到患者在接受医疗美容服务后，主张服务项目定价过高并投诉到消费者协会或物价局的情形。此时，需要考查医疗美容机构的收费标准是否真实、统一、对外公示，且已取得患者同意，若患者在充分了解市场与价格的前提下自愿选择接受该服务价格，且不存在欺诈、胁迫、重大误解或显失公平的情形，则患者主观认为定价过高的主张不会得到支持。

医疗美容机构应按照不高于公示的收费标准向患者收取服务费用，患者要求出具收费凭证的，医疗美容机构应配合出具，不得无故拒绝。

三、服务中法律风险管理

（一）身体检查

医疗美容服务开始前，医疗美容机构应当对患者的身体进行必要的询问和检查，对于检查过程中发现可能会影响医疗美容项目实施情况的，应当如实记录和评估风险。除了遵循医疗规范进行必要的检查外，为了提高顾客满意度及降低后续纠纷发生概率，医疗美容机构还应关注细节检查：

第一，若患者拟实施眼部或眼周部位的项目，建议重点对患者术前的视力和眼部炎症情况进行检查，在病历上记录术前患者裸眼视力和炎症情况。

第二，若患者正处于月经期或存在疑似怀孕的情况，建议要求患者在月经期后或进行早孕检查后再实施医疗美容项目。

第三，若患者在同一部位曾经接受过医疗美容手术，患者对服务不满意要求寻求修复的，医师应当更加谨慎地查看患者拟实施项目部位并将术前已存在症状记录在病历中。

第四，若患者检查结果出现疑似传染病阳性的，应当立即建议患者到综合性医疗机构进行进一步检查。

（二）风险告知与知情同意

实施医疗美容项目前，医师应就患者的病症进行说明，实施治疗前必须向患者书面告知治疗的适应证、禁忌证、医疗风险和注意事项、替代性治疗方案，并取得患者签字同意，患者为未成年人的，还需要其监护人签字同意。

医疗机构及其医务人员未按规定告知患者病情、医疗措施、医疗风险、替代医疗方案等的，由县级以上人民政府卫生主管部门责令改正，给予警告，处以 1 万元以上 5 万元以下罚款；情节严重的，对直接负责的主管人员和其他直接责任人员给予或者责令给予降低岗位等级或者撤职的处分，对有关医务人员可以责令暂停 1 个月以上 6 个月以下执业活动；构成犯罪的，依法追究刑事责任。

因此，医疗美容机构在实施诊疗活动前，必须要求患者及未成年患者的监护人签署《治疗知情同意书》，知情同意书应至少包含患者姓名、性别、身份证号或病历号、术前诊断、治疗方案、治疗时间、治疗禁忌证、治疗风险、替代治疗方案、医师签名、患者及未成年患者的监护人签名。

（三）诊疗过程符合诊疗规范

医疗美容机构的医师在实施医疗美容项目时，应当严格遵守诊疗规范和临床路径的要求。使用器械进行操作的，应保证其操作符合医疗器械操作规范。诊疗过程需要实施麻醉的，应严格按照麻醉相关的法律法规执行。

四、服务后法律风险管理

（一）告知项目实施后注意事项

医疗美容机构提供的大多数项目均具有“随做随走”的快捷性特点，只有少量患者会进行短暂的留观。医疗美容机构应当将实施医疗美容项目后的注意事项向患者进行充分告知，包括但不限于拆线时间、换药时间和换药方式、可能出现的不良反应及应对措施、生活习惯调整和禁忌事项等。为了证明医疗美容机构确实尽到了注意事项告知义务，建议医疗美容企业向患者出具书面的《注意事项告知书》并由患者和未成年患者的监护人签字。

（二）帮助患者安稳度过恢复期

患者接受医疗美容项目服务后，需要一定时间的恢复期，才能够将医疗美容项目的效果充分展现出来。注射类或激光类等微创皮肤类项目的恢复期相对较短，手术类项目的恢复期相对较长，修复类项目因患者的肌肉组织已经遭受过不同程度的破坏一般需要更长的恢复期。恢复期内，患者可能会出现红肿、出血、肿胀、瘢痕、形态不对称或异常等情况，此类情况一般在恢复期会慢慢改善直至消失。个别患者因无法接受恢复期内出现的症状，盲目要求二次调整或认定手术失败，从而导致医疗纠纷。因此，医疗美容企业应当指派专业客服人员定期对患者进行回访、记录和解答患者恢

笔记

复期内的疑问，若发现恢复期内异常情况的，应及时报告医疗美容机构管理者并邀请患者来院复诊或采取其他措施。

（三）修复或调整

个别患者实施一次项目后无法达到满意的效果或产生损害后果，医疗美容企业通常建议患者进行修复或调整，修复或调整产生的费用由双方根据实际情况协商确认。需要注意的是，修复或调整项目属于一次新的诊疗活动，应当严格遵循前述流程进行，不得省略步骤或者仅将其视为初次医疗美容项目的延续而不予重视，否则将为后续发生纠纷埋下隐患。

第3节 医疗美容企业运营管理法律风险管理

一、医疗美容企业运营管理法律风险概述

医疗美容企业的运营管理者，受限于精力和时间，无法事必躬亲、事无巨细进行管理。因此，运营管理法律风险管理主要包括以下两个方面：一是病历文书法律风险管理，二是医疗纠纷法律风险管理。

病历文书是记录诊疗活动的直接文件，它能够直观地反映医疗美容机构的服务过程是否合法合规及是否存在过错或过失，尤其对于未签署书面的《医疗美容服务合同》的机构来说，病历文书记载的内容同时能够体现服务合同的部分内容。此外，发生医疗纠纷时，病历文书亦是鉴定医疗机构是否存在过错或过失及判定责任的重要依据。因此，评价一家医疗美容企业的服务流程和服务质量的便捷、直观方式即为查看其病历文书，管理者亦应以病历文书为线索串联各环节法律风险管理。

医疗纠纷是医疗美容企业运营法律风险的最终表现形式，医疗美容企业运营者应当学会妥善处理医疗纠纷，更为重要的是，在医疗纠纷处理过程中发现和觉察运营管理的漏洞和暴露出来的缺陷，然后不断补足漏洞和不足，才能管理风险、安全运营和持续发展，进而为企业创造价值。

二、病历文书法律风险管理

同样基于医疗美容服务项目的快捷性特点，患者大多数无须住院，因此其病历多为门诊病历。

（一）病历文书的组成

依据卫生部关于印发《病历书写基本规范》的通知（卫医政发〔2010〕11 号）的规定，门诊病历包括病历首页、病历记录、化验单（检验报告）、医学影像检查资料等。实践中，医疗美容项目病历可根据风险等级不同进行区分管理。

1. 美容皮肤科 美容皮肤科项下的注射类和光电类项目的风险相对较低，一般使用注射器及光电仪器即可完成操作，该类项目的门诊病历建议包含：①门诊病历首页；②初诊及复诊病历记录；③治疗知情同意书；④治疗记录单；⑤治疗后注意事项告知单；⑥化验单或检验报告；⑦术前术后对比照片。

2. 美容外科 美容外科项目的风险相对较高，一般需要采用手术方式完成项目，过程中需要使用消毒手术器械或植入性假体，个别手术需要进行全身麻醉，该类项目的门诊病历建议包含：①门诊病历首页；②初诊及复诊病历记录；③手术知情同意书；④麻醉知情同意书；⑤手术记录单；⑥手术护理记录单；⑦麻醉记录单；⑧术后注意事项告知单；⑨化验单或检验报告；⑩术前术后对比照片。

3. 美容牙科和美容中医科 美容牙科和美容中医科的项目风险相对较低，一般采用仪器和药品等方式实施项目，实践中，美容牙科业务相对集中在专业牙科机构，医疗美容企业内的美容牙科在市场上竞争力较弱，鲜见医疗美容企业将其作为主推项目。美容中医科因倾向于养生、调理与美

容，该部分业务与从事生活美容服务的美容院等具有较强的业务竞争关系，实践中医疗美容企业应用并不广泛。该类项目的门诊病历建议包含：①门诊病历首页；②初诊及复诊病历记录；③治疗知情同意书；④治疗记录单；⑤治疗后注意事项告知单；⑥化验单或检验报告；⑦术前术后对比照片。

（二）病历文书的书写规范

医疗美容机构病历文书的书写和修改应严格按照《病历书写基本规范》的规定执行，应重点关注如下内容。

1. 门诊病历应当在患者就诊时及时完成。

2. 病历书写应当客观、真实、准确、及时、完整、规范；应当使用蓝黑墨水、碳素墨水，需复写的病历资料可以使用蓝或者黑色油水的圆珠笔。

3. 病历书写应规范使用医学术语，文字工整、字迹清晰、表述准确、语句通顺、标点正确；医疗美容机构在对外宣称项目时，通常使用商品名进行宣传，如“除皱针”，但该名称并非规范的医学术语，病历文书上应当使用规范的医学术语，如“A 型肉毒毒素注射术”、“重睑术”等。

4. 病历书写过程中出现错别字时，应当用双线画出，保留原记录清楚、可辨，并标注修改时间、修改人签名。不得采用刮、粘、涂等方法掩盖或者去除原来的字迹。

5. 病历应当按照规定的内容书写，由相应医务人员签名，不得伪造医师或护士签名。未取得医疗美容主诊医师资格的执业医师不得在病历上单独签名，应当由指导其开展医疗美容诊疗活动的主诊医师与其共同签名。

6. 门诊病历首页应当包括患者姓名、性别、出生年月日、民族、婚姻状况、职业、工作单位、住址、药物过敏史等项目。

7. 病历记录书写内容应当包括就诊时间、科别、主诉、现病史、既往史、阳性体征、必要的阴性体征和辅助检查结果、诊断及治疗意见、医师签名等。

（三）病历文书的保管与保存

门诊病历原则上由患者负责保管，经患者同意，门诊病历可由医疗机构进行保管。实践中，医疗美容机构多采用由医疗机构保管病历的形式，原因在于医疗美容机构需要管理自身风险，避免因病历遗失导致的不利后果。

门诊病历由医疗机构保管的，保存时间自患者最后一次就诊之日起不少于十五年。医疗机构变更名称时，所保管的病历应当由变更后医疗机构继续保管。

（四）病历文书的借阅、复制与封存

除为患者提供诊疗服务的医务人员，以及经卫生计生行政部门、中医药管理部门或者医疗机构授权的负责病案管理、医疗管理的部门或者人员外，其他任何机构和个人不得擅自查阅患者病历。其他医疗机构及医务人员因科研、教学需要查阅、借阅病历的，应当向患者就诊医疗机构提出申请，经同意并办理相应手续后方可查阅、借阅。查阅后应当立即归还，借阅病历应当在三个工作日内归还。查阅的病历资料不得带离患者就诊医疗机构。

医疗机构应当接受患者本人或其委托代理人、死亡患者法定继承人或者其代理人要求复制或者查阅病历资料的申请，并依规定提供病历复制或查阅服务。医疗美容机构可以要求申请人提供必要的身份证明和授权文件。

公安、司法、人力资源社会保障、保险以及负责医疗事故技术鉴定的部门，因办理案件、依法实施专业技术鉴定、医疗保险审核或仲裁、商业保险审核等需要，提出审核、查阅或者复制病历资料要求的，医疗美容机构可以要求其提供必要的证明文件后提供复制和查阅服务。

依法需要封存病历时，应当在医疗机构或者其委托代理人、患者或者其代理人在场的情况下，对病历共同进行确认，签封病历复制件。医疗机构申请封存病历时，医疗机构应当告知患者或者其

代理人共同实施病历封存；但患者或者其代理人拒绝或者放弃实施病历封存的，医疗机构可以在公证机构公证的情况下，对病历进行确认，由公证机构签封病历复制件。开启封存病历应当在签封各方在场的情况下实施。

三、医疗美容纠纷法律风险管理

（一）医疗美容纠纷发生的原因

区别于疾病治疗型医疗纠纷，医疗美容企业所面临的医疗纠纷实质为广义的客户纠纷。普通医疗纠纷的原因通常为患者发生损害后果后要求医疗机构进行赔偿，而医疗美容纠纷发生的原因多种多样，可概括为如下几类。

1. 服务效果不满意　服务效果不满意是医疗美容纠纷发生的常见原因之一，患者来到医疗美容机构购买医疗美容项目时，都是带着比较高的期待和憧憬的，因此，患者本身往往对医疗美容项目实施后的效果有自己主观的想象和预期，实际效果与预期效果不一致时，患者对服务效果不满意，进而产生医疗美容纠纷。当然，部分医疗美容机构在营销宣传和咨询接待环节向患者承诺了理想化的服务效果，提高了患者的期待值，这也是导致大量因服务效果不满意而产生医疗美容纠纷的原因之一。

2. 发生损害后果　损害后果的出现是医疗美容纠纷发生的主要原因，患者接受服务后出现病变、感染、畸形、身体机能或功能受损，引发炎症疾病、休克，甚至死亡等情况，进而产生医疗美容纠纷。

3. 审美标准发生变化　医疗美容行业的审美标准随着时间推移在不断发生变化，部分患者跟随审美潮流接受了医疗美容服务后，又随着变更后的审美潮流认为效果不理想，进而产生医疗美容纠纷。

4. 患者个人经济或家庭原因　部分患者是借钱或者瞒着家人接受医疗美容服务的，当患者个人出现债务危机或者出现家人反对等情况时，可能会演变为医疗美容纠纷。

5. 社会事件、新闻舆论或其他公众事件的影响　近年来，随着国家对于非法医疗美容打击力度的增大，社会上频繁曝光非法医疗美容的案例，一些非法医疗美容活动甚至已经构成刑事犯罪在社会上产生较大影响。部分患者看到上述消息后会对自己接受服务的医疗美容机构产生信任危机，进而产生医疗美容纠纷。

（二）医疗美容纠纷的表现形式

患者基于上述一种或多种原因产生医疗美容纠纷的，初期往往选择与医疗美容机构友好协商解决，若双方协商不成，则可能会出现后续的一种或多种形式维权，包括但不限于向政府行政部门投诉举报、向新闻媒体提供新闻线索进行曝光、通过自媒体网络平台发布相关信息、到医疗美容机构经营场所喧闹或者静坐、通过人民法院提起诉讼、申请人民调解委员会主持调解等。值得关注的是，如果患者利用言论自由的权利肆意扭曲事实、发表不实言论诋毁和贬低医疗美容机构或其医师的名誉，可能会构成侵犯名誉权的侵权行为。若患者在医疗美容机构经营场所内打砸财物或者大吵大闹，可能会构成故意毁坏财物或者扰乱社会主义市场经营秩序的犯罪行为。近年来，国家对于打击非法"医闹"的力度逐渐增强，此类情况已经逐渐减少。

（三）医疗美容纠纷的解决方案

1. 协商和解　医疗美容机构与患者就退赔方案达成一致并签署和解协议，是实践中数量较多的解决形式。双方在平等自愿、公平公正的前提下签署的和解协议对医患双方均具有法律约束力。但不具有强制执行力，医患双方无法直接向人民法院申请强制执行。

2. 接受调解　医疗美容机构与患者在人民调解委员会或者人民法院的主持和调解下，达成调解协议。调解协议既属于医患双方基于平等自愿、公平公正原则签署的协议，又经过司法程序确认具有强制执行力，对患者来说这是一种更加有保障的纠纷解决方案。

3. 法院判决 医疗美容机构与患者根据人民法院的生效判决解决纠纷。医疗美容纠纷的诉讼案由分为医疗损害责任纠纷和医疗服务合同纠纷，患者根据诉求不同可采用不同案由提起诉讼。医疗损害责任纠纷中，双方当事人将就是否造成损害后果、是否存在诊疗过错或过失及是否具有因果关系等事实进行举证质证；医疗服务合同纠纷中，双方当事人将就服务合同的内容和效力、服务合同是否充分履行、是否存在违约及违约责任等事实进行举证质证。必要时，可能会由当事人或人民法院委托鉴定机构进行鉴定。

第 4 节　医疗美容企业运营营销法律风险管理

一、医疗美容企业运营营销法律风险概述

医疗美容企业运营营销是指医疗美容企业通过一定媒介和形式直接或者间接地介绍自己所推销的商品或者服务的商业广告活动。医疗美容企业作为广告主，为推销商品或者服务，可以自行或者委托他人设计、制作和发布广告。因此，医疗美容企业的营销宣传活动应当按照《中华人民共和国广告法》的有关规定执行。

然而医疗美容企业在对外宣传过程中遇到了法律规定与法律适用不能完全匹配的难题。这是因为医疗美容企业在对外宣传过程中不可避免地需要通过各种媒介或者形式直接或者间接地介绍医疗机构或医疗服务，该行为从严格意义上来说，属于发布医疗广告的行为，应当按照《医疗广告管理办法》（国家工商行政管理总局、卫生部令第 26 号）的有关规定执行。《医疗广告管理办法》对于医疗广告的发布要求较为严格，医疗美容企业发布广告的法律风险包括以下几个方面。

（一）医疗广告发布的审查

依据《医疗广告管理办法》第三条的规定：医疗机构发布医疗广告，应当在发布前申请医疗广告审查。未取得《医疗广告审查证明》，不得发布医疗广告。实践中，医疗美容企业利用其官方网站、微博、微信公众号等平台发布其医疗机构和医疗项目信息，但未取得《医疗广告审查证明》的情况仍部分存在。

（二）医疗广告的内容

依据《医疗广告管理办法》第六条的规定，医疗广告内容仅限于以下项目：①医疗机构第一名称；②医疗机构地址；③所有制形式；④医疗机构类别；⑤诊疗科目；⑥床位数；⑦接诊时间；⑧联系电话。①至⑥项发布的内容必须与卫生行政部门、中医药管理部门核发的《医疗机构执业许可证》或其副本载明的内容一致。实践中，医疗美容企业为了让患者更好地了解医疗美容机构、项目及医师，对外宣传的内容远不止以上八项。

（三）医疗广告的禁忌

依据《医疗广告管理办法》第七条的规定，医疗广告的表现形式不得含有以下情形：①涉及医疗技术、诊疗方法、疾病名称、药物的；②保证治愈或者隐含保证治愈的；③宣传治愈率、有效率等诊疗效果的；④淫秽、迷信、荒诞的；⑤贬低他人的；⑥利用患者、卫生技术人员、医学教育科研机构及人员以及其他社会社团、组织的名义、形象作证明的；⑦使用解放军和武警部队名义的；⑧法律、行政法规规定禁止的其他情形。实践中，医疗美容企业宣传内容经常会涉及医疗技术、诊疗方法或药物，经常利用患者或者医师的名义对外宣传或作证明。

（四）医疗广告的变更

依据《医疗广告管理办法》第十七条的规定，医疗机构应当按照《医疗广告审查证明》核准的

笔记

广告成品样件内容与媒体类别发布医疗广告。医疗广告内容需要改动或者医疗机构的执业情况发生变化，与经审查的医疗广告成品样件内容不符的，医疗机构应当重新提出审查申请。实践中，医疗美容企业发布的信息更新速度较快，经常推陈出新或变更宣传方案，通常未取得审查批准。

从《医疗广告管理办法》的立法目的来看，其主要约束对象为传统医疗机构，法律法规不鼓励传统医疗机构进行大量宣传与包装，鼓励广大患者就近就医。但医疗美容企业不同于传统医疗机构，市场竞争十分激烈，服务属性较强。医疗美容企业运营者，一方面面对的是严格的法律规定，另一方面面对的是严酷的市场竞争，部分医疗美容企业容易出现违法、违规的行为。未来如果有专门针对医疗美容企业特殊性的法律法规或政策出台，此种情况将得到较大程度的改善。

除了上述理论与实践不匹配的难题外，医疗美容企业宣传过程中应当首先遵守《中华人民共和国广告法》的有关规定，其次不得侵犯他人的肖像权和名誉权，不得侵犯他人的著作权等。

二、宣传内容需符合广告法律法规的规定

医疗美容企业在营销宣传过程中应当严格按照《中华人民共和国广告法》的有关规定执行，包括：

（一）宣传内容不得含有虚假或者引人误解的内容，不得欺骗或者误导消费者，广告主应当对广告内容的真实性负责

依据《中华人民共和国广告法》第二十八条的规定，广告有下列情形之一的，为虚假广告。我们将同时列举实践中医疗美容企业常见的违规情形：①商品或者服务不存在的。如某医疗美容机构宣传其可以提供腿部延长手术服务，但实际该医疗美容机构本身并没有该项目，该机构以此吸引患者属于虚假广告。②商品的性能、功能、产地、用途、质量、规格、成分、价格、生产者、有效期限、销售状况、曾获荣誉等信息，或者服务的内容、提供者、形式、质量、价格、销售状况、曾获荣誉等信息，以及与商品或者服务有关的允诺等信息与实际情况不符，对购买行为有实质性影响的。如某医疗机构宣称某医师已经成功操作上万例隆鼻术，被誉为“鼻子王”，但实际“上万例”的数据和“鼻子王”的荣誉均系编造，并无数据统计和事实依据，属于虚假广告。③使用虚构、伪造或者无法验证的科研成果、统计资料、调查结果、文摘、引用语等信息作证明材料的。医疗美容企业宣传使用“据某某机构统计”、“根据某某调查报告得知”时，应当明确注明统计资料和调查结果引用的出处，并且保证数据和出处真实，否则属于虚假广告。④虚构使用商品或者接受服务的效果的。如某医疗美容机构要求其员工注册个人账号在具有点评功能的网络平台上以患者名义发表文章称其在某医疗美容机构接受了某项服务并展示服务效果，实际该患者和服务效果均为虚构，属于虚假广告。⑤以虚假或者引人误解的内容欺骗、诱导消费者的其他情形。

（二）宣传内容不得含有广告法规定的禁忌词汇

依据《中华人民共和国广告法》第九条的规定，广告不得有下列情形：①使用或者变相使用中华人民共和国的国旗、国歌、国徽、军旗、军歌、军徽。医疗美容企业日常宣传过程中虽然很少涉及上述信息，但部分医疗美容企业在国庆节、建军节等特殊时期，存在变相使用相关标志的内容进行宣传的情形。②使用或者变相使用国家机关、国家机关工作人员的名义或者形象。医疗美容企业在实践中可能存在使用或者变相使用国家机关、国家机关工作人员的名义或者形象进行宣传的情形。③使用“国家级”“最高级”“最佳”等用语。医疗美容企业除了需要避免使用“最”字外，还需谨防那些具有最高级或极限含义的词汇。例如，顶级、顶尖、极致、完美、绝无仅有、无与伦比、第一、遥遥领先、唯一等。④妨碍社会安定，损害社会公共利益；妨碍社会公共秩序或者违背社会良好风尚。例如，某医疗美容机构对外宣传过程中，鼓动患者变美后破坏他人家庭

笔记

或者向患者传播与社会公序良俗相违背的言论，但这种情况实践中较为少见。⑤危害人身、财产安全，泄露个人隐私。医疗美容机构未经患者同意，擅自将其个人隐私信息用作宣传材料，存在违法情形。但实践中，随着医疗美容企业的法律意识和患者维权意识的不断增强，这种情况已经逐渐减少或消失。⑥含有淫秽、色情、赌博、迷信、恐怖、暴力的内容。医疗美容机构的广告含有淫秽、色情、赌博、迷信、恐怖、暴力的内容，属于违反相关法律、法规的行为。⑦含有民族、种族、宗教、性别歧视的内容。医疗美容机构的广告存在妨碍环境、自然资源或者文化遗产保护及其他内容。

（三）特殊宣传内容的规范

1. 宣传内容涉及专利产品或者专利方法的，应当标明专利号和专利种类。未取得专利权的，不得在广告中谎称取得专利权。禁止使用未授予专利权的专利申请和已经终止、撤销、无效的专利做广告。例如，某医疗美容企业在取得一项技术的专利权后，就将其全部服务项目均宣传为具有专利技术或者使用申请过程中的专利对外宣传。这都属于常见的违法情形。

2. 广告不得贬低其他经营者的商品或者服务。如某医疗美容机构将其服务的患者照片与其他医疗美容机构服务的患者照片放在一起进行对比，意在说明其他医疗美容服务机构的服务较差，属于故意贬低其他经营者服务的违法情形。

3. 麻醉药品、精神药品、医疗用毒性药品、放射性药品等特殊药品，药品类易制毒化学品，以及解毒治疗的药品、医疗器械和治疗方法，不得做广告。如某医疗美容机构将其除皱项目使用的A型肉毒毒素进行宣传，A型肉毒毒素属于医疗用毒性药品。该种宣传存在违法情形。

三、宣传内容不得侵犯他人肖像权和名誉权

依据《中华人民共和国民法典》第一千零二十四条的规定：民事主体享有名誉权。任何组织或者个人不得以侮辱、诽谤等方式侵害他人的名誉权。名誉是对民事主体的品德、声望、才能、信用等的社会评价。

（一）明星艺人及知名公众人物的肖像权未经同意不得使用

医疗美容企业偏爱使用明星艺人的肖像进行宣传，一是因为明星艺人具有较高辨识度和公众接受度；二是因为明星艺人的肖像照片大量发表在互联网平台便于获得，三是很多医疗美容机构自认为其使用明星艺人肖像是在进行正面和积极的宣传和传播。实践中，明星艺人委托律师向医疗美容企业维权索赔的案例不胜枚举，根据明星艺人知名度和热度不同，赔偿金额从几千元到几万元一张不等，甚至还衍生出专门从事明星艺人肖像权维权代理的法律服务机构，可见该种侵权情形之广泛。

同时，医疗美容企业所称的使用明星艺人肖像进行正面和积极的宣传，是否意味着不会侵权呢？首先，肖像权和名誉权不同，使用明星艺人肖像宣传时，若其宣传内容是正面和积极的，仅能说明未侵犯明星艺人的名誉权，但无法说明未经同意使用肖像的情形；其次，是否可以构成“为个人学习、艺术欣赏、课堂教学或者科学研究”的合理使用需要根据使用情况进行判定，一些医疗美容机构辩称其使用明星艺人肖像是用于传播和交流美学知识的学术活动，实践中需要根据细节判定使用行为的真实目的，如某医疗美容机构通过其微信平台订阅号发表了一篇分享科学洗脸知识的科普文章中用到了某位明星艺人的照片，但在文章末尾留有该医疗美容机构的项目介绍及联系方式等，这极易被认定为实质目的为提高自身项目知名度的以营利为目的的使用行为。

（二）患者、医师、员工的肖像权经同意后方可使用

医疗美容机构在对患者、医师或员工的肖像进行合理使用时，应当取得其书面同意，患者、医

师或员工对于使用时间、使用费用及使用方式有要求的，应当签署书面的《肖像权使用协议》或授权书予以明确约定。医疗美容企业不得以学术交流为借口擅自使用患者肖像，不得以聘任医师和员工为由想当然地擅自使用其肖像用作商业宣传。

（三）肖像权使用协议或授权书的内容

医疗美容企业与肖像权人签署《肖像权使用协议》或授权书的，应当至少包含：①合同双方主体信息；②授权使用的肖像是否限定为指定肖像作品；③授权使用的地域范围；④授权使用的媒介类别；⑤授权使用的期限；⑥授权使用是否收费及费用标准；⑦授权使用是否附条件，如员工在职期间等；⑧是否为独家授权；⑨是否同时授权医疗美容企业代理其向第三方进行维权；⑩授权使用终止后的处理方式等。

四、宣传内容不得侵犯他人著作权

医疗美容企业营销宣传过程中需要使用大量图片和花式字体，随着企业和人们的知识产权保护意识不断增强，近年来，频繁出现各大图片社和知名字库维权的案例。图片属于摄影作品，自创作之日起天然拥有著作权，花式字体一般被认定为美术作品，自创作之日起享有著作权。因此，医疗美容企业在使用网络图片和花式付费字体时，应取得著作权人同意并支付相应对价，否则存在侵犯他人著作权的法律风险。

小结

医疗美容企业经营者学会管理风险，才能使得企业持续发展和安全运营，最终创造相应的价值。“管理风险，持续发展，安全运营，创造价值”是医疗美容企业经营者不可或缺的法商智慧，始于管理风险，终于创造价值。

章前案例解析

1. 大美美医疗美容诊所在未取得张某本人同意的情况下，将其肖像以营利为目的进行发表和使用，已经侵犯了张某的肖像权，应当立即停止使用并赔偿经济损失。

2. 大美美医疗美容诊所对张某承诺的维持效果至少六个月属于双方医疗美容服务合同的内容之一，对双方具有法律约束力。未达到承诺的维持效果属于单方违约行为，大美美医疗美容诊所应当承担违约责任。

3. 张某要求大美美医疗美容诊所提供资质文件查验与核对是张某的合法权利，大美美医疗美容诊所应当根据张某的要求向其展示，张某本人的病历文书可提供复制和查阅服务。

4. 张某拟采取的各项维权措施须在合理合法范围内，一旦超越法律边界，即有可能构成对大美美医疗美容诊所的侵权行为，情节严重的，可能会构成刑事犯罪。

思考题

1. 简述医疗美容企业运营法律风险的双重属性。
2. 医疗美容企业的病历文书法律风险管理包括哪些内容？
3. 简述医疗美容企业运营流程及重大风险。
4. 医疗美容企业营销宣传法律风险体现在哪些方面？

（杨　焕）

笔记

第10章 医疗美容企业人力资源法律风险管理

本章概要

人力资源法律风险是企业法律风险的一种，实践中，医疗美容企业往往只注重运营法律风险管理，而忽视人力资源法律风险管理的重要性，对员工关系的处理以事后救济为主，常常在劳动争议纠纷中陷入被动。

本章将从人力资源法律风险管理概述、员工关系全流程法律风险管理以及员工关系实务法律风险管理几方面，阐述医疗美容企业在人力资源法律风险管理方面需要注意的问题。

案例 10

荆某2015年6月入职某医疗美容医院有限公司（以下简称公司）担任运营总监，2015年9月转正时公司与其签订劳动合同，合同期限1年，约定转正后工资为税前20 000元/月，试用期3个月，工资为税前4000元/月。此后，荆某工作一直表现良好，但自2016年3月起，其个人生活私事影响了荆某工作情绪。在公司举办招商会选择会场布展服务商时，荆某在没有对对方的资质、背景进行审查的情况下便签订了服务费30万元的合同，结果由于服务商偷工减料等行为导致招商会当天展架倒塌，砸伤受邀嘉宾，招商会被迫暂停，而公司为招商会前期投入近200万元。公司认为荆某“严重失职给公司造成重大损失”，已经“严重违反公司规章制度”，因此决定与其解除劳动合同并向其送达《解除劳动合同通知书》，同时向其追偿损失。荆某对此不服，认为他的劳动合同还没有到期，公司单方提前解除劳动合同属违法解除行为，遂向当地劳动争议仲裁委员会提起劳动仲裁申请。

问题： 1. 公司于2015年9月与荆某签订劳动合同的行为，会承担什么法律责任？

2. 公司与荆某约定试用期工资为4000元的行为，是否违反法律规定？

3. 公司是否可以以荆某的严重失职行为为由与其解除合同？

第1节 医疗美容企业人力资源法律风险管理概述

一、人力资源法律风险

国际标准化组织（ISO）公布的《风险管理原则与实施指南 ISO 31000-2009》中说：“所有类型和规模的组织都面临内部和外部的、使组织不能确定是否及何时实现其目标的因素和影响。这种不确定性所具有的对组织目标的影响就是‘风险’。”所谓“风险（risk）”，是指“不确定性对目标的影响”，从表达方式来讲，风险通常被描述为潜在事件、结果或是它们的组合。在国务院国有资产监督管理委员会发布的《关于印发<中央企业全面风险管理指引>的通知》（国资发〔2006〕108号）中规定，企业风险指未来的不确定性对企业实现其经营目标的影响。对于企业来说，从事生产经营，会面对诸多风险，一般分为战略风险、财务风险、市场风险、运营风险、法律风险等。

所谓“法律风险”，全球企业法律顾问协会、全球企业法律顾问协会中国事务委员会、全球企业法律顾问协会中国顾问委员会于2005年3月2日发布的《国有企业建立现代企业法律治理制度指南》中将其定义为企业所承担的发生潜在经济损失或其他损害的风险。而国家质量监督检验检疫总局、中国国家标准化管理委员会2011年发布的《企业法律风险管理指南GB/T27914—2011》中将企业法律风险定义为“基于法律规定或者合同约定，由于企业外部环境及其变化，或者企业及其利益相关者的作为或者不作为导致的不确定性，对企业实现目标的影响。”

人力资源法律风险是企业法律风险的一个重要部分，它是指在企业的人力资源管理过程中基于法律规定或合同约定而发生的，导致企业受到损失的可能性。它具有以下几个特征。

1. 客观性　风险是客观存在的，不以人的意志为转移。企业的任何实现其目标的活动都可能伴随各种不确定的因素，这些因素是客观存在的。人力资源法律风险也是一样，企业人力资源管理的各个环节都存在或大或小的风险，这些风险是客观存在的，不因企业的管理行为而永远消失。

2. 不确定性　风险存在于当下，发生在未来，风险事件是否发生、何时发生、会发生什么样的后果都是不确定的，这种不确定包括客观风险因素，也包括主观风险因素。而人力资源的管理是对人的管理，具有一定的主观性，这在某种程度上也加大了人力资源法律风险的不确定性。

3. 可控性　法律法规应经过公示，合同文书应由当事人协商一致，相比企业其他风险，法律风险具有更强的可预知性和可控性。企业可以通过对劳动法律法规及政策的研究、劳动合同及规章制度等文书的拟定、人力资源管理体系的完善等方式，最大限度地控制人力资源法律风险。

4. 强制性　企业在进行人力资源管理的过程中，如果违反了劳动法律法规及政策的相关规定，可能面临民事、行政甚至刑事责任，因此人力资源法律风险带来的结果具有一定的强制性。

二、人力资源法律风险管理

风险管理最早起源于美国。它是指如何在一个肯定有风险的环境里把风险减至最低的管理过程。ISO公布的《风险管理原则与实施指南ISO 31000-2009》中对风险管理的定义是针对风险指挥和控制组织的协调活动。风险管理过程则是管理方针、程序和惯例对沟通、协商、确定状况，以及识别、分析、评价、处理、监测和评审风险活动的系统应用。

企业管理法律风险，应当树立以事先防范第一、过程控制为主、事后救济为辅的理念。根据《企业法律风险管理指南GB/T27914—2011》，企业法律风险管理过程包括明确法律风险环境信息、法律风险评估、法律风险应对和监督与检查（图10-1），其中法律风险评估又包括法律风险识别、法律风险分析和法律风险评价。

实践中，很多企业只注重经营管理，忽视了人力资源管理的重要性，对员工关系的处理以事后救济为主，常常在劳动争议中陷入被动，我国2012年将《中华人民共和国劳动合同法》修正之后，劳动仲裁案件数量更是逐年增加。一方面是作为劳动者的员工维权意识提高了，另一方面，则是作为用人单位的企业人力资源管理及人力资源法律风险预防和处理机制的不完善。

（一）影响企业人力资源法律风险管理的因素

1. 法律法规及政策变化　规范劳动关系的法律法规及政策较多，包括实体性法律规范和程序性法律规范。这些法律法规及政策的出台、修订、废止，会成为人力资源风险中的不确定因素，能否第一时间识别并做好预防应对措施，是对企业人力资源法律风险管理能力的极大考验。

2. 企业规章制度不完善　规章制度是除了法律法规及政策外，企业管理员工的依据，然而实践中很多企业规章制度不健全，缺乏合理完善的招聘、入职、离职等流程，导致招聘标准不统一、劳动合同条款约定模糊、辞退员工过于随意等，这为企业未来劳动争议的产生埋下很大隐患。

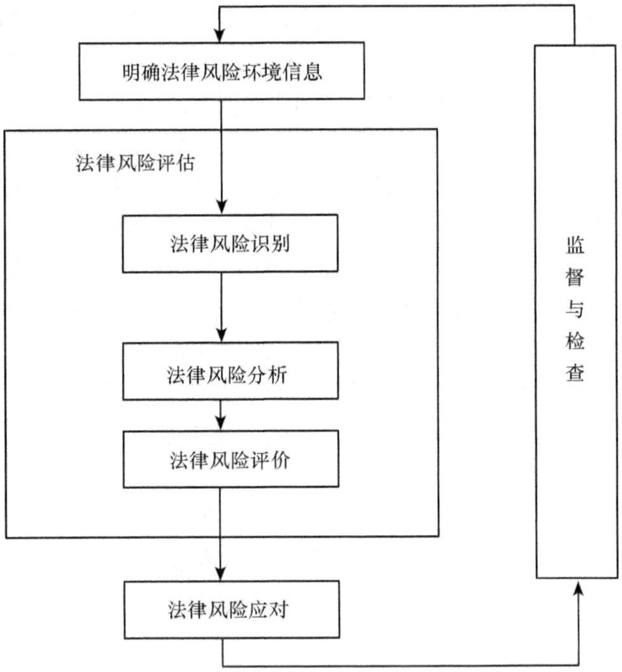

图 10-1 企业法律风险管理过程

3. 企业法律风险意识淡薄 实践中，很多企业没有法律事务部、外部法律顾问，也没有专门的人力资源部门，对于入职手续办理、劳动合同签订及员工离职等环节的法律风险认知度不够，发生劳动争议也只是作为个案处理，没有提前预防的意识。

（二）人力资源法律风险管理阶段

人力资源管理是一个持续性的过程，从招聘录用、在职管理到员工离职的各个环节，都有基于法律规定或合同约定而发生人才成本浪费、劳动争议等导致企业受到损失的可能性。概括起来，主要体现在如下几个方面。

1. 招聘录用风险 如用工主体不符合用人单位资质要求、招聘启事设定歧视性条件、未进行职前审查等。

2. 用工管理风险 如员工入职后超过一个月不签订劳动合同、试用期期限约定不符合法律规定、重要规章制度未经民主程序通过等。

3. 劳动保护风险 如工资的不足额或不按时发放、不支付加班工资、不按规定缴纳社会保险、不提供劳动安全保护条件等。

4. 员工离职风险 如违法辞退员工、不按法律规定支付经济补偿金等。

三、医疗美容企业人力资源法律风险管理

人力资源是医疗美容企业重要的战略资源，尤其是引进优秀的医护人员，对于企业组建自己的医疗技术核心团队、扩大医疗机构品牌影响力等，都有着重要的推动作用。因此，全方位认知医疗美容企业在人力资源法律风险管理上的不足，构建企业人力资源法律风险防控系统，是非常必要的。

（一）医疗美容企业人力资源法律风险管理有难度

医疗美容行业兴起时间并不久，规范运作也是近十年来在得到国家对医疗美容行业的逐渐重视后才开始的。医疗美容企业人力资源法律风险系数较高，具体表现为对劳动相关的法律法规及政策不了解，对员工关系的管理没有完善的管理体系和流程，处罚员工没有相关规章制度依据，不支付

加班费，工作时间不符合法定工时制度，员工离职无正当理由扣发工资绩效等。有观点认为，医疗美容行业的从业人员没有很高的法律意识，因此人力资源管理工作较难推进。但一家企业要想安全、可持续地发展，就要对运营法律风险进行全方位的评估与防控，包括对企业人力资源法律风险的管理。

（二）医疗美容企业如何进行人力资源法律风险管理

1. 做好人力资源管理战略规划　设立专门的人力资源管理部门，配合企业整体发展规划来设计岗位架构、完善人员编制，按企业实际需要招聘录用人员；建立企业员工关系全流程管理体系，完善人力资源管理各个环节的流程和制度，用制度管人；定期进行全员培训，解读宣讲政策法规和企业规章制度，提高全员守规意识，做到管理有据可循。

2. 构建人力资源法律风险管理体系　第一，构建人力资源法律风险识别框架，逐一排查可能存在的风险并记录，做好风险排查表，形成风险清单及报告；第二，根据风险排查报告，对法律风险进行分析和评估，明确风险级别；第三，根据风险评估结果，制订应对措施，应对措施主要有事前防范和事后控制措施；第四，建立监督检查机制，及时发现内外部法律风险环境变化，及早根据变化对人力资源法律风险管理工作进行改进。

第2节　医疗美容企业员工关系流程法律风险管理

一、招聘录用法律风险管理

实践中用人单位常常忽略对招聘环节的法律风险管理，认为只有在员工入职后才会有风险，其实这是很大的误区，由于招聘环节的疏忽在未来发生劳动争议的案例也不在少数。

（一）用工主体资格

我国法律上认可的具有用工主体资格的用人单位包括以下几类。

1. 企业　主要包括有限责任公司、股份有限公司和其他企业法人，如个人独资企业、合伙企业等。

2. 国家机关　国家权力机关、行政机关、司法机关和军事机关等国家机关，录用公务员和聘任制公务员适用《中华人民共和国公务员法》，不适用《中华人民共和国劳动合同法》。但国家机关招用工勤人员的，若签订劳动合同，则适用《中华人民共和国劳动合同法》。

3. 事业单位　事业单位中的医院、学校、科研机构，若与员工签订的是劳动合同，适用《中华人民共和国劳动合同法》；实行企业化管理的事业单位，可与员工签订劳动合同，适用《中华人民共和国劳动合同法》。

4. 社会团体　社会团体情况较为复杂，大致分为三种：第一，学术研究团体、社会经济团体、文化艺术体育团体、人民群众团体等，虽未明确，但实践中对于列入国家编制的此类社会团体，其工作人员（工勤人员除外）参照《中华人民共和国公务员法》进行管理；第二，对于党派团体，其工作人员（工勤人员除外）属于公务员，按照《中华人民共和国公务员法》进行管理；第三，除以上两种外的其他社会团体，若签订的是劳动合同，适用《中华人民共和国劳动合同法》。

5. 个体经济组织　个体经济组织是指经工商部门登记注册并招用雇工的个体工商户，也可以作为用工主体与劳动者建立劳动关系，订立、履行、变更、解除或者终止劳动合同。

6. 法人分公司　根据《中华人民共和国公司法》第十四条的规定可知，分公司不具有法人资格，其民事责任由公司承担。但根据《中华人民共和国劳动合同法实施条例》，用人单位设立的分支机构，依法取得营业执照或者登记证书的，可以作为用人单位与劳动者订立劳动合同；未依法取得营业执照或者登记证书的，受用人单位委托可以与劳动者订立劳动合同。因此，在满足一定条件的前提下，法人分支机构是可以与劳动者订立劳动合同从而形成劳动关系的。

（二）招聘启事

招聘启事，也称招用人员简章，是用人单位面向社会公开招聘人员时使用的文书。

1. 招聘启事的发布 招聘启事是由用人单位发布的。

2. 招聘启事的内容 招聘启事并没有统一的内容与形式，根据《就业服务与就业管理规定》，用人单位委托公共就业服务机构或职业中介机构招用人员，或者参加招聘洽谈会时，应当提供招用人员简章，并出示营业执照（副本）或者有关部门批准其设立的文件、经办人的身份证件和受用人单位委托的证明。

招用人员简章应当包括用人单位基本情况、招用人数、工作内容、招录条件、劳动报酬、福利待遇、社会保险等内容，以及法律、法规规定的其他内容。

法律法规对用人单位的招聘行为做了禁止性规定，同时明确了法律责任。

（1）禁止提供虚假招聘信息，发布虚假招聘广告。否则，由劳动保障行政部门责令改正，并可处以 1000 元以下的罚款；对当事人造成损害的，应当承担赔偿责任。

（2）禁止扣押被录用人员的居民身份证和其他证件。用人单位扣押劳动者居民身份证等证件的，由劳动行政部门责令限期退还劳动者本人，并依照有关法律规定给予处罚。

（3）禁止以担保或者其他名义向劳动者收取财物。用人单位以担保或者其他名义向劳动者收取财物的，由劳动行政部门责令限期退还劳动者本人，并以每人 500 元以上 2000 元以下的标准处以罚款；给劳动者造成损害的，应当承担赔偿责任。劳动者依法解除或者终止劳动合同，用人单位扣押劳动者档案或者其他物品的，同前述处罚。

（4）禁止招用未满十六周岁的未成年人以及国家法律、行政法规规定不得招用的其他人员。根据《禁止使用童工规定》，用人单位使用童工的，由劳动保障行政部门按照每使用一名童工每月处 5000 元罚款的标准给予处罚；在使用有毒物品的作业场所使用童工的，按照《使用有毒物品作业场所劳动保护条例》规定的罚款幅度，或者按照每使用一名童工每月处 5000 元罚款的标准，从重处罚。

（5）禁止招用无合法身份证件的人员和以招用人员为名牟取不正当利益或进行其他违法活动。否则，由劳动保障行政部门责令改正，并可处以 1000 元以下的罚款；对当事人造成损害的，应当承担赔偿责任。

3. 招聘中的就业歧视 根据《就业服务与就业管理规定》，用人单位发布的招用人员简章或招聘广告，不得包含歧视性内容。劳动者依法享有平等就业的权利。劳动者就业，不因民族、种族、性别、宗教信仰等不同而受歧视。用人单位对农村劳动者、妇女、少数民族、残疾人、传染病病原携带者的招用，不得无法律依据而进行限制。同时，除国家法律、行政法规和国务院卫生行政部门规定禁止乙肝病原携带者从事的工作外，不得强行将乙肝病毒血清学指标作为体检标准。

（三）职前尽调

《中华人民共和国劳动合同法》规定，用人单位有权了解劳动者与劳动合同直接相关的基本情况，劳动者应当如实说明。若劳动者以欺诈、胁迫的手段或者乘人之危，使对方在违背真实意思的情况下订立或者变更劳动合同的，该劳动合同无效或者部分无效。

用人单位在招聘阶段，应从以下几个方面对应聘者进行审查。

1. 学历、工作经历及相关资格 学历、工作经历及资格证书能在很大程度上反映一个人的工作能力、技术能力，是用人单位判断劳动者是否符合录用岗位标准的重要参考，因此，对劳动者所提供个人信息、资证的提前审查是十分必要的。同时，若用人单位能证明劳动者提供的相关材料为虚假、伪造且用人单位误以为真据此录用了劳动者的，双方之间的劳动合同可为无效或部分无效，用人单位可以此为由解除劳动合同而不予支付任何经济补偿。

2. 与其他用人单位是否存在劳动关系/竞业限制　虽然我国劳动法律法规没有明确禁止双重用工，但如果用人单位招用与其他用人单位尚未解除或者终止劳动合同的劳动者，给其他用人单位造成损失的，应当承担连带赔偿责任。因此，用人单位在招聘录用劳动者时，建议要求其提供前一工作单位出具的解除劳动关系证明，方可与之建立劳动关系。

对负有保密义务的劳动者，用人单位可以在劳动合同或者保密协议中与劳动者约定竞业限制条款。签订竞业限制条款或协议的劳动者离职后一定时间内，不能从事与前一用人单位具有同业竞争关系的工作。如果现用人单位在招聘时没有提前审查，可能造成人力资源成本的浪费或侵权责任等后果。

3. 身体健康状况　根据《中华人民共和国劳动合同法》相关规定可知，除符合第三十九条相关规定外，劳动者患病或者非因工负伤，在规定的医疗期内的，用人单位不得解除劳动合同。在医疗期内，用人单位需支付病假工资。

对用人单位而言，其有权了解劳动者的身体健康状况是否符合录用条件，不属于侵犯隐私的行为，因此，用人单位可要求劳动者入职时提供县级以上医院的健康证明。

二、用工模式法律风险管理

医疗美容企业录用劳动者，是否都要与之签订劳动合同，建立劳动关系呢？医师、销售人员、保洁员的用工方式是否都一样呢？如果不一样，那么，选择建立劳动关系还是非劳动关系、建立劳动关系实行全日制还是非全日制、全日制选择标准工时制还是不定时工时制？以上问题，是用工模式问题，具体区分可见表 10-1：

表 10-1　用工模式相关内容

用工模式		用工内容	适用岗位/人员
劳动用工	标准工时制	每天不超过 8 小时 每周不超过 44 小时	绝大多数岗位
	综合工时制	以周、月、季度、年为周期	保安、保洁等岗位
	不定时工时制	没有确定的工作时间	工作时间不定的，如高管、外勤、销售岗位
	非全日制用工	每天工作不超过 4 小时，每周不超过 24 小时	工作量不大，工作时间较短的岗位
非劳动用工	劳务外包	由劳务公司派出员工到用工单位完成一定任务	工作周期较短，如保洁项目
	劳务派遣	由劳务派遣公司派出员工到用工单位从事相关岗位工作	临时性、辅助性、替代性工作岗位
	退休返聘	签订退休返聘协议	已依法享受养老保险待遇或领取退休金

（一）劳动关系

劳动关系是指劳动者与用人单位在实现劳动过程中建立的社会经济关系。

1. 劳动关系与劳务关系的区别

（1）双方当事人不同：劳动关系中，一方是劳动者，一方是用人单位，双方都需要具备法律规定的主体资格；而劳务关系的当事人双方可以是法人、其他组织或自然人，在主体资格上具有民事主体资格即可。

（2）双方当事人的关系不同：劳动关系中，用人单位与劳动者双方之间是管理和被管理的关系，劳动者必须遵守用人单位的劳动纪律和规章制度；而劳务关系中双方则不存在管理和被管理的关系。

（3）报酬及福利不同：劳动关系中，劳动者除了有权按照约定获取劳动报酬外，用人单位还应当为劳动者缴纳社会保险，同时劳动者还有权享受带薪年休假、工伤保险待遇、女职工劳动保护等待遇；而劳务关系中一方提供多少劳务，就获得多少劳务报酬，雇主无须为其提供社会保险等福利待遇。

（4）争议解决程序不同：劳动关系受劳动法律法规调整，发生劳动争议，可协商、调解解决，协商、调解不成的，需要先提请劳动争议仲裁委员会进行仲裁，对仲裁结果不服的，再向人民法院提起诉讼；而劳务纠纷属于民事纠纷，产生纠纷后双方可协商、调解解决，协商、调解不成的，任何一方均可直接向人民法院提起诉讼。

2. 事实劳动关系 《中华人民共和国劳动合同法》规定，建立劳动关系，应当订立书面劳动合同。实践中存在用人单位不与劳动者签订劳动合同，但实际劳动者已付出劳动并获得相应报酬的情形，即事实上的劳动关系，那么，这种情形是否属于劳动关系呢？

事实劳动关系分三种情况：第一，用人单位与劳动者自始未签订书面劳动合同；第二，用人单位与劳动者签订的书面劳动合同期满后未再续签且劳动者继续在原单位工作；第三，劳动合同被确认为无效。

根据《关于确立劳动关系有关事项的通知》（劳社部发〔2005〕12号）规定，用人单位招用劳动者未订立书面劳动合同，但用人单位和劳动者符合法律、法规规定的主体资格，同时用人单位依法制订的各项劳动规章制度适用于劳动者，劳动者受用人单位的劳动管理，从事用人单位安排的有报酬的劳动，且劳动者提供的劳动是用人单位业务的组成部分的，劳动关系成立。

可见，用人单位与劳动者符合法律规定的条件，可以被认定为劳动关系，但事实劳动关系具有一定风险：第一，用人单位自用工之日起满一年不与劳动者订立书面劳动合同的，视为用人单位与劳动者已订立无固定期限劳动合同；第二，用人单位自用工之日起超过一个月不满一年未与劳动者订立书面劳动合同的，应当向劳动者每月支付二倍的工资。

3. 标准工时制 标准工时制是指劳动者按照标准工时提供劳动的用工模式，即劳动者每日工作不超过8小时，每周工作不超过44小时，每周至少休一天。标准工时制下，劳动者上下班的时间、上班时长相对固定，是国家立法所提倡的一种用工模式，法律上对其适用的岗位没有限制，此用工模式适用于绝大多数的岗位。

标准工时制并不等同于每天必须工作八小时，每周最多上班五天，而每周上班六天并不一定就是违法的。因为根据劳动法律法规可知，只要劳动者每周工作不超过44小时，每周至少休息一天便符合规定，即使每周上六天班，只要总的周工作时长不超过44小时，即不算违法。同时，用人单位由于生产经营需要，经与工会和劳动者协商后可以延长工作时间。

（二）劳务派遣

劳务派遣又称人才派遣，是指派遣单位根据实际用工单位的需要，将与其存在劳动关系的劳动者派遣到实际用工单位工作，劳动者劳动力的给付事实发生在劳动者与实际用工单位之间的一种用工方式。这其中有三方主体，即劳务派遣单位、用工单位和被派遣劳动者。劳务派遣单位与被派遣劳动者之间是劳动关系，劳务派遣单位和用工单位之间是民事关系，应签订劳务派遣协议。这种用工方式的特征在于用人单位不实际用工，而实际用工单位与劳动者之间没有劳动关系，但用工单位给被派遣劳动者造成损害的，劳务派遣单位与用工单位承担连带赔偿责任。

1. 适用岗位 劳务派遣用工只适用在临时性、辅助性或者替代性的工作岗位。临时性工作岗位是指存续时间不超过六个月的岗位；辅助性工作岗位是指为主营业务岗位提供服务的非主营业务岗位；而替代性工作岗位则是指用工单位的劳动者因脱产学习、休假等原因无法工作的一定期间内，可以由其他劳动者替代工作的岗位。用工单位内被派遣劳动者数量不得超过其用工总量的10%，这里的用工总量指的是用工单位订立劳动合同人数与使用的被派遣劳动者人数之和。

2. 同工同酬 《中华人民共和国劳动合同法》规定，被派遣劳动者享有与用工单位的劳动者同工同酬的权利。用工单位应当按照同工同酬原则，对被派遣劳动者与本单位同类岗位的劳动者实行相同的劳动报酬分配办法。所谓“同工”指同岗位的劳动者不因劳动关系、被派遣关系的不同而有区别；所谓“同酬”并不是指相同的工资待遇，而是劳动报酬分配办法的平等适用。

3. 退回　在劳务派遣用工模式中，用工单位与被派遣劳动者之间因不形成劳动关系，用工单位无法直接与被派遣劳动者解除劳动合同，但出现法律规定或劳动合同的约定情形时，用工单位可以将被派遣劳动者退回劳务派遣单位。

劳务派遣单位与用工单位在双方签订的劳务派遣协议中约定了其他退回情形的，用工单位也可以据此将被派遣劳动者退回劳务派遣单位，但是相关约定不得违反《劳务派遣暂行规定》规定不得退回的情形，即被派遣劳动者有《中华人民共和国劳动合同法》第四十二条规定情形的，在派遣期限届满前，用工单位不得依据《劳务派遣暂行规定》第十二条第一款第一项规定将被派遣劳动者退回劳务派遣单位；派遣期限届满的，应当延续至相应情形消失时方可退回。

（三）开放多点执业环境下医师的用工模式选择

实践中，一些医疗美容企业为吸引优秀医师，招聘时往往承诺高额保底工资和福利，却忽略了对医师进行职前审查和用工模式设计，后期对该医师投入大量财力人力进行推广，却因为医师执业资质、操作技术等问题，造成企业重大的经济损失。医疗美容企业与医师可形成以下几种用工关系。

1. 劳动关系　根据《关于印发推进和规范医师多点执业的若干意见的通知》（国卫医发〔2014〕86号）规定，医师与第一执业地点医疗机构在协商一致的基础上，签订聘用（劳动）合同，明确人事（劳动）关系和权利义务，并按照国家有关规定参加社会保险。

2. 劳务关系　同样根据《关于印发推进和规范医师多点执业的若干意见的通知》（国卫医发〔2014〕86号）规定，医师与拟多点执业的其他医疗机构分别签订劳务协议，鼓励通过补充保险或商业保险等方式提高医师的医疗、养老保障水平。医师多点执业的劳务协议中应当约定执业期限、时间安排、工作任务、医疗责任、薪酬、相关保险等。多点执业医师的薪酬，根据实际工作时间、工作量和工作业绩等因素，由执业地点医疗机构与医师协商确定。

3. 外国医师及港澳台医师合作　实践中很多医疗美容企业会邀请外国医师来华短期行医，邀请香港、澳门特别行政区医师在内地短期行医，也会邀请台湾地区医师在大陆短期行医。进行医美项目操作，需要与医师签订协议，双方之间互为劳务关系。应注意的是，在审查医师资质时，不单应要求其提供在本地合法行医的资质证明，同时还要符合在中国大陆行医的要求：一种是该医师通过中国大陆的执业医师资格考试并经注册后，取得医师执业证书；另一种则是，根据《外国医师来华短期行医暂行管理办法》《台湾地区医师在大陆短期行医管理规定》《香港、澳门特别行政区医师在内地短期行医管理规定》履行相应手续，取得相关短期行医资格。

三、员工在职法律风险管理

（一）入职登记

根据《中华人民共和国劳动合同法》规定，用人单位自用工之日起即与劳动者建立劳动关系。实践中，用人单位在为劳动者办理入职手续时，往往对入职登记表的制作与填写完善不够重视，甚至会为劳动者代写，这会给今后的员工管理带来一定风险。入职登记表可以起到以下几个方面的作用。

1. 确定建立劳动关系的时间　根据《最高人民法院关于审理劳动争议案件适用法律若干问题的解释》规定，因用人单位作出的开除、除名、辞退、解除劳动合同、减小劳动报酬、计算劳动者工作年限等决定而发生的劳动争议，用人单位负举证责任。实践中，如果没有其他证据可以证明，入职登记表记载的员工办理入职手续时间，可以作为人民法院判断员工入职时间的参考。

2. 确定法律文书的送达地址　劳动者在入职登记表以及劳动合同等文书中所填写的联系地址，可用来作为用人单位或劳动争议仲裁委员会、人民法院向劳动者送达解除劳动合同通知书、仲裁裁决、判决书等有效法律文书的送达地址。

3. 认定劳动者未如实告知的证据 劳动者对与用人单位建立劳动关系相关的个人基本情况有如实告知的义务。由此，入职登记表所记载的劳动者个人基本信息，应由其亲自填写，同时，劳动者对所提供的个人资料的真实性负法律责任。

（二）规章制度

用人单位应当依法建立和完善劳动规章制度，保障劳动者享有劳动权利、履行劳动义务。用人单位的规章制度是其进行员工管理的重要依据，因此，规章制度的内容与程序都应符合法律法规及政策的要求。

1. 民主程序 用人单位在制订、修改或者决定有关劳动报酬、工作时间、休息休假、劳动安全卫生、保险福利、职工培训、劳动纪律以及劳动定额管理等直接涉及劳动者切身利益的规章制度或者重大事项时，应当经职工代表大会或者全体职工讨论，提出方案和意见，与工会或者职工代表平等协商确定。

2. 公示告知 用人单位应当将直接涉及劳动者切身利益的规章制度和重大事项决定公示，或者告知劳动者。劳动法律法规并没有对用人单位规章制度的公示、告知形式作出限定。实践中用人单位常通过微信员工群、电子邮件群发、企业官方网站以及办公地点公告栏等方式公示规章制度，但这些方式有一个共性就是举证困难，也容易造假。当劳动者以规章制度未公示为由主张规章制度对其不适用的，用人单位可能会因此承担其无法提供规章制度已经公示的证据而导致败诉的风险。

（三）劳动合同

1. 劳动合同签订

（1）合同期限：根据《中华人民共和国劳动合同法》的规定，已建立劳动关系，未同时订立书面劳动合同的，应当自用工之日起一个月内订立书面劳动合同。劳动合同按照期限划分，可分为固定期限劳动合同、无固定期限劳动合同和以完成一定的工作任务为期限的劳动合同。固定期限劳动合同中，用人单位与劳动者可约定合同终止的时间；无固定期限劳动合同中，用人单位与劳动者约定合同无确定终止时间；以完成一定工作任务为期限的劳动合同中，用人单位与劳动者约定以某项工作的完成为合同期限，其合同期限长短不确定，所以不同于固定期限劳动合同。

无固定期限劳动合同又分为三种情况：第一，用人单位与劳动者之间经协商，双方一致同意订立的；第二，劳动者在该用人单位连续工作满十年，或用人单位初次实行劳动合同制度或者国有企业改制重新订立劳动合同时，劳动者在该用人单位连续工作满十年且距法定退休年龄不足十年，或连续订立二次固定期限劳动合同且劳动者没有《中华人民共和国劳动合同法》第三十九条和第四十条第一项、第二项规定的情形，续订劳动合同的（除劳动者提出订立固定期限劳动合同外）；第三，用人单位自用工之日起满一年不与劳动者订立书面劳动合同的，视为用人单位与劳动者已订立无固定期限劳动合同。

要注意的是，不论是何种劳动合同，用人单位都应于用工之日起一个月内与劳动者签订劳动合同，否则用人单位自用工之日起超过一个月不满一年未与劳动者订立书面劳动合同的，应当向劳动者每月支付二倍的工资。

（2）合同条款：劳动合同条款分为必备条款和约定条款。根据《中华人民共和国劳动合同法》规定，劳动合同应当具备以下条款：第一，用人单位的名称、住所和法定代表人或者主要负责人；第二，劳动者的姓名、住址和居民身份证或者其他有效身份证件号码；第三，劳动合同期限；第四，工作内容和工作地点；第五，工作时间和休息休假；第六，劳动报酬；第七，社会保险；第八，劳动保护、劳动条件和职业危害防护；第九，法律、法规规定应当纳入劳动合同的其他事项。

实践中可能产生争议的是用人单位与劳动者签订的劳动合同对以上必备条款没有约定，或约定不明时劳动合同的效力。劳动合同法的立法是为了保护劳动者的权益，避免因用人单位的强势地位而导致劳动者权益受损，因此，劳动合同必备条款的缺失不等同于劳动合同缺乏生效要件。对此，

《中华人民共和国劳动合同法》规定，劳动合同对劳动报酬和劳动条件等标准约定不明确，引发争议的，用人单位与劳动者可以重新协商；协商不成的，适用集体合同规定；没有集体合同或者集体合同未规定劳动报酬的，实行同工同酬；没有集体合同或者集体合同未规定劳动条件等标准的，适用国家有关规定。

劳动合同除必备条款外，用人单位与劳动者还可以就试用期、培训、保守秘密、补充保险和福利待遇等其他事项进行约定。

（3）试用期：试用期是用人单位与劳动者相互了解的考察期，在约定试用期时应注意以下几点。

第一，期限。劳动合同期限三个月以上不满一年的，试用期不得超过一个月；劳动合同期限一年以上不满三年的，试用期不得超过两个月；三年以上固定期限和无固定期限的劳动合同，试用期不得超过六个月。同一用人单位与同一劳动者只能约定一次试用期。以完成一定工作任务为期限的劳动合同或者劳动合同期限不满三个月的，不得约定试用期。

第二，试用期包含在劳动合同期限内。劳动合同仅约定试用期的，试用期不成立，该期限为劳动合同期限。非全日制用工双方当事人不得约定试用期。

第三，劳动者在试用期的工资不得低于本单位相同岗位最低档工资或者劳动合同约定工资的80%，并不得低于用人单位所在地的最低工资标准。

第四，在试用期中，除《中华人民共和国劳动合同法》第三十九条和第四十条第一项、第二项规定的情形外，用人单位不得解除劳动合同。用人单位在试用期解除劳动合同的，应当向劳动者说明理由。

第五，用人单位违反《中华人民共和国劳动合同法》规定与劳动者约定的试用期的，由劳动行政部门责令改正；违法约定的试用期已经履行的，由用人单位以劳动者试用期满的月工资为标准，按已经履行的超过法定试用期的期间向劳动者支付赔偿金。

（4）保密与竞业限制条款：其相关内容如下。

第一，约定内容与经济补偿支付时间。用人单位与劳动者可以在劳动合同中约定保守用人单位的商业秘密和与知识产权相关的保密事项。对负有保密义务的劳动者，用人单位可以在劳动合同或者保密协议中与劳动者约定竞业限制条款，并约定在解除或者终止劳动合同后，在竞业限制期限内按月给予劳动者经济补偿。劳动者违反竞业限制约定的，应当按照约定向用人单位支付违约金。

第二，适用岗位。竞业限制的人员限于用人单位的高级管理人员、高级技术人员和其他负有保密义务的人员。竞业限制的范围、地域、期限由用人单位与劳动者约定，竞业限制的约定不得违反法律、法规的规定。

第三，限制期限。在解除或者终止劳动合同后，前款规定的人员到与本单位生产或者经营同类产品、从事同类业务的有竞争关系的其他用人单位，或者自己开业生产或者经营同类产品、从事同类业务的竞业限制期限，不得超过两年。

（5）社会保险：社会保险，是指社会成员在面临年老、疾病、工伤、失业、生育及其他社会风险时，为保障其基本生活需要，由国家立法强制建立社会保险基金，帮助社会成员克服困难的一种物质帮助制度。社会保险是国家通过立法建立的一种社会保障制度，它包括基本养老保险、基本医疗保险、工伤保险、失业保险和生育保险。

社会保险具有国家强制性，劳动者享受社会保险待遇的条件和标准由法律、法规规定。用人单位和劳动者必须依法参加社会保险，缴纳社会保险费。

第一，用人单位未依法为劳动者缴纳社会保险费的，劳动者可以立即解除劳动合同，不需事先告知用人单位。

第二，用人单位不办理社会保险登记的，由社会保险行政部门责令限期改正；逾期不改正的，对用人单位处应缴社会保险费数额一倍以上三倍以下的罚款，对其直接负责的主管人员和其他直接责任人员处500元以上3000元以下的罚款。

第三，用人单位未按时足额缴纳社会保险费的，由社会保险费征收机构责令限期缴纳或者补

笔记

足，并自欠缴之日起，按日加收万分之五的滞纳金；逾期仍不缴纳的，由有关行政部门处欠缴数额一倍以上三倍以下的罚款。

2. 劳动合同变更 劳动合同的变更，是指在劳动合同履行的过程中，用人单位和劳动者单方或双方因情况变化，按照法律规定或劳动合同约定，对双方之间已签订的劳动合同进行修改、补充，从而引起双方权利义务的变化。劳动合同变更的原因有很多，大致可归纳为两类。

（1）法定原因：第一，订立劳动合同所依据的法律法规、政策等被废止或修改。第二，用人单位原因，如用人单位出现合并、分立等情况。第三，劳动者原因，如患病或者非因工负伤，在规定的医疗期满后不能从事原工作；劳动者不能胜任工作，进行培训或调整工作岗位；女职工在孕期不能适应原劳动；因工致残被鉴定为 5 级、6 级伤残等情况。

（2）约定原因：第一，双方事先协商一致。即用人单位和劳动者签订劳动合同时就预见到可能会发生的劳动合同变更情形进行约定，如变更工作地点、调整工作岗位等。第二，双方事后协商一致。劳动合同履行期间，出现用人单位和劳动者签订劳动合同时未预见到的情形，双方可协商一致变更劳动合同。第三，劳动合同订立时所依据的客观情况发生重大变化，致使劳动合同无法履行，经用人单位与劳动者协商，未能就变更劳动合同内容达成协议的。

变更劳动合同，应当采用书面形式，未采用书面形式，但已经实际履行了口头变更的劳动合同超过 1 个月，且变更后的劳动合同内容不违反法律、行政法规、国家政策以及公序良俗的，变更后的劳动合同合法有效。

四、劳动保护法律风险管理

（一）加班

加班，也称延长工作时间，是用人单位在劳动者完成一定工作任务后，根据其实际经营需要，安排劳动者在工作时间之外进行工作。用人单位安排劳动者延长工作时间的，应当向其支付劳动报酬。

根据《中华人民共和国劳动法》规定，用人单位由于生产经营需要，经与工会和劳动者协商后可以延长工作时间，一般每日不得超过一小时；因特殊原因需要延长工作时间的，在保障劳动者身体健康的条件下延长工作时间每日不得超过三小时，但是每月不得超过三十六小时。

用人单位应当按照下列标准支付高于劳动者正常工作时间工资的工资报酬：

第一，安排劳动者延长工作时间的，支付不低于工资的 150%的工资报酬。

第二，休息日安排劳动者工作又不能安排补休的，支付不低于工资的 200%的工资报酬。

第三，法定休假日安排劳动者工作的，支付不低于工资的 300%的工资报酬。

（二）休假

1. 法定休假日 法定休假日分三种情形。

（1）全体公民放假的节日：新年，放假一天（1 月 1 日）；春节，放假三天（农历正月初一、初二、初三）；清明节，放假一天（农历清明当日）；劳动节，放假一天（5 月 1 日）；端午节，放假一天（农历端午当日）；中秋节，放假一天（农历中秋当日）；国庆节，放假三天（10 月 1 日、2 日、3 日）。

（2）部分公民放假的节日及纪念日：妇女节（3 月 8 日），妇女放假半天；青年节（5 月 4 日），十四周岁以上的青年放假半天；儿童节（6 月 1 日），不满十四周岁的少年儿童放假一天；中国人民解放军建军纪念日（8 月 1 日），现役军人放假半天。

（3）少数民族习惯的节日，由各少数民族聚居地区的地方人民政府，按照各该民族习惯，规定放假日期。

2. 年休假 年休假，即带薪年休假，根据《职工带薪年休假条例》规定，机关、团体、企业、

笔记

事业单位、民办非企业单位、有雇工的个体工商户等单位的职工连续工作一年以上的，享受带薪年休假。职工累计工作已满一年不满十年的，年休假五天；已满十年不满二十年的，年休假十天；已满二十年的，年休假十五天。国家法定休假日、休息日不计入年休假的假期。职工在年休假期间享受与正常工作期间相同的工资收入。国务院法制办对《关于〈职工带薪年休假条例〉有关问题的请示》的复函（国法秘政函〔2009〕5号）指出，《职工带薪年休假条例》（以下简称条例）第二条规定的“职工连续工作一年以上”，没有限定必须是同一单位，因此，既包括职工在同一单位连续工作一年以上的情形，也包括职工在不同单位连续工作一年以上的情形。

3. 事假　事假是指劳动者因个人原因无法在工作时间向用人单位提供劳动而向用人单位申请的休假。根据劳动部关于印发《对〈工资支付暂行规定〉有关问题的补充规定》的通知（劳部发〔1995〕226号），因劳动者请事假等相应减发工资的，不属于《工资支付暂行规定》中的“克扣劳动者工资”。用人单位可以在规章制度或劳动合同中对于劳动者请事假进行规定和约定，将事假申请及事假期间工资发放问题进行规定。

4. 病假　病假是劳动者因患病或非因工负伤，向用人单位出具医疗机构检查诊断证明，获得用人单位批准，停止工作进行治疗或休息的假期。实践中用人单位容易将病假与医疗期相混淆，根据《劳动部关于发布〈企业职工患病或非因工负伤医疗期规定〉的通知》（劳部发〔1994〕479号），所谓医疗期是指企业职工因患病或非因工负伤停止工作治病休息不得解除劳动合同的时限。医疗期根据劳动者的工作年限而有所不同，且没有特殊情况（如癌症、精神病、瘫痪等）到期后不能延长，如果劳动者需要继续治疗的，可以按病假执行。

劳动者病假期间，用人单位应支付病假工资。

5. 婚假　婚假，是指劳动者本人结婚时依法享受的假期。根据1980年颁布的《国家劳动总局、财政部关于国营企业职工请婚丧假和路程假问题的通知》，职工本人结婚或职工的直系亲属（父母、配偶和子女）死亡时，可以根据具体情况，由单位酌情给予一至三天的婚丧假。实践中，各地方性法规基本都确认了婚假可适用所有的用人单位，婚假天数一般是三天。同时，劳动者婚假期间，用人单位应当依法支付工资。

6. 丧假　丧假，是指劳动者直系亲属死亡时依法享受的假期。劳动者丧假期间，用人单位应当依法支付工资。这里的直系亲属，是指父母、配偶和子女。丧假的天数为一至三天。

（三）女职工保护

对女职工的劳动保护，包括一般时间的劳动禁忌保护和特殊期间的保护。对于劳动禁忌，《女职工劳动保护特别规定》对一般时间以及经期、孕期、哺乳期禁忌从事的劳动范围进行了规定。

1. 孕期

（1）用人单位不能在孕期女职工无过错情况下单方与其解除劳动合同，即不能根据《中华人民共和国劳动合同法》第四十条、四十一条与孕期女职工解除劳动关系。同时，对于孕期女员工，其劳动合同到期时仍处于《中华人民共和国劳动合同法》第四十二条第四款规定的状态时，劳动合同应当续延至相应的情形消失时终止。

（2）女职工在孕期不能适应原劳动的，用人单位应当根据医疗机构的证明，予以减轻劳动量或者安排其他能够适应的劳动。对怀孕七个月以上的女职工，用人单位不得延长劳动时间或者安排夜班劳动，并应当在劳动时间内安排一定的休息时间。

（3）怀孕女职工在劳动时间内进行产前检查，所需时间计入劳动时间。

（4）用人单位不得因女职工怀孕降低其工资。

2. 产期　产假是女职工因生产、流产而依法享有的假期。

（1）女职工生育享受九十八天产假，其中产前可以休假十五天；难产的，增加产假十五天；生育多胞胎的，每多生育一个婴儿，增加产假十五天。女职工怀孕未满四个月流产的，享受十五天产假；怀孕满四个月流产的，享受四十二天产假。

笔记

（2）用人单位不能在产期女职工无过错情况下单方与其解除劳动合同。即不能根据《中华人民共和国劳动合同法》第四十条、四十一条与产期女职工解除劳动关系。同时，对于产期女员工，其劳动合同到期时仍处于《中华人民共和国劳动合同法》第四十二条第四款规定的状态时，劳动合同应当续延至相应的情形消失时终止。

（3）用人单位不得因女职工生育降低其工资。女职工产假期间的生育津贴，对已经参加生育保险的，按照用人单位上年度职工月平均工资的标准由生育保险基金支付；对未参加生育保险的，按照女职工产假前工资的标准由用人单位支付。女职工生育或者流产的医疗费用，按照生育保险规定的项目和标准，对已经参加生育保险的，由生育保险基金支付；对未参加生育保险的，由用人单位支付。

3. 哺乳期

（1）用人单位不能在哺乳期女职工无过错情况下单方与其解除劳动合同，即不能根据《中华人民共和国劳动合同法》第四十条、四十一条与哺乳期女职工解除劳动关系。同时，对于哺乳期女员工，其劳动合同到期时仍处于《中华人民共和国劳动合同法》第四十二条第四款规定的状态时，劳动合同应当续延至相应的情形消失时终止。

（2）女职工哺乳婴儿满周岁后，一般不再延长哺乳期。如果婴儿身体特别虚弱，经医务部门证明，可将哺乳期酌情延长。如果哺乳期时正值夏季，也可延长一至两个月。

（3）对哺乳未满一周岁婴儿的女职工，用人单位不得延长劳动时间或者安排夜班劳动。用人单位应当在每天的劳动时间内为哺乳期女职工安排一小时哺乳时间；女职工生育多胞胎的，每多哺乳一个婴儿每天增加一小时哺乳时间。

（4）用人单位不得因女职工哺乳降低其工资。

五、员工离职法律风险管理

员工离职有劳动合同终止和解除两种情况，劳动合同的解除是由指用人单位或劳动者一方或双方发起的，对双方已签订未履行完毕的劳动合同权利义务关系的解除。

（一）协商一致解除

用人单位与劳动者协商一致，可以解除劳动合同。用人单位先提出协商解除劳动合同的，应按照《中华人民共和国劳动合同法》第四十七条向劳动者支付经济补偿金，经济补偿按劳动者在本单位工作的年限，每满一年支付一个月工资的标准向劳动者支付。六个月以上不满一年的，按一年计算；不满六个月的，向劳动者支付半个月工资的经济补偿。

劳动者月工资高于用人单位所在直辖市、设区的市级人民政府公布的本地区上年度职工月平均工资三倍的，向其支付经济补偿的标准按职工月平均工资三倍的数额支付，向其支付经济补偿的年限最高不超过十二年。这里的月工资是指劳动者在劳动合同解除或者终止前十二个月的平均工资。

（二）劳动者预告性解除

劳动者预告性解除劳动合同，是在非用人单位过错的情况下，劳动者提前三十日以书面形式通知用人单位，可以解除劳动合同。劳动者在试用期内提前三日通知用人单位，可以解除劳动合同。

（三）劳动者单方解除

在用人单位有过错的情形下，法律赋予劳动者法定解除权，根据《中华人民共和国劳动合同法》规定，用人单位有下列情形之一的，劳动者可以（即时）解除劳动合同，用人单位应当向劳动者支付经济补偿金。

1. 未按照劳动合同约定提供劳动保护或者劳动条件的。

2. 未及时足额支付劳动报酬的。

3. 未依法为劳动者缴纳社会保险费的。

4. 用人单位的规章制度违反法律、法规的规定，损害劳动者权益的。

5. 因《中华人民共和国劳动合同法》第二十六条第一款规定的情形致使劳动合同无效的。

6. 法律、行政法规规定劳动者可以解除劳动合同的其他情形。

用人单位以暴力、威胁或者非法限制人身自由的手段强迫劳动者劳动的，或者用人单位违章指挥、强令冒险作业危及劳动者人身安全的，劳动者可以立即解除劳动合同，不需事先告知用人单位。

（四）用人单位预告性解除

劳动者有下列情形之一的，用人单位提前三十日以书面形式通知劳动者本人或者额外支付劳动者一个月工资后，可以解除劳动合同，同时用人单位对该种情形的存在负有举证责任：

1. 劳动者患病或者非因工负伤，在规定的医疗期满后不能从事原工作，也不能从事由用人单位另行安排的工作的。

2. 劳动者不能胜任工作，经过培训或者调整工作岗位，仍不能胜任工作的。

3. 劳动合同订立时所依据的客观情况发生重大变化，致使劳动合同无法履行，经用人单位与劳动者协商，未能就变更劳动合同内容达成协议的。

（五）用人单位单方解除

劳动者有下列情形之一（即劳动者有过错）的，用人单位可以（即时）解除劳动合同且不需向劳动者支付经济补偿金：

1. 在试用期间被证明不符合录用条件的。

2. 严重违反用人单位的规章制度的。

3. 严重失职，营私舞弊，给用人单位造成重大损害的。

4. 劳动者同时与其他用人单位建立劳动关系，对完成本单位的工作任务造成严重影响，或者经用人单位提出，拒不改正的。

5. 因《中华人民共和国劳动合同法》第二十六条第一款第一项规定的情形致使劳动合同无效的。

6. 被依法追究刑事责任的。

（六）经济性裁员

经济性裁员是在用人单位在生产经营方面发生重大困难时，一次性辞退部分劳动者以改善生产经营状况的一种用人单位单方解除劳动合同的方式。有下列情形之一，需要裁减人员二十人以上或者裁减不足二十人但占企业职工总数10%以上的，用人单位提前三十日向工会或者全体职工说明情况，听取工会或者职工的意见后，裁减人员方案经向劳动行政部门报告，可以裁减人员，同时，用人单位应当向劳动者支付经济补偿金：

1. 依照企业破产法规定进行重整的。

2. 生产经营发生严重困难的。

3. 企业转产、重大技术革新或者经营方式调整，经变更劳动合同后，仍需裁减人员的。

4. 其他因劳动合同订立时所依据的客观经济情况发生重大变化，致使劳动合同无法履行的。

（七）禁止解除劳动合同情形

劳动者有下列情形之一的，用人单位不得依照《中华人民共和国劳动合同法》第四十条、第四十一条的规定解除劳动合同：

1. 从事接触职业病危害作业的劳动者未进行离岗前职业健康检查，或者疑似职业病病人在诊断或者医学观察期间的。

2. 在本单位患职业病或者因工负伤并被确认丧失或者部分丧失劳动能力的。

3. 患病或者非因工负伤，在规定的医疗期内的。

4. 女职工在孕期、产期、哺乳期的。

5. 在本单位连续工作满十五年，且距法定退休年龄不足五年的。

6. 法律、行政法规规定的其他情形。

用人单位应依法解除或者终止劳动合同，否则，劳动者要求用人单位继续履行劳动合同的，用人单位应当继续履行；劳动者不要求继续履行劳动合同或者劳动合同已经不能继续履行的，用人单位应当按照《中华人民共和国劳动合同法》规定的经济补偿标准的二倍向劳动者支付赔偿金。

第3节　医疗美容企业员工关系实务法律风险管理

一、劳动争议

（一）劳动争议概述

劳动争议，又称为劳动纠纷，指劳动关系双方当事人之间因劳动权利和劳动义务而发生的纠纷。根据《中华人民共和国劳动争议调解仲裁法》的规定，劳动争议的范围包括以下内容。

1. 因确认劳动关系发生的争议。

2. 因订立、履行、变更、解除和终止劳动合同发生的争议。

3. 因除名、辞退和辞职、离职发生的争议。

4. 因工作时间、休息休假、社会保险、福利、培训以及劳动保护发生的争议。

5. 因劳动报酬、工伤医疗费、经济补偿或者赔偿金等发生的争议。

6. 法律、法规规定的其他劳动争议。

另外，根据《最高人民法院关于审理劳动争议案件适用法律若干问题的解释（二）》的规定，以下为不属于劳动争议的情形：劳动者请求社会保险经办机构发放社会保险金的纠纷；劳动者与用人单位因住房制度改革产生的公有住房转让纠纷；劳动者对劳动能力鉴定委员会的伤残等级鉴定结论或者对职业病诊断鉴定委员会的职业病诊断鉴定结论的异议纠纷；家庭或者个人与家政服务人员之间的纠纷；个体工匠与帮工、学徒之间的纠纷；农村承包经营户与受雇人之间的纠纷。

（二）争议处理原则

根据《中华人民共和国劳动法》及《中华人民共和国劳动争议调解仲裁法》的规定，劳动争议处理应当遵循以下原则。

1. 着重调解原则　着重调解原则是指处理劳动争议时，着重以调解方式解决，使双方当事人达成一致协议并认真履行。着重调解原则并不是强制调解，其前提是双方当事人自愿，同时，调解原则也适用于仲裁和诉讼程序。

2. 合法原则　合法原则是指劳动争议处理机构应当对争议的事实深入调查，在事实清楚的基础上，根据劳动法律法规、规章政策等作出处理，所达成的调解协议、作出的裁决或判决不得违反国家现行法律法规，不得损害国家、公众和他人利益。

3. 公正原则　公正原则是指劳动争议处理机构应当公正执法，严格依法办事，对争议当事人在适用法律上一律平等，不得偏袒、歧视任一方。同时，劳动争议双方的当事人应当充分尊重对方在劳动争议过程中的法律地位，任何一方不得把自己的意志强加于另一方。

4. 及时处理原则　及时处理原则是指劳动争议的处理机构在处理争议案件时要在法律和有关规定要求的时限内受理和办结。及时处理原则有利于维护当事人的合法权益，也防止劳动争议“久调不决”。

（三）争议解决方法

根据《中华人民共和国劳动法》及《中华人民共和国劳动争议调解仲裁法》的规定，劳动争议发生后，当事人双方可以先协商；不愿协商、协商不成或达成和解协议后不履行的，当事人可以向调解组织申请调解；不愿调解、调解不成或达成调解协议后不履行的，当事人可向劳动争议仲裁委员会申请仲裁；不服仲裁裁决的，除法律另有规定外，可以向人民法院提起诉讼。

1. 协商 协商是指劳动争议双方当事人就争议的问题直接进行协商，达成和解协议。协商并不是解决劳动争议处理的必经程序，其前提是双方当事人自愿，达成的和解协议、和解方案不具有强制执行力。

2. 调解 劳动争议调解，是指劳动者和用人单位在发生劳动争议后，向法律规定的调解组织申请调解，调解组织居中主持调解，并帮助当事人双方达成调解协议，从而解决争议的活动。这里的调解组织包括企业劳动争议调解委员会、依法设立的基层人民调解组织和在乡镇、街道设立的具有劳动争议调解职能的组织。调解也并不是劳动争议处理的必经程序，是当事人双方的自愿选择，不具有强制执行力。

3. 仲裁 劳动争议仲裁是指劳动争议的当事人向劳动争议仲裁委员会提出申请，请求对当事人因劳动权利义务等问题产生的争议进行裁决的一种处理劳动争议的方式，生效的劳动争议裁决具有强制执行力。劳动仲裁是处理劳动争议法定必经程序，也是提起劳动诉讼的前置程序。

4. 诉讼 劳动争议诉讼，是指当事人不服劳动争议仲裁委员会的裁决，在规定的期限内向人民法院起诉，人民法院依照民事诉讼程序，依法对劳动争议案件进行审理的活动。根据《中华人民共和国劳动法》规定，劳动争议当事人对仲裁裁决不服的，可以自收到仲裁裁决书之日起十五日内向人民法院提起诉讼。

（四）劳动争议时效

1. 时效规定 时效的概念在劳动法体系下，包括仲裁时效和诉讼时效两种，可依法定原因中止、中断。

《中华人民共和国劳动争议调解仲裁法》规定的劳动争议申请仲裁的时效期间为一年，劳动关系存续期间因拖欠劳动报酬发生争议的，劳动者申请仲裁不受一年仲裁时效期间的限制，但是，劳动关系终止的，应当自劳动关系终止之日起一年内提出。劳动争议当事人对仲裁裁决不服的，符合法律规定条件的可以自收到仲裁裁决书之日起十五日内向人民法院提起诉讼。一方当事人在法定期限内不起诉又不履行仲裁裁决的，另一方当事人可以申请人民法院强制执行。

诉讼时效是指权利人在法定期间内不行使权利即丧失请求人民法院依法保护其民事权利的法律制度。《中华人民共和国民法典》规定，向人民法院请求保护民事权利的诉讼时效期间为三年。法律另有规定的，依照其规定。

2. 时效计算 劳动争议申请仲裁的时效期间从当事人知道或者应当知道其权利被侵害之日起计算。关于“当事人知道或者应当知道其权利被侵害之日”应作如下理解。

（1）在劳动关系存续期间产生的支付工资争议，用人单位能够证明已经书面通知劳动者拒付工资的，书面通知送达之日为劳动争议发生之日。用人单位不能证明的，劳动者主张权利之日为劳动争议发生之日。

（2）因解除或者终止劳动关系产生的争议，用人单位不能证明劳动者收到解除或者终止劳动关系书面通知时间的，劳动者主张权利之日为劳动争议发生之日。

（3）劳动关系解除或者终止后产生的支付工资、经济补偿金、福利待遇等争议，劳动者能够证明用人单位承诺支付的时间为解除或者终止劳动关系后的具体日期的，用人单位承诺支付之日为劳动争议发生之日。劳动者不能证明的，解除或者终止劳动关系之日为劳动争议发生之日。

笔记

二、劳动仲裁

劳动仲裁不同于《中华人民共和国仲裁法》中的经济纠纷仲裁：经济纠纷仲裁要求纠纷双方当事人有事先或事后达成仲裁条款或仲裁协议，而劳动仲裁只要一方当事人提出申请，经仲裁机构审查后符合条件即可受理。

（一）仲裁概述

1. 仲裁机构 劳动争议仲裁委员会是依法设立的，经国家授权依法独立仲裁处理劳动争议案件的专门机构。

（1）机构设立：根据《中华人民共和国劳动争议调解仲裁法》规定，劳动争议仲裁委员会按照统筹规划、合理布局和适应实际需要的原则设立。省、自治区人民政府可以决定在市、县设立；直辖市人民政府可以决定在区、县设立。直辖市、设区的市也可以设立一个或者若干个劳动争议仲裁委员会。劳动争议仲裁委员会不按行政区划层层设立。

（2）机构组成：劳动争议仲裁委员会由劳动行政部门代表、工会代表和企业方面代表组成。劳动争议仲裁委员会组成人员应当是单数。

（3）机构职责：第一，聘任、解聘专职或者兼职仲裁员；第二，受理劳动争议案件；第三，讨论重大或者疑难的劳动争议案件；第四，对仲裁活动进行监督。

2. 仲裁管辖 仲裁的管辖是指各仲裁委员会受理案件的权限，以确定当事人应在哪一个仲裁委员会申请仲裁，由哪一个仲裁委员会受理并进行处理的法律制度。根据《中华人民共和国劳动争议调解仲裁法》规定，劳动争议仲裁委员会负责管辖本区域内发生的劳动争议。劳动争议由劳动合同履行地或者用人单位所在地的劳动争议仲裁委员会管辖。双方当事人分别向劳动合同履行地和用人单位所在地的劳动争议仲裁委员会申请仲裁的，由劳动合同履行地的劳动争议仲裁委员会管辖。

我国劳动争议仲裁管辖实行地域管辖为主，级别管辖为辅的原则。其中地域管辖又分为一般地域管辖、特殊地域管辖和专属管辖。此外，还有移送管辖和指定管辖，移送管辖指劳动仲裁委员会将其受理的无管辖权的或不便于管辖的劳动争议案件移送有权或便于审理此案的劳动仲裁委员会。

（二）仲裁程序

1. 申请 申请人申请仲裁应当提交书面仲裁申请，并按照被申请人人数提交副本。

仲裁申请书应当载明：第一，劳动者的姓名、性别、年龄、职业、工作单位和住所，用人单位的名称、住所和法定代表人或者主要负责人的姓名、职务；第二，仲裁请求和所根据的事实、理由；第三，证据和证据来源、证人姓名和住所。书写仲裁申请确有困难的，可以口头申请，由劳动争议仲裁委员会记入笔录，并告知对方当事人。

当事人申请劳动争议仲裁后，可以自行和解。达成和解协议的，可以撤回仲裁申请。

2. 立案 劳动争议仲裁委员会收到仲裁申请之日起五日内，认为符合受理条件的，应当受理并通知申请人；认为不符合受理条件的，应当书面通知申请人不予受理，并说明理由。对劳动争议仲裁委员会不予受理或者逾期未作出决定的，申请人可以就该劳动争议事项向人民法院提起诉讼。

3. 审理

（1）仲裁庭组成：劳动争议仲裁委员会裁决劳动争议案件实行仲裁庭制，仲裁庭由三名仲裁员组成，设首席仲裁员，简单劳动争议案件可以由1名仲裁员独任仲裁。仲裁庭应当在开庭五日前，将开庭日期、地点书面通知双方当事人。当事人有正当理由的，可以在开庭三日前请求延期开庭。是否延期，由劳动争议仲裁委员会决定。

（2）出庭：申请人收到书面通知，无正当理由拒不到庭或者未经仲裁庭同意中途退庭的，可以视为撤回仲裁申请。被申请人收到书面通知，无正当理由拒不到庭或者未经仲裁庭同意中途退庭的，可以缺席裁决。

（3）鉴定：仲裁庭对专门性问题认为需要鉴定的，可以交由当事人约定的鉴定机构鉴定；当事人没有约定或者无法达成约定的，由仲裁庭指定的鉴定机构鉴定。根据当事人的请求或者仲裁庭的要求，鉴定机构应当派鉴定人参加开庭。当事人经仲裁庭许可，可以向鉴定人提问。

（4）质证和辩论：当事人在仲裁过程中有权进行质证和辩论。质证和辩论终结时，首席仲裁员或者独任仲裁员应当征询当事人的最后意见。当事人提供的证据经查证属实的，仲裁庭应当将其作为认定事实的根据。劳动者无法提供由用人单位掌握管理的与仲裁请求有关的证据，仲裁庭可以要求用人单位在指定期限内提供。用人单位在指定期限内不提供的，应当承担不利后果。

（5）仲裁庭应当将开庭情况记入笔录：当事人和其他仲裁参加人认为对自己陈述的记录有遗漏或者差错的，有权申请补正。如果不予补正，应当记录该申请。笔录由仲裁员、记录人员、当事人和其他仲裁参加人签名或者盖章。

4. 调解　仲裁庭在作出裁决前，应当先行调解。调解达成协议的，仲裁庭应当制作调解书。调解书应当写明仲裁请求和当事人协议的结果。调解书由仲裁员签名，加盖劳动争议仲裁委员会印章，送达双方当事人。调解书经双方当事人签收后，发生法律效力。调解不成或者调解书送达前，一方当事人反悔的，仲裁庭应当及时作出裁决。

5. 裁决　仲裁庭裁决劳动争议案件，应当自劳动争议仲裁委员会受理仲裁申请之日起四十五日内结束。案情复杂需要延期的，经劳动争议仲裁委员会主任批准，可以延期并书面通知当事人，但是延长期限不得超过十五日。逾期未作出仲裁裁决的，当事人可以就该劳动争议事项向人民法院提起诉讼。

6. 裁决效力　除法律另有规定的外，以下两种情况，劳动争议仲裁委员会作出的仲裁裁决为终局裁决，裁决书自作出之日起发生法律效力：第一，追索劳动报酬、工伤医疗费、经济补偿或者赔偿金，不超过当地月最低工资标准十二个月金额的争议；第二，因执行国家的劳动标准在工作时间、休息休假、社会保险等方面发生的争议。当事人对劳动争议案件的仲裁裁决不服的，可以自收到仲裁裁决书之日起十五日内向人民法院提起诉讼；期满不起诉的，裁决书发生法律效力。

三、劳动争议诉讼

（一）劳动争议诉讼概述

1. 受案范围　除《中华人民共和国劳动争议调解仲裁法》所规定情形外，根据《最高人民法院关于审理劳动争议案件适用法律若干问题的解释》中规定，劳动者与用人单位之间发生的下列纠纷，属于《中华人民共和国劳动法》第二条规定的劳动争议，当事人不服劳动争议仲裁委员会作出的裁决，依法向人民法院起诉的，人民法院应当受理：第一，劳动者与用人单位在履行劳动合同过程中发生的纠纷；第二，劳动者与用人单位之间没有订立书面劳动合同，但已形成劳动关系后发生的纠纷；第三，劳动者退休后，与尚未参加社会保险统筹的原用人单位因追索养老金、医疗费、工伤保险待遇和其他社会保险费而发生的纠纷。

2. 诉讼管辖　劳动争议案件由用人单位所在地或者劳动合同履行地的基层人民法院管辖。劳动合同履行地不明确的，由用人单位所在地的基层人民法院管辖。当事人双方不服劳动争议仲裁委员会作出的同一仲裁裁决，均向同一人民法院起诉的，先起诉的一方当事人为原告，但对双方的诉讼请求，人民法院应当一并作出裁决。当事人双方就同一仲裁裁决分别向有管辖权的人民法院起诉的，后受理的人民法院应当将案件移送给先受理的人民法院。

3. 举证责任分配　劳动争议案件中举证责任分配适用"谁主张，谁举证"的原则，但由于劳动争议双方当事人地位的不对等，《最高人民法院关于审理劳动争议案件适用法律若干问题的解释》中规定，因用人单位作出的开除、除名、辞退、解除劳动合同、减少劳动报酬、计算劳动者工作年限等决定而发生的劳动争议，用人单位负举证责任。《最高人民法院关于审理劳动争议案件适用法律若干问题的解释（三）》中则规定，劳动者主张加班费的，应当就加班事实的存在承担举证责任。但劳动者有证据证明用人单位掌握加班事实存在的证据，用人单位不提供的，由用人单位承担不利后果。

（二）劳动争议诉讼程序（一审）

1. 起诉及受理

（1）起诉必须同时符合下列条件：第一，原告是与本案有直接利害关系的公民、法人和其他组织；第二，有明确的被告；第三，有具体的诉讼请求和事实、理由；第四，属于人民法院受理劳动争议的范围和受诉人民法院管辖。同时，应在有效的时效期间内提起。

（2）起诉应当向人民法院递交起诉状，并按照被告人数提出副本。书写起诉状确有困难的，可以口头起诉，由人民法院记入笔录，并告知对方当事人。经法院审查符合起诉条件的，对符合《中华人民共和国民事诉讼法》第一百一十九条的起诉，必须受理。符合起诉条件的，应当在七日内立案，并通知当事人；不符合起诉条件的，应当在七日内作出裁定书，不予受理；原告对裁定不服的，可以提起上诉。

2. 庭前准备

（1）人民法院在立案之日起五日内将起诉状副本发送被告，被告在收到之日起 15 日内提交答辩状。人民法院应当在收到答辩状之日起五日内将答辩状副本发送原告。被告不提交答辩状的，不影响人民法院审理。

（2）人民法院对决定受理的案件，应当在受理案件通知书和应诉通知书中向当事人告知有关的诉讼权利义务，或者口头告知。

（3）人民法院受理案件后，当事人对管辖权有异议的，应当在提交答辩状期间提出。人民法院对当事人提出的异议，应当审查。异议成立的，裁定将案件移送有管辖权的人民法院；异议不成立的，裁定驳回。当事人未提出管辖异议，并应诉答辩的，视为受诉人民法院有管辖权，但违反级别管辖和专属管辖规定的除外。

（4）合议庭组成人员确定后，应当在三日内告知当事人。

（5）审判人员必须认真审核诉讼材料，调查收集必要的证据。

（6）必须共同进行诉讼的当事人没有参加诉讼的，人民法院应当通知其参加诉讼。

3. 开庭审理　完成庭前准备工作后，即开庭审理。开庭审理包括开庭审理前的准备、法庭调查、法庭辩论、法庭调解及评议宣判阶段。其中法庭调查包括以下程序：第一，当事人陈述。法庭调查开始后，首先由原告、被告双方当事人陈述事实主张及诉求，后被告就原告的陈述进行答辩；第二，双方按原告、被告顺序分别出示证据，说明所出示的证据的证明目的，双方当事人相互质证，法官视情况进行提问；第三，法庭调查完毕即进入法庭辩论阶段，由双方当事人就案件的事实和主要争议点进行交叉辩论，证明己方主张。法庭辩论结束之前由审判长询问双方最后意见。在判决作出前，如果双方有调解意向的，法庭先主持调解，经调解达成调解协议后，人民法院应当制作调解书，调解书经双方当事人签字后，发生法律效力。调解不成的，及时判决。

人民法院适用普通程序审理的案件，应当在立案之日起六个月内审结。有特殊情况需要延长的，若由人民法院院长批准，可以延长六个月；还需要延长的报请上级人民法院批准。

判决前能够调解的，还可以进行调解，调解不成的，应当及时判决。

小结

人力资源管理是一个持续性的过程，从招聘录用、在职管理到员工离职的各个环节，都有基于法律规定或合同约定而发生人才成本浪费、劳动争议等导致企业受到损失的可能性。人力资源是医疗美容企业重要的战略资源，影响着企业安全、持久的发展。因此，医疗美容企业应提高人力资源法律风险管理意识，做好员工全流程管理各环节的法律风险预先防控和劳动争议纠纷发生后的及时应对。

章前案例解析

1.《中华人民共和国劳动合同法》第十条规定，已建立劳动关系，未同时订立书面劳动合同的，应当自用工之日起一个月内订立书面劳动合同。否则用人单位自用工之日起超过一个月不满一年未与劳动者订立书面劳动合同的，应当向劳动者每月支付二倍的工资。案例中公司与荆某在用工三个月才签订劳动合同，违反法律相关规定，公司有向荆某支付二倍工资的风险。

2.《中华人民共和国劳动合同法》第十九条规定，劳动合同期限一年以上不满三年的，试用期不得超过两个月；第二十条规定，劳动者在试用期的工资不得低于本单位相同岗位最低档工资或者劳动合同约定工资的 80%，并不得低于用人单位所在地的最低工资标准。案例中荆某转正后工资为 20 000 元/月，而试用期工资为税前 4000 元/月，低于 80%的比例要求，所以，如果同时低于本单位相同岗位最低档工资，公司与荆某做此约定则违反法律相关规定。

3.《中华人民共和国劳动合同法》第三十九条规定，劳动者有严重失职，营私舞弊，给用人单位造成重大损害的或严重违反用人单位的规章制度的情形时，用人单位可以解除劳动合同。荆某负责招商会对接外部合作事宜，并代表公司签订相关合同，属于职务行为，因其疏忽大意未尽职责导致公司遭受重大损失，属于严重失职行为。这里注意，公司应在劳动合同、经民主程序并经公示的规章制度中，对“严重违反公司规章制度”的行为作出明确约定。

思考题

1. 用人单位不与劳动者签订书面劳动合同，有什么法律后果？
2. 怀孕期间女员工，用人单位能否与之解除劳动关系？
3. 劳动争议的解决方式有哪些？
4. 劳动争议申请仲裁的时效期间为一年，从当事人知道或者应当知道其权利被侵害之日起计算。那么此处的“当事人知道或者应当知道其权利被侵害之日”如何理解？

（田　野）

第11章 医疗美容机构合同管理法律风险管理

本章概要

在医疗机构日常经营管理过程中，基于实施的民事法律行为不同，与不同主体之间可能构成不同的民事法律关系。例如，医疗美容机构与求美者之间构成医疗美容服务的民事法律关系，体现形式包括医疗文书类或者医疗美容纠纷处理类合同；医疗美容机构股东或其他形式投资者之间形成股权投资的民事法律关系，体现形式包括发起人（或投资收购）协议、公司章程或议事规则等；医疗机构基于市场开拓和营销需求与自然人、法人或其他组织之间构成承揽、委托、保管等民事法律关系，体现形式包括营销推广类合同、市场合作类合同等；医疗美容机构基于战略化发展和品牌推广需求与市场上的意向投资者、加盟者或其他合作者构成投资或者加盟民事法律关系，体现形式包括特许经营类合同等。

本章旨在基于医疗机构在设立及存续过程中与不同主体基于不同目的构成的不同民事法律关系，依据我国现行法律法规、规范性文件之规定，结合实务经验，针对几类常见合同进行概括性描述、核心条款解析及提示在订立、签署合同过程中常见的法律风险。

案例11

被告刘某在原告某医疗美容门诊部接受内眦赘皮矫正术，因对术后效果不满意与原告发生医疗争议。后经协商双方签订《和解协议》，约定原告向被告一次性支付和解金人民币伍万元整。《和解协议》明确约定：被告收到和解金后保证不再因争议项目与原告进行交涉、起诉投诉或要求原告就原服务及相关产品承担任何责任。若被告违反上述约定应承担违约责任并向原告按照和解金额的三倍支付违约金。被告在收到和解金后违反协议约定起诉至北京市高级人民法院并要求原告继续承担损害赔偿责任。据此，原告起诉至法院要求被告承担违约责任金。经过双方举证质证并经法院审理，认为原告无权约束被告诉权，驳回原告要求被告承担违约责任的诉求。

问题： 1. 原被告之间发生医疗争议的，经协商签署《和解协议》并约定一次性解决争议是否有效？
2. 法院缘何判定医疗机构无权约束求美者诉权？
3. “补偿金”、“赔偿金”，词语性质及履行后果是否存在差别？

第1节 医疗美容纠纷处理类合同法律风险管理

一、医疗美容纠纷处理类合同的概述和特点

（一）概述

随着社会的发展，人们对于外形关注度越发提高。基于此，人们对于医疗美容的需求越来越多，希望通过医疗美容改善先天不足或者维持良好外形状态，促使医疗美容服务趋于平民化。医疗美容

机构为了迎合市场和求美者的心理需求，相较于其他专科或综合医疗机构来讲，更倾向于通过各种营销手段，通过可视化对比、承诺效果或即时改善等方法吸引求美者。同时，医疗美容机构市场化程度高、竞争激烈，为了占领客户资源，医疗美容机构在向求美者提供咨询、设计治疗方案以及提供服务过程中，为了满足求美者当下心理需求，常轻视了求美者个体差异等不可控因素，加之术前医护人员未做好引导，导致求美者对于术后效果可能存在过高预期，易发生医疗美容纠纷。

从目前总结的案例来看，易发生医疗美容纠纷的原因主要集中在求美者认为医疗美容机构侵犯求美者的知情权、选择权（包括未经求美者同意擅自更改治疗方案、未在术前进行充分告知等）；医疗美容机构在提供服务过程中存在欺诈情形（包括机构或人员不具备实施医疗美容服务的条件或资质、医方在向求美者提供咨询或指定诊断方案过程中存在虚假宣传或承诺、夸大等不实表述）；求美者认为没有达到美容效果或发生术后不适（包括并发症、意外或其他损伤等）。

医患双方基于不同需求，在发生医疗争议时一般倾向于通过协商解决。若协商不成的，求美者选择通过起诉等方式满足诉求。和解，就是通常所说的私了、自行调解。医疗美容纠纷类合同常订立于医患双方对于争议达成和解或自行调解意向之后，通过协商一致自愿达成关于争议解决的协议，解决方式可能包括医疗机构支付补偿金、赔偿金或其他解决方式。基于医疗美容纠纷类别不同，在与求美者订立的关于解决医疗美容纠纷类的合同过程中应设置针对性条款，以保障合同的有效以及双方合法权益。

（二）特点

1. 和解协议应以符合《中华人民共和国民法典》关于合同的订立、效力、履行等相关章节及条款的规定为前提　和解协议自成立生效后对当事人产生法律效力，当事人应当依合同的规定，享受权利、承担义务。所谓无效合同就是不具有法律约束力和不发生履行效力的合同。一般合同一旦依法生效，就具有法律拘束力，但是无效合同却由于违反法律、行政法规的强制性规定或者损害国家、社会公共利益，即使其签订，也不具有法律拘束力。实践中，当事人双方在订立和解协议过程中，应避免因部分或全部条款存在违反法律、行政法规效力性强制规定；存在虚假的意思表示；存在重大误解、欺诈或显失公平等情形被认定为无效或可撤销。

2. 基于双方自愿订立协议，不具有强制执行特点　只有医患双方参加协商，双方地位平等，都有充分发言权，往往没有第三方的参与。即使有第三方参加，也仅仅起到见证或者公证作用，参加的第三方没有干涉和介入到双方的谈判和协商事务上来。双方自愿，协商一致，没有强迫或者命令因素。因此达成的协议也是双方当事人意思自治的表现。

3. 和解协议的订立一般以双方一次性解决争议为目的　和解协议，一般基于以一方放弃一部分或全部权利、一方满足另一方的要求或是双方均做一些让步。考虑到诉讼成本、时间成本及其他或有风险，在实践中和解协议的签署一般以一次性解决争议作为重要前提，即在不违反法律法规及规范性文件效力性强制性规定的情况下，若双方按约定全面履行和解协议，即视为争议已一次性解决且一方不得再就同一事项要求一方继续承担其他责任。

4. 和解可以在纠纷发生后的任何阶段进行　医患双方和解可以在纠纷发生后的任何阶段进行，包括起诉前、诉中甚至是在作出医疗过错鉴定之后。

二、医疗美容纠纷处理类合同常见核心条款及解析

1. 合同当事人双方的名称或姓名　当事人双方的名称或姓名、住所、联系方式等是每一个和解协议必须具备的条款。合同中如果不写明当事人，谁与谁进行和解都无法明确，就无法确定权利的行使和义务的承担主体，发生纠纷也难以解决，特别是在医疗美容服务过程中，一些求美者基于保护隐私的考虑会虚构姓名或其他身份信息。为了保障和解协议的成立生效，合同双方当事人均应提供全面、真实和有效的信息，并书写准确、清楚。

2. 争议项目信息及争议焦点 争议项目情况以及医患双方的争议焦点应在和解协议中明晰。和解协议中，首先可以病历摘要的方式明确求美者接受争议项目服务的基本情况，包括求美者就诊时间、主诉、查体情况、医师在术前确定的诊断方案，并简要概述治疗过程以及求美者术后情况等。其次，应在协议中明确医患双方的争议焦点，包括求美者认为医方在提供服务过程中可能存在的过错或责任，以及医方对于求美者争议的反馈和后续处理方式。若医患双方曾共同委托相关机构进行鉴定，应在协议中明确鉴定结论以及归责原则。

3. 和解方案 基于双方争议焦点或鉴定结论，医患双方应明确经协商确定的解决方案。方案中既可以包括医方对求美者的给付义务，也可以包括求美者承诺不再就同一事要求医方承担其他责任的义务。

若约定由机构支付和解金的，支付方式可以是一次性的，也可以是在一定时期内或在满足一定条件下分期支付，结算方式应明确是现金支付、转账结算、委托付款或收款等。基于履行方式与当事人的利益密切相关，应当从方便、快捷和防止欺诈等方面考虑采取最为适当的履行方式，并且在合同中应当明确规定。若以分期方式支付的，应明确共分几次，单次支付进度；若以转账方式进行结算的，应在协议中注明收付款账户信息，包括账号、开户行及开户名，以便查实。

4. 保密及违约责任 和解是基于当事人双方自愿私下协商的结果，考虑到对于当事人双方隐私、和解方案、合同内容条款等的保护，一般会在协议中约定双方均应对和解方案进行保密且承担相应保密责任，防止实践中一方使用和解协议产生对另一方不利的言行。

违约责任是指当事人一方或者双方不履行合同或者不适当履行合同，依照法律的规定或者按照当事人的约定应当承担的责任。违约责任是促使当事人履行合同义务，使对方免受或少受损失的法律措施，也是保证合同履行的主要条款。违约责任在合同中非常重要，因此一般有关合同的法律对于违约责任都已经作出较为详尽的规定。但法律的规定是原则性的，即使细致也不可能面面俱到，无法照顾到各种合同的特殊情况。因此，当事人为了特殊的需要，为了保证合同义务严格按照约定履行，为了更加及时地解决合同纠纷，可以在合同中约定违约责任。例如，若协议中约定支付和解金，应明确未如期支付的违约金计算标准；若一方已履行主要合同义务，另一方违背协议条款针对同一事由主张其他权利或泄露协议内容的，应约定相应的违约金或者按照实际损失进行赔偿。

5. 履行发生争议的解决方法 解决争议的方法指合同争议的解决途径，对合同条款发生争议时的解释以及法律适用等。解决争议的主要途径：一是双方通过协商和解，二是由第三人进行调解，三是通过仲裁解决，四是通过诉讼解决。当事人可以约定解决争议的方法，如果意图通过诉讼解决争议是不用进行约定的，将依据法定方式进行；若通过其他途径解决都要事先约定。当事人选择和解、调解方式解决争议，都不能排除法院的管辖，当事人可以提起诉讼。解决争议方法的选择对于纠纷发生后当事人利益的保护是非常重要的，应该慎重对待。

三、医疗美容纠纷处理类合同订立及签署过程中涉及的法律风险及防范

1. 签署主体应具备签署和履行和解协议的权利和能力 签署和解协议的双方当事人，均应具备独立签署和履行协议的权利并具备承担民事义务的法律资格。作为实际开展医疗美容服务的主体，医疗美容机构应当在和解协议中注明机构全称并在落款处加盖公章。其中涉及医疗美容机构义务及责任的条款，医方应在事先明确是否具备全面履行的能力，并尽量避免在条款中使用基于求美者主观感受判断条款是否已全面履行的表述，如“为求美者进行修复并修复至满意为止”等类似表述。

依据《中华人民共和国民法典》第二章第一节关于民事权利能力和民事行为能力的相关规定以及《医疗美容服务管理办法》第十九条之规定，未经监护人同意，不得为无行为能力或者限制行为能力人实施医疗美容项目。据此，签署和解协议的自然人仅为完全民事行为能力人本人或无行为能力、限制行为能力人的监护人。若求美者本人或监护人未出具具备明确权限范围的委托书的，医疗美容机构

与除本人或监护人以外的其他人签订的和解协议存在效力瑕疵。未经权利人本人同意并追认前，该和解协议属于可撤销的合同，效力存在重大风险。

2. 避免出现被认定为无效或可撤销的条款 《中华人民共和国民法典》第六章第三节关于民事法律行为无效情形的相关规定：第一百四十六条，行为人与相对人以虚假的意思表示实施的民事法律行为无效。第一百五十三条，违反法律、行政法规的强制性规定的民事法律行为无效。但是，该强制性规定不导致该民事法律行为无效的除外。违背公序良俗的民事法律行为无效。第一百五十四条，行为人与相对人恶意串通，损害他人合法权益的民事法律行为无效。实践过程中，为了保障和解效果，当事人经常会在协议中直接约定在机构履行和解条款后，当事人无权就同一事由另行起诉等相关涉及当事人放弃诉权的条款。在司法实践过程中，法官一般会认定该类放弃诉权的条款无效。民事权利与民事诉权有密切的联系，但两者并非同一概念，前者为民事主体在民事活动中享有的实体权利，而后者为民事诉讼主体在民事诉讼活动中享有的程序权利。且诉权是基于当事人请求法院对其民事财产权和人身权进行司法保护的权利，从性质上属于公权力，故约定排除无效。

依据《中华人民共和国民法典》第六章第三节关于民事法律行为可撤销的情形的相关规定，当事人一方有权请求人民法院或者仲裁机构撤销的情形主要包括：①基于重大误解实施的民事法律行为；②一方以欺诈手段，使对方违背真实意思的情况下实施的民事法律行为；③一方或者第三人以胁迫手段，使对方在违背真实意思的情况下实施的民事法律行为，受损害方有权请求人民法院或者仲裁机构撤销。所谓可撤销合同，就是因意思表示不真实，通过有撤销权的当事人行使撤销权，使已经生效的意思表示归于无效的合同。可撤销合同与无效合同有相同之处，如都会因被确认无效或者被撤销后而使合同不具有效力，但是两者是两个不同的概念。可撤销合同主要是涉及意思不真实的合同，而无效合同主要是违反法律的强制性规定和损害社会公共利益的合同；可撤销合同在没有被撤销之前仍然是有效的，而无效合同是自始都不具有效力。

在司法实践过程中，涉及为解决医疗美容服务纠纷签订和解协议后，一方主张撤销和解协议的，多见于一方当事人主张“显失公平”或“以欺诈、胁迫的手段，使对方在违背真实意思的情况下订立的合同。”所谓显失公平的合同，就是一方当事人在紧迫或者缺乏经验的情况下订立的使当事人之间享有的权利和承担的义务严重不对等的合同。显失公平，是指合同中双方当事人的权利、义务明显不对等，使一方遭受重大的不利益。在履行和解协议过程中，双方的权利义务、风险承担明显不合理或者约定金额等与当事人通过诉讼能够主张的金额过于悬殊，都可称为显失公平的合同。显失公平的合同往往是指一方利用对方处于危困状态、缺乏判断能力等情形，致使合同成立时显失公平的原则。结合目前涉及医疗美容服务纠纷的实践案例，若和解协议条款被认定为显失公平的，一般满足以下要件：①客观要件，即在客观上当事人之间的利益不平衡。根据显失公平的合同，一方当事人承担更多的义务而享受极少的权利或者在经济利益上遭受重大损失，而另一方则以较少的代价获得了极大的利益。②主观要件，即一方当事人故意利用其优势或者另一方当事人的草率、无经验等订立了合同。

3. 应将争议项目的病历等作为合同附件予以保存 附件一般是作为协议正文的说明、补充或者参考资料。针对和解协议，建议将争议项目的病历、求美者身份证复印件、涉及和解款的收条（如有）等一并作为协议附件进行保存，对于协议内容可以起到重要说明、补充或者引证参考的作用。同时，应在协议正文中标明“后附《×××》”以确保与正文构成完整协议文本。

第2节 医疗美容股权投资类合同法律风险管理

在国家医疗体制改革、支持社会办医及大健康产业飞速发展的背景下，医疗机构并购领域已成为传统医疗集团和各路产业资本（地产商、投资机构、药械企业、获得多轮融资拥有流量入口的平台等）竞相角逐的热点。

其中，因医疗美容机构具备长期持续经营、稳定收益和较低风险的特点，通过股权投资、战略合作等多种方式投资医疗美容机构，能够快速形成战略化、规模化经营的趋势已经越发明显，并且也是近几年医疗投资行业的热点。但是随着针对医疗美容行业投资热情的逐渐减弱，加之产业资本投资医疗美容机构后，往往因为不了解行业情况、缺乏专业的运营管理团队等原因，无法真正搞活资源。并且医疗美容行业整体市场化程度高、竞争激烈，可能要面临来自政策、同行竞争等多方面的压力，导致医疗美容机构在被收购完成后可能变成烫手山芋。

在医疗美容行业复杂的投资并购工作中，业务、法务、财务等各方的通力合作是成功的前提。一方面要根据双方争议的焦点问题制订谈判方案，另一方面要通过书面文件和条款将谈判结果落实。事实上并没有纯粹的商业条款或法律条款，交易中所有出现的协议条款，都是为了界定纷繁复杂的交易内容，明确各方权利义务，以期能最大限度防范交易风险，实现商业目的。

一、投资收购类交易的一般性流程

投资收购类交易流程一般分为5个阶段，在医疗美容机构的收购交易中，虽然可能根据机构成立时间长短、交易方式等不同会有一些差别，但通常需要经历以下几个阶段：

1. 接洽及意向阶段 在此阶段，收购方与标的企业原股东进行接触，对于标的企业基本情况、资质情况、财务情况及资产情况进行初步了解。达成初步收购意愿后，交易双方签署《收购意向书》等文件，并就进一步成立项目组对标的企业进行尽职调查、确定交易框架、后续磋商等方面的条款达成合意。

2. 筹备及尽职调查阶段 交易双方一般会分别成立项目组以负责针对标的企业收购项目的具体协调、对接和谈判等工作。投资方一般会聘请专业中介机构，可能包括会计事务所、律师事务所、评估机构等，在与投资方或标的企业签署相关专项顾问服务协议或保密协议后，进驻标的企业进行尽职调查。

中介机构在对标的企业行业了解的基础上，结合自身专业经验向标的企业出具《尽职调查清单》。为了保障尽职调查的顺利进行，交易双方一般会共同召开尽职调查协调会，确定中介机构进场调查的工作机会和人员安排、尽职调查基准点以及各工作成功时间节点等，以期尽快推动尽职调查工作的进行。

当标的企业按照《尽职调查清单》的各项要求，结合中介机构，搜集、整理和准备资料后，经过中介机构的查看和分析，向委托方出具《尽职调查报告》或《评估报告》，如实描述、披露标的企业的各项情况以及风险，为投资方决定是否收购以及交易架构设立提供最重要的参考依据。

3. 协议谈判阶段 结合中介机构出具的《尽职调查报告》以及《评估报告》，交易双方进入针对收购项目的实质性谈判阶段。投资方根据报告内容，确定针对本次收购需要明确解决的重大核心问题以及交易总价和交易方式，并确定收购底价，与公司原股东进行磋商谈判。

律师应根据双方谈判情况初步起草《投资收购协议》，并结合尽职调查结果，提醒注意收购和交易风险，以协助收购的进行和顺利完成。

4. 协议签署及过渡交接阶段 在交易双方对《投资收购协议》各条款和内容达成一致的同时，公司原股东应依据《中华人民共和国公司法》及《公司章程》的相关规定，进行标的企业内部的决策审批流程，包括但不限于就是否同意公司股东转让其股权、公司其他股东是否放弃认购权等事项进行股东会决议。在取得同意进行转让的股东会决议之后，公司原股东方有权针对收购事项与投资方签署《投资收购协议》及相关文件。

若医疗美容机构不属于完全内资性质的私营企业，还应根据我国现行法律规定向相关行政主管部门或出资单位进行报批，在审批同意转让后才可签署和履行《投资收购协议》。

协议签署完成后，应根据《投资收购协议》中相关交割条款，在过渡期内进行各项移交。实践操作过程中，可能会涉及公章、银行账户及密钥、资产、账款等多方面交易。标的企业应配合交易双方完成移交，并在移交过程中针对关键事项进行说明确认。若涉及与标的企业外第三人有关事项的，为了保证顺利交接过渡，公司原股东有义务配合投资方向第三人进行说明确认。交接完成后，双方均应进行交接确认并签字或盖章。

5. 行政变更登记　根据《投资收购协议》中针对办理行政变更登记事项的交割条件，一般公司原股东应配合投资方提交变更申请、配合出具与变更有关的各项文件和材料，并完成现场提交或尽到补充责任。考虑到在实践过程中，各地区针对变更登记事项的要求、提交材料和时间周期存在差异，而且变更是否能够完成会直接影响收购目的是否实现。因此，在签署《投资收购协议》前，投资方或律师应当事先向当地询问变更流程、提交材料等相关事项，然后在《投资收购协议》中予以明确并与付款条件挂钩，以确保收购目的顺利实现。

二、核心条款解析

在涉及医疗美容机构的投资并购交易活动中，常常会遇到关于如何拟定法律条款的问题。交易中所有的协议条款，都是为了界定纷繁复杂的交易内容，明确各方权利义务，防范交易风险。对于条款不够重视，会在后续过程中产生诸多问题。为防患于未然，在起草股权投资类合同过程中，应关注以下核心条款。

1. 收购意向书　交易双方若决定签署《收购意向书》的，一般意味着已达成初步意向，意图就收购价总价、支付方式以及其他重要的商业条款进行实质性磋商，并指引下一步的工作方向，以准备业务、财务、法务乃至人事的尽职调查。虽然大部分《收购意向书》除了费用分担、排他条款和保密条款外并无实质上的法律约束力，但《收购意向书》中会对交易双方已经谈定的或者十分关注的商业条款进行锁定并确定初步方案，因此其是交易环节中非常重要的文件。

但从根本上说，《收购意向书》一般仅为意向性协议，属于多方合作意愿和基本原则的意向性约定，正式实施尚需进行进一步协商谈判并签署正式的《投资收购协议》，同时应根据相关法律法规及《公司章程》规定履行相关决策程序。因此，在签署正式《投资收购协议》及履行相关决策程序之前，交易事项以及双方磋商仅属于意向阶段，尚存在诸多不确定性。实践中，相关中介机构对很多标的企业进行尽职调查之后，因发现标的企业存在对于收购方产生重大不利影响的事项，收购即告终结，《收购意向书》也随即解除。

2. 保密协议或条款　在涉及投资收购医疗美容机构过程中，投资方为了更全面了解标的企业的情况，在初始阶段一般会要求标的企业提供少数资料及一部分核心数据。为了保障标的企业以及原股东各项合法权益，一般会考虑在向收购方提供资料时签署《保密协议》或在《收购意向书》中签署保密条款。

一般情况下保密协议是双向的，标的企业和原股东需要保护自己的敏感信息不被泄露，投资方也要了解影响收购条件和交易架构的关键核心信息，以尽快作出是否收购的初步判断，提高效率同时初步确定收购价格。保密协议中需要明确缔约方、保密内容及期限、双方陈述保证、违约救济等内容。

3. 投资收购协议　在签署《收购意向书》后，投资方一般会组成项目小组，与专业会计师、律师团队共同对标的企业进行商务、财务、法律的尽职调查。在持续数周的尽职调查过程中，根据尽职调查阶段性结果结合意向内容，交易双方可开始协商谈判实质性收购条件。根据作者实务经验，《投资收购协议》应明确以下核心条款。

（1）陈述与保证：协议中的陈述与保证部分，同时也是尽职调查时需要确认核实的内容。一般包括交易本身的合法性；公司股东承诺按照法律法规及《公司章程》之规定履行必要的决策程序；公司设立、运营、资产的合法性等。如果标的企业本身存在一定问题并且投资方已知晓，则应在《投资收购协议》中进行披露，明确解决方案和责任承担方式等。同时也需要标的企业及公司股东签署《披露函》或《承诺函》。

《披露函》或《承诺函》一般是由投资方提供，函中内容一般包括标的企业存在的问题，未来可能发生的风险或债务、重大诉讼以及公司原股东应对风险及债务承担相应的责任。同时应由公司股东承诺，除已披露的事实外无其他重大瑕疵或可能对收购方造成重大不利影响的其他事项。

笔记

涉及陈述保证条款建议考虑由公司原股东作出。若只有标的企业进行陈述保证，收购完成后发生重大诉讼或大额赔偿的，收购方因为已经成为标的企业股东，所以实质上由收购方承担。为了降低未来收购完成后标的企业或公司新股东可能面临的重大损失，一般均由公司原股东承诺承担未如实披露导致的各项责任及后果。

（2）交割条件：交割条件一般与付款方式和付款条件直接相关。最常见的设置交割条件的情形：办理行政变更事项；交易双方完成财务交接或资产移交；满足自投资收购协议签订后至完成交接期间（以下简称“过渡期”）未发生不利于收购完成后投资方进行控制或管理的情形等。

其中涉及办理行政变更事项的条款一般是《投资收购协议》中都会设置的交割条件之一。考虑到办理行政变更事项的过程一般不受双方控制，标的企业存续时间越长、取得特殊行政审批事项越多，在办理行政变更事项过程中的不可控因素也就越多。为了确保不因行政变更事项的不可控和不确定导致交易障碍甚至终止，一般会对行政变更事项的交割条件进行明确约定。针对该项交割条件的成就一般应明确为自提交材料齐全之日起或者明确约定某个阶段的行政变更事项办理完结之日。由于实践中，各地区各部门针对材料审查以及变更事项办理时间和程序不尽相同，为了避免该交割条件对交易构成实质性障碍，应尽量提前与相关部门事先进行沟通确认。

另外为防止在交割前标的企业发生重大事项变化导致收购目的无法达成，一般会明确约定过渡期内公司原股东应按照惯常方式善意经营公司，如不能有非常规运营和交易等约定、贷款不能超过一定金额、管理层员工不得涨薪、不得进行资产变卖等。

（3）公司治理：公司治理过程中，股东拥有股东会表决权越多拥有的话语权越多，对公司实际控制和管理的力度就会越大。对收购方来说，收购完成后作为公司股东参与到公司经营中，了解公司日常事项与重大事务决策是收购目的之一，也是为了保全收购方利益的重要条件之一。如果收购完成后在经营过程中，收购方发现标的企业有不利于己方的事务，也可以通过行使投票权或提前进行协商沟通等方式进行调整甚至阻止。

在取得股东身份后，可以谈判一票否决权的事项。基于中国目前公司“人合性”特点突出，尤其在有限责任公司的具体制度设计上，很多方面基本上沿袭了人合性企业组织的一些特点，如股东直接参与公司经营管理、公司采取封闭式管理、股东之间应以相互了解和取得信任作为基础、退出导致股权转让须经过一定严格程序等。因此，涉及公司重大决策事项时，股东为了避免“资本多数决”的表决方式导致权益受损甚至是被其他股东恶意损害合法权益，加之收购方往往是公司新股东缺少与公司原股东之间充分的信任和了解，为了保障股东权益会尤其在以下几个方面设置“一票否决权”。

第一，公司的重大资本结构调整。如增资、减资、并购重组等。

第二，公司运营。标的企业的日常经营管理均由公司管理层负责，若赋予某一股东“一票否决权”，有可能直接要面临来自管理层的阻力，一般来说管理层都不希望股东干涉公司的运营，尤其涉及中高层人事任免、重大合同签署履行、财务或者交易权限等。为此，投资方若想取得一票否决权，可能要面临来自公司原股东以及管理层的双重压力。在此种情形下，退而求其次的做法是，可以考虑约定行使保留权。即，如遇公司某些决策事项但投资方不同意实行的，可以行使保留权。未来无论该决策导致公司获益或亏损，都无须持保留意见的股东承担。

第三，年度预算。这部分是管理层最难妥协，但也是投资方在取得标的企业股权后最应该尽力争取的部分，因为公司预算和资金支配直接对于投资方是否达成收购目的造成影响，也会直接影响到股东权益。

（4）管理层的不竞争义务：股东同时担任公司高级管理人员的，一般在职期间需要履行“竞业禁止”义务。实践中为了避免公司股东同时投资多家同行业企业导致资源不平均分配，或者公司原股东利用股东身份将属于标的企业的核心竞争力或重要资源脱离标的企业控制或做与标的企业利益无关的其他使用，甚至是将标的企业公司核心员工带走导致投资方在收购完成后发现标的企业只剩下一具“空壳”，投资方会在《投资收购协议》中约定，公司原股东在股权转让后一定时间内、约定区域内承担避免同业竞争的义务。

实践中存在一项难点，若对标的企业原股东的同业竞争义务的情形明确定义或列举，可能会被原股东作为可以钻的“空子”并最终使得标的企业利益受损。

（5）股权反稀释条款：反稀释条款的目的在于保护公司股东的利益在后续多轮融资过程中不会被降低或因为股权比例的变化导致实际控制权减弱。考虑到在现实交易过程中，拥有优良资产的成长型企业常是被融资对象，而且融资一般不止一轮，因此作为公司创始人或在融资发生前的原始股东保护个人的经济利益以及在公司的话语权，就变得尤为重要。股权被稀释主要包含两种情况，一种是由于增资行为导致的股权比例降低，这种情况比较容易谈判，一般会约定通过无偿或以公允价格给予公司原股东相应比例的股权，保证其股权比例不变。另一种情况是由于下一轮融资对公司的估值降低，导致股权价值被摊薄。为防止出现此种情形，必须在协议中约定给予公司原股东补偿，保证股权价值不被稀释。

在此种情况下，为保障反稀释条款在公司后续融资过程中对于其他投资机构持续有效，应在《投资收购协议》中明确，若公司未来因股权转让或增资出现新股东的，新股东应明确知晓并同意涉及反稀释条款的股权安排。

（6）赔偿条款：实践过程中，由于收购进程时间长、标的金额比较大、程序相对复杂且会发生很多人为不可控制的因素，加之欲转让股权的股东可能存在故意隐瞒不利于收购进程的事项等原因，在收购彻底完成前发生违约的概率很高。

如协议任何一方违反本协议任何条款所设定的义务或所作陈述与保证有任何不实，导致另一方受到损害的，违约方应对守约方的损害承担全部赔偿责任。涉及违反《投资收购协议》核心条款或直接导致收购目的不能实现，应属于重大违约事项。在此种情况下除守约方有权要求违约方承担损害赔偿等违约责任外，还应赋予守约方单方解除权。除此之外，亦应在赔偿条款中明确发生特定情形或损失金额超过约定数额的属于重大违约事项，若收购过程中因公司原股东故意隐瞒重大不利事项给标的公司造成额外损失或存在重大诉讼的，该损失或诉讼应由公司原股东承担和解决。

若因一方违反《投资收购协议》中的相关约定，守约方主张违约方承担损害赔偿责任的，赔偿责任的范围除了直接经济损失外，还可以约定包括诉讼费、仲裁费、律师费、因请求赔偿而发生的差旅费、调查费等。

第3节　医疗美容营销管理类合同法律风险管理

医疗美容的营销管理类合同一般主要是指医疗美容机构在市场营销活动中可能涉及的各类合同，广义上来讲可能包括营销宣传类、销售代理类、招商渠道类合同等。

医疗美容机构日常经济往来、交易活动以及其他营利性活动事先都应基于订立的合同，明确缔约各方的权利义务，以确保为实现合同目的可以全面履行并在一方违约时通过主张违约责任尽量降低守约方的损失。实践中，经常遇到由于合同订立时存在瑕疵、表述不严谨产生歧义、遗漏关键核心条款等，导致企业在经营活动中处于被动地位甚至产生巨大亏损，因此市场营销活动的成败除了取决于双方本着诚实信用原则全面履行合同外，一份完备的营销管理类合同也是充分且必要的。对于市场营销类合同的管理应该关注合同订立、履行、变更、解除、转让、终止以及审查、监督、控制等一系列流程，确保合同内容完善、履行充分、持续有效，对于该类合同的管理应是全过程、系统性和动态性的，并应贯穿履行始终。

由于在医疗美容行业，市场营销活动的类型很多，本节仅针对日常市场营销活动中常见的几类合同加以表述。

一、营销宣传类合同

医疗美容行业的营销宣传，一般是指具备营销宣传经验的企业或个人，基于自身形成的市场宣

笔记

传经验、营销渠道，利用宣传资源和营销手段对医疗美容机构、项目服务、医务人员等进行宣传推广，引导和刺激潜在消费者，产生了解甚至是消费欲望并最终提高医疗美容机构的经济效益。

结合现在市场上常见的营销宣传途径，主要可以分为与互联网、自媒体等新媒体方式结合的线上营销方式，以及涉及各种院内或落地活动的线下营销方式。线上营销的好处是传播途径广、受众多；线下营销虽然前期可能程序烦琐、需要很多人员参与和准备物料，但是相比线上营销方式，更容易进行精准营销以促进销售。

医疗美容机构在订立涉及营销宣传类合同时，应关注以下几个要点。

1. 宣传内容和方式应符合我国现行法律法规及规范性文件之规定 根据《医疗广告管理办法》（中华人民共和国国家工商行政管理总局、中华人民共和国卫生部令第26号）第二条之规定，本办法所称医疗广告，是指利用各种媒介或者形式直接或间接介绍医疗机构或医疗服务的广告。医疗美容机构营销宣传本院或者医疗服务的行为构成医疗美容广告，且应当在发布前申请医疗广告审查。未取得《医疗广告审查证明》的，不得发布医疗广告。

在签订营销宣传类合同时，应与合同相对方明确由哪一方合同当事人负责医疗广告的申请以及审批并且明确如果医疗广告审批不通过视为合同目的不能实现，并设置相应的处置条款。

2. 在涉及营销宣传内容时，应避免出现违法违规的宣传内容或方式 结合《医疗广告管理办法》第七条之规定，医疗广告的表现形式不得含有以下情形：①涉及医疗技术、诊疗方法、疾病名称、药物的；②保证治愈或者隐含保证治愈的；③宣传治愈率、有效率等诊疗效果的；④淫秽、迷信、荒诞的；⑤贬低他人的；⑥利用患者、卫生技术人员、医学教育科研机构及人员以及其他社会社团、组织的名义、形象作证明的；⑦使用解放军和武警部队名义的；⑧法律、行政法规规定禁止的其他情形。

基于医疗美容服务以最终实现美容效果作为衡量医疗服务质量的关键指标，加之医疗美容服务行业呈现竞争激烈的状态，医疗美容机构为了在营销宣传过程中达到更好的营销效果、使效果更加可视化、并最终吸引潜在求美者，经常会发生“承诺权威、美容效果即刻和显著”、“承诺安全无副作用”、利用患者术前术后对比照片等情况，以上宣传手法目前都是被严厉禁止和重点查处的违法行为。

因此，医疗美容机构在订立营销宣传合同过程中，应对营销宣传内容进行严格把关，并明确若宣传内容违反我国现行法律法规导致遭受处罚、补偿或赔偿的，该部分的法律责任承担主体以及是否属于违约责任。

3. 应明确宣传的内容和形式避免侵犯第三人人身权或知识产权 近年来，因医疗美容机构侵犯他人肖像权或者作品信息网络传播权的纠纷以及案例层出不穷，主要表现形式为医疗美容机构在对外开展营销宣传过程中，未经肖像权人本人同意或著作权人同意，擅自将肖像权人的照片或者著作权人的图片、文章、字体等用作宣传医疗美容机构或者医疗美容服务的商业使用。一旦认定构成侵权事实，依据情节严重程度，医疗美容机构需要赔偿权利人几千至几十万元不等。

作者在实务中也会遇到个别情形，即委托他人建设网站、运营自媒体或者其他形式营销平台时，营销公司基于宣传营销效果及导流的需要，在未经医疗美容机构统一的情况下，使用他人的照片或图片。这种情况下，因为医疗美容机构为营销宣传主体和实际获益主体，所以即使在不知情的情况下也需要向权利人进行赔偿。

因此，建议医疗美容机构在订立营销宣传合同的过程中，应明确营销职责和权限并明确约定若为经医疗美容机构同意导致发生侵犯他人权利的后果及赔偿责任承担主体。

二、销售代理类合同

在医疗美容行业发展过程中，基于市场化程度高并且为了更好地迎合市场需求，社会上出现了很多基于多年的技术改进和临床经验在某一专科或某一医疗美容项目上具有很深造诣和较高市场知名度的医疗服务团队（以下简称“医生集团”）。随着医疗美容服务市场发展越来越成熟和完善，这些医生集团为了服务当地市场，可能会考虑在特定区域内与当地一家或几家医疗机构合作，进行

笔记

医疗服务项目的宣传、提供咨询及相应诊疗服务。在这种情况下，医疗美容机构一般负责前期对医生集团的宣传；吸引意向客户；为医生集团开展现场咨询、面诊和诊疗服务提供场地；协助医生集团后期对客户进行回访等。在订立此类销售代理类合同过程中，应关注以下事项。

1. 为求美者提供医疗服务的医生集团成员，应为具备医师执业资格及美容主诊医师资格的专业人员，且应将执业地点通过注册或备案等方式，事先注册在医疗美容机构。医疗美容机构在与医生集团订立代理协议时，应明确具体提供诊疗服务医师的基本信息、注册或备案手续以及持续时间，并且针对是否建立劳动关系或劳务关系进行明确约定。

2. 若医生集团在为求美者提供服务时，涉及辅助器械和耗材的，应确保医疗器械具备在我国上市和使用的资质和条件。即若使用医疗器械，应确保具有在有效期内的“三证”，即医疗器械生产企业许可证、医疗器械经营许可证以及医疗器械注册证。按照我国现行法律法规之规定，医疗机构作为医疗器械使用单位，应当通过正规渠道，从合法经营医疗器械的公司购进医疗器械及耗材，并在购进时保存供货者资质和医疗器械的合格证明文件，建立进货查验记录制度。

3. 应明确医生集团授权医疗美容机构使用无形资产包括集团成员肖像权和可能涉及手术方法、操作技巧、核心技术中的著作权、专利权等涉及知识产权的智力成果。在对医生集团进行对外宣传过程中，必不可免会需要对医生集团的专家、各成员进行介绍，并对其以往的荣誉、成功技术、手术方法等进行必要的宣传。在制作宣传文案前应取得充分授权，避免在宣传过程中因侵犯他人人身权或财产权而产生侵权行为并承担赔偿损害的结果。

第4节　医疗美容特许经营类合同法律风险管理

根据《商业特许经营管理条例》（中华人民共和国国务院令第 485 号）第三条之规定，本条例所称商业特许经营（以下简称特许经营），是指拥有注册商标、企业标志、专利、专有技术等经营资源的企业（以下称特许人），以合同形式将其拥有的经营资源许可其他经营者（以下称被特许人）使用，被特许人按照合同约定在统一的经营模式下开展经营，并向特许人支付特许经营费用的经营活动。2014 年 11 月 26 日，国务院发布《国务院关于创新重点领域投融资机制鼓励社会投资的指导意见》（国发〔2014〕60 号），明确为推进经济结构战略性调整，加强薄弱环节建设，促进经济持续健康发展，迫切需要在公共服务、资源环境、生态建设、基础设施等重点领域进一步创新投融资机制，充分发挥社会资本特别是民间资本的积极作用。鼓励社会资本加大社会事业投资力度，通过独资、合资、合作、联营、租赁等途径，采取特许经营、公建民营、民办公助等方式，鼓励社会资本参与教育、医疗、养老、体育健身、文化设施建设。为此，各地出台关于促进健康服务业发展的实施意见等地方规范性文件，并明确关于公立医院与社会资本的特许经营合作行为。

以北京地区为例，2016 年 4 月 28 日，《北京市卫生和计划生育委员会、北京市财政局关于印发〈北京市公立医院特许经营管理指南（试行）〉的通知》（京卫规划〔2016〕9 号），明确“特许经营是指经授权的政府办公立医院（以下简称“特许方”）依规将公立医院品牌、商标、专利等无形资产以及技术、服务、管理等以特许经营协议的形式提供给社会资本举办的医疗机构（以下简称“被特许方”）使用，被特许方按照特许经营协议约定，在特定的期限内以统一的经营、管理方式和服务流程向社会提供健康服务，并向特许方支付特许经营费用的活动。”

值得注意的是，自 2014 年以来，社会资本与医疗机构关于“特许经营”的合作方式主要集中在社会资本与公立医院的结合，且多见于儿科、产科、康复、护理等资源短缺的专科领域。目前，作者尚未见到社会资本与医疗美容专科医院合作开展特许经营的案例，但医疗美容行业内连锁化经营已经成为常规和主流的发展路线，已逐渐形成在区域内或行业内较为知名的品牌，并在连锁化经营过程中逐渐形成规范、健全、系统的管理方式、服务规范和标准。

一、医疗美容机构连锁化经营的特点

（一）医疗美容连锁机构多为母公司利用自有资金通过新设、投资收购等方式形成

以目前医疗美容行业现状看，若希望形成规模化、品牌化、连锁化的发展路线，医疗美容机构一般是由同一母公司主要投资，并进行实际控制和经营管理。根据《医疗机构管理条例》的相关规定，医疗机构在经营过程中适用的名称应当与申请设置之初的企业名称保持一致，否则应办理相应变更登记手续。鉴于目前国家对于医疗机构的执业及登记事项管理相对严格，实践中医疗美容行业目前尚不允许通过母公司许可医疗机构使用商标这种“冠名”方式形成连锁经营，这也就导致了医疗美容机构连锁化经营目前尚无法通过“加盟”方式实现，而只能通过“直营”方式使母公司与连锁机构形成投资与被投资的关系。

（二）医疗美容连锁机构一般均为具备独立法人资格的有限公司

基于前述，医疗美容连锁机构多为母公司通过新设或投资收购方式逐渐形成，结合我国现行《中华人民共和国公司法》规定的公司所有制形式，以及医疗机构行政主管机关在核准设置医疗机构时的要求，医疗美容连锁机构多为包括一个或多个股东的有限责任公司。一方面通过《中华人民共和国公司法》及《公司章程》授予的各项股东职权对医疗美容机构开展经营管理，另一方面可以形成统一的资产管理、用户管理，达到规范化、制度化经营的目的。

作者在实务中发现，目前在医疗美容行业存在一种合作方式，即企业或个人利用自有资金出资，通过为医院内某些医疗美容科室购买设备、招揽医护人员等方式对该科室进行“承包”，并对外以医疗机构名义进行经营。这种情形目前被通俗地称为“科室外包”或“出租科室”。虽然，这种合作经营的方式也存在自有出资甚至是在科室内形成自有品牌等情况，但基于科室不是独立法人，且外包科室与医院之间形成完全利益关系但又不能有效进行监管，而且可能存在为了追求利益最大化和尽快收回投资，会忽视求美者利益，甚至出现欺诈、延误治疗的情况，因此“出租科室”的行为目前是国家明令禁止并严厉打击的违法经营活动。

（三）医疗美容连锁化更为集中，连锁机构之间的关系更为紧密

在医疗机构特许经营的模式下，特许方和被特许方是基于“资源共享”或“强强联合”等原因进行合作，本质上双方还是需要自主决策、自负盈亏的独立经营主体，因此在“特许经营”模式下，一般会明确约定特许经营合作的时间、资产归属以及管理方式等条款，双方在一定程度上属于相对松散的合作关系。区别于医疗机构特许经营的方式，考虑到医疗美容连锁机构多为母公司通过投资方式形成，且连锁机构资产的实际权益一般归属母公司或在取得母公司同意后归属于子公司，因此医疗美容连锁机构一般属于母公司的下属机构，不是单纯的合作关系，也没有时间限制。所有下属多家连锁机构统一受到同一家母公司的管理和控制，通常拥有同样的企业文化、管理模式，并且适用统一的制度和规范，因此连锁机构之间更加趋同和统一，各连锁机构之间也容易形成统一的行为模式或者话语体系，对于求美者来讲，接触到的医疗美容服务业会更加标准化和有保障。在连锁机构内部之间，基于统一管理体系，也更有利于促进人员和资源跨机构的流动，最终促进整体连锁化经营的发展。

二、医疗美容特许经营合同核心条款解析

虽然在医疗美容行业领域内尚未明确有权开展“特许经营”模式，但借鉴其他专科领域特许经营的规定和方式，若未来医疗美容机构在规模化发展过程中涉及特许经营方式的，在合同订立及履行过程中可以考虑以下几个方面。

1. 考虑到在特许经营过程中，被特许方一般相较于特许方可能在一定区域内缺乏知名度、专科特色或专业化管理思路，因此在建立特许经营时特许方应在区域内或者行业内具有较为知名的品牌，具有规范、健全、系统的管理方式、服务规范和标准。

2. 特许方和被特许方均应具备独立法人资格、相应的资金实力，尤其要注意，为了保障特许经营的顺利有效开展，特许方应为具备多年医院管理经营的公司而非个人，同时应能够通过特许经营方式，满足被特许方的医疗服务需求，提供相应的人力资源及设施、设备等基本条件，以帮助特许经营方式的被特许方在行业内具有一定信誉、诚信。

3. 特许经营双方均应明确特许经营合作的范围，双方责任、权利和义务，明确合作阶段无形资产的归属，明确合作的起讫时间、特定地点和重要节点。为了保障特许经营的效果，应明确特许的具体方式、合作流程和细节，以及阶段性的特许经营成果。

4. 特许经营双方应针对特许经营期间品牌所有权归属和使用进行明确约定，特许方品牌是否仅限被特许方在某些专科领域宣传中使用；使用的方式是否包括有权将其印刷在特许方的医疗文书、宣传品上等；是否授权被特许方在其他地方开设分支机构过程中使用等。同时应保障特许方的品牌信誉度和美誉度不因被特许方的不良使用受到影响，为维护和提升品牌价值，特许经营双方应在服务、技术和管理标准上保持一致，双方协商、协调管理体系、运行机制。

5. 特许经营双方应建立并实行完备的信息披露制度和培训制度等。信息披露制度包括双方提供的信息应当真实、准确、完整，不得隐瞒有关信息，或者提供虚假信息，所提供的信息发生重大变更的，应当及时通知对方。同时，为了在特许经营合作结束时，被特许方基于特许经营取得较为全面和完善的医院综合管理能力，特许方应向被特许方管理人员、医护人员、各科室负责人等定期开展多形式、多角度的培训或者先进经验的交流，将特许方较为先进、有效的管理思维和方式向被特许方的相关人员进行宣导，统一和提高医院管理理念和思想，从内部真正提高被特许方的医疗服务质量和医院管理水平。

小结

合同管理的一般性流程，广义上包括合同准备、合同签署、合同履行、合同归档等几个阶段。在合同准备阶段可能包括合同策划、谈判、拟定和审核合同文本等环节；在合同履行阶段可能包括正常履行、变更或修改合同、解除和终止合同等。

本章节旨在依据《中华人民共和国民法典》第六章民事法律行为的相关规定以及《中华人民共和国民法典》第一分编合同通则的相关规定，结合医疗美容行业实践经验，针对在医疗美容机构日常经营过程中常用类型合同文本的特点进行介绍和解析核心条款，帮助读者在之后接触上述类型的合同过程中，能够全面订立、审查合同文本，并了解在履行过程中应注意的要点和核心。

《法国民法典》第一千一百零一条对契约的定义为："契约为一种合意，依此合意，一人或数人对于其他一人或数人负担给付、作为或不作为的债务。"契约精神是从契约关系中派生出来的，主要存在于私法领域，它具有丰富的法律内涵，主要由自由精神、平等精神、诚信意识等三个互相联系的要素构成。合同管理的核心要义应在于履约者应尊重契约精神，树立诚信意识，在遵守合同的框架下自由交易，促进合同的全面、充分履行。

章前案例解析

1. 《和解协议》签署主体均具备完全民事权利能力及完全民事行为能力，且《和解协议》条款及签署过程中不存在可能被认定为无效或可撤销的情形，则《和解协议》属于有效合同，对于双方发生的医疗争议可通过签署《和解协议》的方式约定一次性解决。

2. 民事权利与民事诉权有密切的联系，但两者并非同一概念，前者为民事主体在民事活动中享有的实体权利，而后者为民事诉讼主体在民事诉讼活动中享有的程序权利。且诉权是基于当事人请求法院对其民事财产权和人身权进行司法保护的权利，故约定排除无效。

3. 补偿金和赔偿金最根本的区别在于，补偿金是补偿性质，不以是否有过错或者是否造成损害结果为前提；赔偿金一般是对损害赔偿的弥补，一般都是依据法律相关规定和过错归责原则，对于损害后果以及后续责任进行的赔偿。补偿金一般多发生在与当事人直接和解或经调解作出的决定，不以法律上的责任为必须，更多是基于公平原则一方给付另一方适当数额的补偿，补偿标准可能高于或低于司法判决金额，多属于当事人双方自愿协商的结果；赔偿金一般法院依据相关法律规定，结合事实和证据情况作出裁判，一般判决一方向另一方支付赔偿金的前提，是认定支付一方存在过错，或属于侵权责任或属于违反合同条款，并且给另一方当事人造成损害后果。赔偿金性质多为弥补另一方的损失而负担的金额。

思考题

1. 医疗美容纠纷处理类合同的核心包括哪些？
2. 投资收购类交易的一般流程是什么？
3. 医疗美容机构连锁化经营的特点是什么？

（梁晓月）

第12章 医疗美容机构税收制度及风险管理

本章概要

在医疗美容机构税收制度方面，以全国人民代表大会及其常务委员会、国务院、财政部、国家税务总局等发布的现行有效的法律、行政法规、部门规章、规范性文件为依据，概述中国医疗美容机构现行的税收制度的基本情况，包括医疗美容机构税制发展的历史沿革、各种税目、适用税率、计税依据、计税方法等，以及医疗美容机构特有的增值税免税政策介绍。

在医疗美容机构税收风险管理方面，对中国医疗美容行业现阶段出现的，由行业特点、商业模式、营销制度、资金流模型和从业者纳税意识等因素决定的涉税风险和管理方法进行综合性阐述，并提出医疗美容机构涉税风险的应对方法和管理建议。

案例12

北京某整形机构办理了增值税免税备案。2018年度医疗性营业收入为3000万元，各类合规成本费用为2400万元。

问题： 1. 该整形机构在经营中有哪些主要税种？

2. 该整形机构在经营中的税费如何计算？

第1节 医疗美容机构税收制度概述

税收是国家财政收入的主要来源，也是国家加强宏观调控的重要经济杠杆，更是政府依据“取之于民、用之于民”的原则，提供社会公共服务的物质保障，对于国家总体经济建设和各行业的发展具有十分重要的意义。中国医疗美容行业从20世纪80年代末发展至今，医疗美容机构的税收制度和管理实践也伴随着中国税收管理制度的发展而逐步完善和规范。

中国医疗美容行业发展之初，正值中国建立社会主义市场经济体制时期的税制改革，向全面深化改革时期的税制改革的过渡阶段，经历了中国完善所得税制度、财产税制度、货物和劳务税制度以及营业税改增值税等一系列重要的改革，主要有以下重要法律、法规、行政规章出台和修订：2007年，全国人民代表大会通过了《中华人民共和国企业所得税法》，自2008年1月1日起施行；2008年，国务院修订通过《中华人民共和国增值税暂行条例》《中华人民共和国营业税暂行条例》；2012年、2013年，经国务院批准，财政部、国家税务总局逐步实施了营业税改征增值税的试点，2016年全面推行此项试点；2017年，国务院废止了《中华人民共和国营业税暂行条例》，修改了《中华人民共和国增值税暂行条例》；2017年、2018年，全国人民代表大会常务委员会两次修正《中华人民共和国企业所得税法》；2018年全国人民代表大会修订了《中华人民共和国个人所得税法》，并于2019年1月1日起施行。

随着中国税制逐步改革和发展，中国医疗美容行业发展经历了1994年以来规模最大、范围最广泛和内容最深刻的社会主义市场经济体制税制改革，也在深化税制改革进程中，享受到了税制改革带来的简化、规范、减负和公平的成果，如医疗美容机构增值税免税政策红利。目前，中国医疗美容机构和从业人员纳税意识和纳税额总量正逐年提升。

一、税收制度的概念和内容

税收制度简称税制，是指一个国家在税收管理方面所建立的制度，包括税种设置、税收征收管理制度和税收管理体制等内容。

税种设置是指国家按照一定的立法程序设立的各种税收。构成一个税种的主要因素有征税对象、纳税人、税目、税率、纳税环节、纳税期限、缴纳方法、减税、免税及违法处理等。税种之间区别最重要的标志是不同的征税对象和纳税人。

税收征收管理制度是指在税收征收管理方面制定的制度，主要涉及税务登记、账簿和凭证管理、纳税申报、税款征纳、税务检查和法律责任等内容。

税收管理体制是指在中央和地方各级政府之间划分税收管理权限（主要包括税收的立法权、征收管理权和收入归属权等）的规范。具体的税收制度由法律、法规、规章和规范性文件等形式规定，这是税收征收机关、纳税人据以分别办理征税、纳税事项，中央和地方各级政府之间划分税收管理权限的法律依据。

二、税种设置分类和医疗美容机构主要税种

目前我国税收分为五大类 18 个税种。五大类税分别为商品和劳务税、所得税、资源税、财产和行为税、特定目的税。18 个中国现行的税种分别是增值税、消费税、企业所得税、个人所得税、资源税、城市维护建设税、房产税、印花税、城镇土地使用税、土地增值税、车船使用税、船舶吨税、车辆购置税、关税、耕地占用税、契税、烟叶税、环保税。其中，个人所得税、企业所得税、车辆购置税等 8 个税种是通过全国人大立法，其他税收事项都是依靠行政法规、规章及规范性文件来规定。

医疗美容机构税种主要涉及商品和劳务税、增值税、所得税、财产和行为税等类别，企业经营过程中以增值税、企业所得税、个人所得税、印花税等为主要税种。

三、医疗美容机构征税对象分类管理

征税对象又称课税对象、课税客体等，是指税法规定的征税目标对象。概括而言，目前关于医疗美容机构征税对象及其税收制度，因医疗美容机构注册性质、经济属性和业绩规模不同，有以下三种分类管理方法，不同类型的征税对象所对应征税的税目、税率、计税方法、减免税规定、税收征收管理制度等不同。

一是以企业经济属性划分，分为营利性医疗美容机构和非营利性医疗美容机构。

二是以企业业绩规模划分，分为一般纳税人医疗美容机构和小规模纳税人医疗美容机构。

三是以企业工商注册性质划分，分为有限责任公司性质医疗美容机构、股份有限责任公司性质医疗美容机构；有限合伙制医疗美容机构、普通合伙制医疗美容机构；个人独资医疗美容机构以及个体户医疗美容机构。

四、医疗美容机构税制改革重点和免税政策

纵观医疗美容机构的税收制度沿革和发展，总体符合医疗机构的税制发展过程，有部分重要政策法规涉及医疗美容行业和机构经营。

（一）医疗机构营业税免税政策，上升为行政法规的“两个条款”和“一个文件”

医疗机构税制发展改革进程中，税收政策概括起来可以用“两个条款”和“一个文件”来描述。

核心内容就是把医疗机构税制进行了分类管理。

“两个条款”是指《中华人民共和国营业税暂行条例》和《中华人民共和国营业税暂行条例实施细则》中提到的有关医院税收的两个条款。“一个文件”则是指财政部、国家税务总局2000年7月10日下发的《财政部 国家税务总局关于医疗卫生机构有关税收政策的通知》(财税〔2000〕42号)。从2000年起，医疗机构进行了营利性和非营利性的分类，并规定了两者不同的税收政策。简单地说，营利性医疗机构要照章纳税，但符合条件的医疗机构给予三年的免税照顾；非营利性医疗机构（主要是指公立医院）免缴各项税收。

目前，在一个相当长时期内对中国医疗机构管理和发展产生过深刻影响的上述重要政策法规已经失效废止，不再执行。

（二）营业税改增值税后，医疗美容机构免征收增值税

1. 在2016年国家全面推行营业税改增值税（营改增）前，依据《中华人民共和国营业税暂行条例》和《国务院办公厅转发发展改革委卫生部等部门关于进一步鼓励和引导社会资本举办医疗机构意见的通知》(国办发〔2010〕58号）规定，符合规定条件的医疗机构到税务机关申请办理免税备案后，免征营业税。

2. 财政部、国家税务总局颁布的，2016年5月1日起实施的《关于全面推开营业税改征增值税试点的通知》(财税〔2016〕36号）附件三第一条第七项明确规定，医疗机构提供的医疗服务免征增值税，免征增值税的医疗机构和医疗服务有以下要求。

（1）免征增值税的医疗机构是指依据国务院《医疗机构管理条例（2016 修订）》及国家卫生计生委2017年第三次修正《医疗机构管理条例实施细则》的规定，医疗机构经登记取得医疗机构执业许可证的机构，具体包括：①综合医院、中医医院、中西医结合医院、民族医医院、专科医院、康复医院；②妇幼保健院、妇幼保健计划生育服务中心；③社区卫生服务中心、社区卫生服务站；④中心卫生院、乡（镇）卫生院、街道卫生院；⑤疗养院；⑥综合门诊部、专科门诊部、中医门诊部、中西医结合门诊部、民族医门诊部；⑦诊所、中医诊所、民族医诊所、卫生所、医务室、卫生保健所、卫生站；⑧村卫生室（所）；⑨急救中心、急救站；⑩临床检验中心；⑪专科疾病防治院、专科疾病防治所、专科疾病防治站；⑫护理院、护理站；⑬医学检验实验室、病理诊断中心、医学影像诊断中心、血液透析中心、安宁疗护中心；⑭其他诊疗机构。医疗美容机构均取得了医疗机构执业许可证，属于免征增值税的医疗机构。

（2）免征增值税的医疗服务是指医疗机构按照不高于地（市）级以上价格主管部门会同同级卫生主管部门及其他相关部门制定的医疗服务指导价格（包括政府指导价和按照规定由供需双方协商确定的价格等）为就医者提供《全国医疗服务价格项目规范》所列的各项服务，以及医疗机构向社会提供卫生防疫、卫生检疫的服务。医疗美容机构的“假体隆鼻术、眼综合术、隆乳术、脂肪填充术、重睑成形术、眶隔脂肪整形术、内眦成形术”等大部分术种包含在《全国医疗服务价格项目规范》所列范围之内。

总体来讲，医疗美容机构满足了上述文件中对于增值税免税的两个要求，对列入《全国医疗服务价格项目规范》的医疗服务收入免征增值税，未列入项目规范的其他经营项目依法缴纳增值税。

五、医疗美容机构企业所得税政策

（一）财税〔2000〕42号规定的企业所得税免税政策不再执行

从2008年起，依据《财政部 国家税务总局关于企业所得税若干优惠政策的通知》(财税〔2008〕1号）规定，除《中华人民共和国企业所得税法》、《中华人民共和国企业所得税法实施条例》、《国务院关于实施企业所得税过渡优惠政策的通知》(国发〔2007〕39号）、《国务院关于经济特区和上海浦东新区新设立高新技术企业实行过渡性税收优惠的通知》(国发〔2007〕40号）及本通知规定

的优惠政策以外，2008 年 1 月 1 日之前实施的其他企业所得税优惠政策一律废止，即从 2008 年 1 月 1 日起，医疗机构的医疗服务收入、卫生机构的卫生服务收入，不再依据《财政部 国家税务总局关于医疗卫生机构有关税收政策的通知》免征企业所得税。据此，医疗美容机构需要依法缴纳企业所得税。

（二）非营利性医疗美容机构享受免税优惠

1. 非营利性医疗机构概念 非营利性医疗机构指为社会公众利益服务而设立运营的医疗机构，不以营利为目的，主要开展各种公益性、互益性社会服务活动的民间组织，其收入用于紧急救助、社会救济和弥补医疗服务成本。

2. 非营利性医疗机构免税资格认定 非营利性医疗机构可以按照《财政部 税务总局关于非营利组织免税资格认定管理有关问题的通知》（财税〔2018〕13 号），以及《中华人民共和国企业所得税法》第二十六条及《中华人民共和国企业所得税法实施条例》第八十四条的规定获得非营利组织免税资格；这里的非营利性医疗机构是指民办非企业医疗机构，在上述政策法规中被列为社会服务机构。

3. 非营利性组织免税资格有效期 非营利组织免税优惠资格的有效期为五年。非营利组织应在免税优惠资格期满后六个月内提出复审申请，不提出复审申请或复审不合格的，其享受免税优惠的资格到期自动失效。被取消免税优惠资格的非营利组织，应当依法履行纳税义务；未依法纳税的，主管税务机关应当自其存在取消免税优惠资格情形的当年起予以追缴。

4. 企业所得税免税范围 依据《中华人民共和国企业所得税法》第二十六条规定，企业的下列收入为免税收入：①国债利息收入；②符合条件的居民企业之间的股息、红利等权益性投资收益；③在中国境内设立机构、场所的非居民企业从居民企业取得与该机构、场所有实际联系的股息、红利等权益性投资收益；④符合条件的非营利组织的收入。

（三）营利性医疗美容机构依法缴纳企业所得税

营利性医疗机构是指医疗服务所得收益可作为投资者经济回报的民办医疗机构。营利性医疗美容机构组织的营收，按规定依法缴纳企业所得税。

第 2 节 医疗美容机构现行税制体系

中国医疗美容机构按照中国现行税收体系的分类，涉及商品和劳务税、所得税和其他税收等三个类别的六个税种，包括增值税、车辆购置税、企业所得税、个人所得税、印花税、城市维护建设税。其中增值税、车辆购置税属于商品和劳务税范畴；企业所得税、个人所得税属于所得税范畴；印花税、城市维护建设税属于其他税收范畴。

一、医疗美容机构的税法体系

医疗美容机构税法体系由宪法、税收法律、税收行政法规和规章等组成。税收立法由下列立法层次和形式组成。

（一）宪法

《中华人民共和国宪法》第五十六条规定：“中华人民共和国公民有依照法律纳税的义务。”宪法的相关内容确立了税收制度建设在中国经济发展中的重要地位。

（二）法律

由全国人民代表大会和全国人民代表大会常务委员会制定的税收基本制度，包括《中华人民共和国企业所得税法》《中华人民共和国个人所得税法》《中华人民共和国税收征收管理法》《中华人民共和国车辆购置税法》等。

（三）行政法规

由国务院根据税收基本法律制定的行政法规，或由全国人民代表大会及其常务委员会授权国务院制定的行政法规包括《中华人民共和国增值税暂行条例》《中华人民共和国企业所得税法实施条例》《中华人民共和国个人所得税法实施条例》《中华人民共和国税收征收管理法实施细则》《中华人民共和国印花税暂行条例》等。

（四）地方性法规

近年来，各省、自治区、直辖市和计划单列市人民代表大会及其常委会相继制定并实施税收保障法规。目前，全国已有近半数省份制定并实施了地方税收保障法规，如《北京市税收征收保障办法》《江西省税收保障条例》《山东省地方税收保障条例》等。

（五）自治条例和单行条例

民族自治地方的人民政府依据当地民族的政治、经济、文化等实际情况和特点，制定涉税自治条例和单行条例，如《内蒙古自治区税收保障办法》《宁夏回族自治区税收保障办法》等。

（六）部门规章

涉税的政府管理部门，如财政部、国家税务总局等部门依据法律、行政法规制定部门规章，如《税务登记管理办法》《中华人民共和国增值税暂行条例实施细则》等。

二、医疗美容机构主要税种

（一）增值税

1. 增值税概念　增值税以销售货物、劳务等过程中增加的价值和进口货物的价值为征税对象，是目前各国普遍征收的一种税收。

2. 增值税沿革和发展　中国在1984年就开始实行增值税征收制度，但是只选择了柳州、长沙、上海等地的部分行业和个别产品进行征收。到1994年，增值税征收范围扩大到货物和部分劳务，但是其他的劳务还是有营业税，形成了营业税和增值税并存的局面。1993年12月13日，国务院发布《中华人民共和国增值税暂行条例》，自1994年1月1日起施行，2017年11月19日，国务院第二次修订该条例，当日公布施行。1993年12月25日，财政部发布《中华人民共和国增值税暂行条例实施细则》，2011年10月28日，财政部、国家税务总局对该细则作了第二次修改。增值税由税务机关负责征收管理，进口环节的增值税由海关代为征收管理，所得收入由中央人民政府与地方人民政府共享，是中央人民政府财政收入最主要的来源，也是地方人民政府税收收入的主要来源之一。2019年，国内增值税收入为62 346亿元，约占当年全国税收收入总额的39%，居各税之首。

3. 增值税的纳税人　指根据《中华人民共和国增值税暂行条例》规定的应当缴纳增值税的单位或者个人，即在中华人民共和国境内销售货物或者加工、修理修配劳务（以下简称劳务）、销售服务、无形资产、不动产以及进口货物的单位和个人。增值税纳税人单位是指企业、行政单位、事业单位、军事单位、社会团体及其他单位。这里的企业包括国有经济、集团经济、私营经济、联营经济、股份制经济、外商投资经济、港澳台投资经济和其他经济形式的企业。行政单位、事业单位、军事单位、社会团体及其他单位，只要发生了应税行为，就是增值税的纳税人，就应当缴纳增值税。这里的个人，是指个体工商户和其他个人。

4. 增值税税目、税率 增值税设有24个税目，根据不同的货物、劳务和服务等征税对象分别采用差别比例税率和零税率。医疗机构增值税税目属于生活服务类中的教育医疗服务，税率为6%（小规模纳税人增值税为3%）。依据《中华人民共和国增值税暂行条例》第三条，纳税人兼营不同税率的项目，应当分别核算不同税率项目的销售额；未分别核算销售额的，从高适用税率。税率的调整，由国务院决定。

5. 计税方法 增值税应纳税额=当期销项税额–当期进项税额。当期销项税额小于当期进项税额不足抵扣时，其不足部分可以结转下期继续抵扣。纳税人发生应税销售行为，应纳税额计算公式：销项税额=销售额×税率；进项税额=买价×扣除率。

小规模纳税人发生应税销售行为，实行按照销售额和征收率计算应纳税额的简易办法，并不得抵扣进项税额。应纳税额计算公式：应纳税额=销售额×征收率。小规模纳税人的标准由国务院财政、税务主管部门规定。

6. 医疗美容机构增值税 依据《财政部 国家税务总局关于全面推开营业税改征增值税试点的通知》（财税〔2016〕36号）附件3的规定，医疗机构提供的医疗服务免征增值税。《国务院办公厅关于支持社会力量提供多层次多样化医疗服务的意见》（国办发〔2017〕44号），提出全面落实社会办医疗机构各项税收优惠政策，对社会办医疗机构提供的医疗服务按规定免征增值税。营改增后，在医疗机构提供医疗服务免征增值税的待遇方面，从结果论上并不存在“营利性”和“非营利性”的概念和政策区别。目前，医疗美容机构免征增值税。

（二）企业所得税

1. 企业所得税概念 企业所得税是各国普遍征收的一个税种，是中央人民政府和地方人民政府收入的主要来源之一。《中华人民共和国企业所得税法》第一条规定，在中华人民共和国境内，企业和其他取得收入的组织（以下统称企业）为企业所得税的纳税人，依照本法的规定缴纳企业所得税。个人独资企业、合伙企业不适用本法。

《中华人民共和国企业所得税法》第三条规定了缴纳企业所得税的所得范围。居民企业应当就其来源于中国境内、境外的所得缴纳企业所得税。非居民企业在中国境内设立机构、场所的，应当就其所设机构、场所取得的来源于中国境内的所得，以及发生在中国境外但与其所设机构、场所有实际联系的所得，缴纳企业所得税。非居民企业在中国境内未设立机构、场所的，或者虽设立机构、场所但取得的所得与其所设机构、场所没有实际联系的，应当就其来源于中国境内的所得缴纳企业所得税。

2. 企业所得税沿革和发展 2007年3月16日，第十届全国人民代表大会第五次会议通过《中华人民共和国企业所得税法》，当日公布，自2008年1月1日起施行。2018年12月29日，第十三届全国人民代表大会常务委员会第七次会议第二次修正该法，当日公布，自当日起施行。2007年12月6日，国务院公布《中华人民共和国企业所得税法实施条例》。2019年4月23日，国务院对该条例作了修订。企业所得税由税务机关负责征收管理，所得收入由中央人民政府与地方人民政府共享，是中央人民政府和地方人民政府税收收入的主要来源之一。2019年，全国企业所得税收入为37 300亿元，约占当年中国税收总额的23%。

3. 企业所得税纳税人 在中华人民共和国境内，企业和其他取得收入的组织（以下统称企业）为企业所得税的纳税人，分为居民企业和非居民企业。居民企业，是指依法在中国境内成立，或者依照外国（地区）法律成立但实际管理机构在中国境内的企业。非居民企业，是指依照外国（地区）法律成立且实际管理机构不在中国境内，但在中国境内设立机构、场所的，或者在中国境内未设立机构、场所，但有来源于中国境内所得的企业。个人独资企业、合伙企业不适用。

4. 企业所得税税率 企业所得税的税率为25%。非居民企业取得《中华人民共和国企业所得税法》第三条第三款规定的所得，适用税率为20%。

5. 企业所得税计税依据和计算方法 企业所得税以应纳税所得额为计税依据。企业应纳税所得额的计算，以权责发生制为原则，属于当期的收入和费用，不论款项是否收付，均作为当期的收入和费用；不属于当期的收入和费用，即使款项已经在当期收付，均不作为当期的收入和费用。税法另有规定的除外。

企业每一纳税年度的收入总额，减除不征税收入、免税收入、各项扣除和允许弥补的以前年度亏损后的余额，为应纳税所得额。纳税年度自公历 1 月 1 日起至 12 月 31 日止。医疗美容机构在一个纳税年度中间开业或终止经营活动的，致使实际经营期限不足 12 个月的，以实际经营期间为一个纳税年度。企业依法清算时，应当以清算期间作为一个纳税年度。企业所得税应纳税所得额计算公式：应纳税所得额=收入总额−不征税收入−免税收入−各项扣除−允许弥补的以前年度亏损。例如，某居民企业本纳税年度总收入为 2600 万元，其中不征税收入为 120 万元，免税收入为 90 万元，各项扣除为 1370 万元，允许弥补的以前年度亏损为 160 万元，该企业本纳税年度企业所得税应纳税所得额的计算方法如下：应纳税所得额=2600−120−90−1370−160=860（万元）。

6. 医疗美容机构企业所得税　医疗美容机构企业所得税征收按照营利性医疗美容机构和非营利性医疗美容机构分类管理。营利性医疗美容机构依法缴纳企业所得税；非营利性医疗美容机构依据有关政策享受企业所得税免税优惠政策，不符合条件的收入，按规定缴纳企业所得税。

（三）个人所得税

1. 个人所得税概念　个人所得税是以个人的所得为征税对象，是目前各国普遍征收的一种税收。

2. 个人所得税沿革和发展　1980 年 9 月 10 日，第五届全国人民代表大会第三次会议通过《中华人民共和国个人所得税法》，当日公布施行。2018 年 8 月 31 日，第十三届全国人民代表大会常务委员会第五次会议第七次修正该法，当日公布，自 2019 年 1 月 1 日起施行。1994 年 1 月 28 日，国务院发布《中华人民共和国个人所得税法实施条例》。2018 年 12 月 18 日，国务院第四次修订该条例。个人所得税由税务机关负责征收管理，所得收入由中央人民政府与地方人民政府共享，是中央人民政府和地方人民政府税收收入的主要来源之一。2019 年，个人所得税收入 10 388 亿元，约占当年中国税收总额的 5.4%。

3. 个人所得税纳税人和纳税税目

（1）个人所得税纳税人：居民个人和非居民个人。居民个人是在中国境内有住所，或者无住所而一个纳税年度内在中国境内居住累计满 183 天的个人。居民个人应当就其从中国境内、境外取得的所得纳税。简而言之，无论是中国人还是外国人，只要在中国境内累计居住满 183 天的个人，都是居民个人，都要对来源于中国境内外的全部所得纳税。非居民个人是在中国境内无住所又不居住，或者无住所而一个纳税年度内在中国境内居住累计不满 183 天的个人，应当就其从中国境内取得的所得依法纳税，符合相关标准的免征个人所得税。

《中华人民共和国个人所得税法实施条例》第四条规定了非居民个人的免税及税收优惠政策。在中国境内无住所的个人，在中国境内居住累计满 183 天的年度连续不满六年的，经向主管税务机关备案，其来源于中国境外且由境外单位或者个人支付的所得，免予缴纳个人所得税；在中国境内居住累计满 183 天的任一年度中有一次离境超过 30 天的，其在中国境内居住累计满 183 天的年度的连续年限重新起算。

（2）个人所得税纳税税目：2018 年个人所得税法修订后，个人所得税设有 9 个征税项目，即工资、薪金所得，劳务报酬所得，稿酬所得，特许权使用费所得，经营所得，利息、股息和红利所得，财产租赁所得，财产转让所得，偶然所得。个人所得税法规定的各项个人所得的范围如下。

第一，工资、薪金所得，是指个人因任职或者受雇取得的工资、薪金、奖金、年终加薪、劳动分红、津贴、补贴以及与任职或者受雇有关的其他所得。

第二，劳务报酬所得，是指个人从事劳务取得的所得，包括从事设计、装潢、安装、制图、化验、测试、医疗、法律、会计、咨询、讲学、翻译、审稿、书画、雕刻、影视、录音、录像、演出、

笔记

表演、广告、展览、技术服务、介绍服务、经纪服务、代办服务以及其他劳务取得的所得。

第三，稿酬所得，是指个人因其作品以图书、报刊等形式出版、发表而取得的所得。

第四，特许权使用费所得，是指个人提供专利权、商标权、著作权、非专利技术以及其他特许权的使用权取得的所得；提供著作权的使用权取得的所得，不包括稿酬所得。

第五，经营所得，是指个体工商户从事生产、经营活动取得的所得，个人独资企业投资人、合伙企业的个人合伙人来源于境内注册的个人独资企业、合伙企业生产、经营的所得；个人依法从事办学、医疗、咨询以及其他有偿服务活动取得的所得；个人对企业、事业单位承包经营、承租经营以及转包、转租取得的所得；个人从事其他生产、经营活动取得的所得。

第六，利息、股息、红利所得，是指个人拥有债权、股权等而取得的利息、股息、红利所得。

第七，财产租赁所得，是指个人出租不动产、机器设备、车船以及其他财产取得的所得。

第八，财产转让所得，是指个人转让有价证券、股权、合伙企业中的财产份额、不动产、机器设备、车船以及其他财产取得的所得。

第九，偶然所得，是指个人得奖、中奖、中彩以及其他偶然性质的所得。个人取得的所得，难以界定应纳税所得项目的，由国务院税务主管部门确定。

4. 个人所得税税率和计税方法

（1）个人所得税 2019 年始按纳税年度计算，采取预扣预缴、下一年度汇算清缴的方式。计算方法为：

本期个人所得应预扣预缴税额=（累计预扣预缴所得额×预扣率–速算扣除数）–累计减免税额–累计已预扣预缴税额

累计个人所得预扣预缴应纳税所得额=累计收入–累计免税收入–累计减除费用–累计专项扣除–累计专项附加扣除–累计依法确定的其他扣除

其中，累计减除费用是按照每月 5000 元人民币，乘以纳税人在一个纳税年度内截至本月在本单位的任职受雇月份数计算。

（2）个人所得税税率：个人所得税以纳税所得额为计税依据，进行分类、分项计算，实行七级超额累进税制。其中，工资、薪金所得，劳务报酬所得，稿酬所得等 4 个税目合并为综合所得计税；经营所得，利息、股息和红利所得，财产租赁所得，财产转让所得，偶然所得等 5 个税目分别计税。

《中华人民共和国个人所得税法》第三条规定，个人所得税的税率：①综合所得，适用百分之三至百分之四十五的超额累进税率（表 12-1）；②经营所得，适用百分之五至百分之三十五的超额累进税率（表 12-2）；③利息、股息、红利所得，财产租赁所得，财产转让所得和偶然所得，适用比例税率，税率为百分之二十。

表 12-1　个人所得税累进税率表（综合所得适用）

级数	全年应纳税所得额	税率（%）
1	不超过 36 000 元的	3
2	超过 36 000 元至 144 000 元的部分	10
3	超过 144 000 元至 300 000 元的部分	20
4	超过 300 000 元至 420 000 元的部分	25
5	超过 420 000 元至 660 000 元的部分	30
6	超过 660 000 元至 960 000 元的部分	35
7	超过 960 000 元的部分	45

注：1. 本表所称全年应纳税所得额是指依照本法第六条的规定，居民个人取得综合所得以每一纳税年度收入额减除费用六万元以及专项扣除、专项附加扣除和依法确定的其他扣除后的余额。

2. 非居民个人取得工资、薪金所得，劳务报酬所得，稿酬所得和特许权使用费所得，依照本表按月换算后计算应纳税额。

表 12-2　个人所得税累进税率表（经营所得适用）

级数	全年应纳税所得额	税率（%）
1	不超过 30 000 元的	5
2	超过 30 000 元至 90 000 元的部分	10
3	超过 90 000 元至 300 000 元的部分	20
4	超过 300 000 元至 500 000 元的部分	30
5	超过 500 000 元的部分	35

注：本表所称全年应纳税所得额是指依照本法第六条的规定，以每一纳税年度的收入总额减除成本、费用以及损失后的余额。

（3）个人所得税应纳税额计算：个人所得应纳税部分包括居民个人的综合所得，非居民个人的工资、薪金所得，经营所得，财产租赁所得，财产转让所得，利息、股息、红利所得和偶然所得。应纳税额计算方式：①居民个人的综合所得，以每一纳税年度的收入额减除费用六万元以及专项扣除、专项附加扣除和依法确定的其他扣除后的余额，为应纳税所得额。②非居民个人的工资、薪金所得，以每月收入额减除费用五千元后的余额为应纳税所得额；劳务报酬所得、稿酬所得、特许权使用费所得，以每次收入额为应纳税所得额。③经营所得，以每一纳税年度的收入总额减除成本、费用以及损失后的余额，为应纳税所得额。④财产租赁所得，每次收入不超过四千元的，减除费用八百元；四千元以上的，减除百分之二十的费用，其余额为应纳税所得额。⑤财产转让所得，以转让财产的收入额减除财产原值和合理费用后的余额，为应纳税所得额。⑥利息、股息、红利所得和偶然所得，以每次收入额为应纳税所得额。劳务报酬所得、稿酬所得、特许权使用费所得以收入减除百分之二十的费用后的余额为收入额。稿酬所得的收入额减除百分之七十计算。

个人将其所得对教育、扶贫、济困等公益慈善事业进行捐赠，捐赠额未超过纳税人申报的应纳税所得额百分之三十的部分，可以从其应纳税所得额中扣除；国务院规定的对公益慈善事业捐赠实行全额税前扣除的，从其规定。

（4）专项扣除和专项附加扣除：《中华人民共和国个人所得税法》第六条第一款第一项规定的专项扣除，包括居民个人按照国家规定的范围和标准缴纳的基本养老保险、基本医疗保险、失业保险等社会保险费和住房公积金等；专项附加扣除，包括子女教育、继续教育、大病医疗、住房贷款利息或者住房租金、赡养老人等支出，具体范围、标准和实施步骤由国务院确定，并报全国人民代表大会常务委员会备案。

《个人所得税专项附加扣除暂行办法》规定如下。①子女教育支出：纳税人的子女接受全日制学历教育的相关支出，按照每个子女每月 1000 元的标准定额扣除。学历教育包括义务教育（小学、初中教育）、高中阶段教育（普通高中、中等职业、技工教育）、高等教育（大学专科、大学本科、硕士研究生、博士研究生教育）。年满 3 岁至小学入学前处于学前教育阶段的子女，参照本规定执行。父母可以选择由其中一方按扣除标准的 100%扣除，也可以选择由双方分别按扣除标准的 50%扣除，具体扣除方式在一个纳税年度内不能变更。纳税人子女在中国境外接受教育的，纳税人应当留存境外学校录取通知书、留学签证等相关教育的证明资料备查。②继续教育支出：纳税人在中国境内接受学历（学位）继续教育的支出，在学历（学位）教育期间按照每月 400 元定额扣除。同一学历（学位）继续教育的扣除期限不能超过 48 个月。纳税人接受技能人员职业资格继续教育、专业技术人员职业资格继续教育的支出，在取得相关证书的当年，按照 3600 元定额扣除。个人接受本科及以下学历（学位）继续教育，符合本办法规定扣除条件的，可以选择由其父母扣除，也可以选择由本人扣除。纳税人接受技能人员职业资格继续教育、专业技术人员职业资格继续教育的，应当留存相关证书等资料备查。③大病医疗支出：在一个纳税年度内，纳税人发生的与基本医疗保险相关的医药费用支出，扣除医疗保险报销后个人负

笔记

担（指医保目录范围以内的自付部分）累计超过 15 000 元的部分，由纳税人在办理年度汇算清缴时，在 80 000 元限额内据实扣除。纳税人发生的医药费用支出可以选择由本人或者其配偶扣除；未成年子女发生的医药费用支出可以选择由其父母一方扣除。纳税人应当留存医药服务收费及医保报销相关票据原件（或者复印件）等资料备查。医疗保障部门应当向患者提供在医疗保障信息系统记录的本人年度医药费用信息查询服务。纳税人及其配偶、未成年子女发生的医药费用支出，可以按照上述规定分别计算扣除额。④住房贷款利息：纳税人本人或者配偶单独或者共同使用商业银行或者住房公积金个人住房贷款为本人或者其配偶购买中国境内住房，发生的首套住房贷款利息支出，在实际发生贷款利息的年度，按照每月 1000 元的标准定额扣除，扣除期限最长不超过 240 个月。纳税人只能享受一次首套住房贷款的利息扣除。经夫妻双方约定，可以选择由其中一方扣除，具体扣除方式在一个纳税年度内不能变更。夫妻双方婚前分别购买住房发生的首套住房贷款，其贷款利息支出，婚后可以选择其中一套购买的住房，由购买方按扣除标准的 100%扣除，也可以由夫妻双方对各自购买的住房分别按扣除标准的 50%扣除，具体扣除方式在一个纳税年度内不能变更。纳税人应当留存住房贷款合同、贷款还款支出凭证备查。⑤住房租金：纳税人在主要工作城市没有自有住房而发生的住房租金支出，可以按照以下标准定额扣除：直辖市、省会（首府）城市、计划单列市以及国务院确定的其他城市，扣除标准为每月 1500 元；除第一项所列城市以外，市辖区户籍人口超过 100 万的城市，扣除标准为每月 1100 元；市辖区户籍人口不超过 100 万的城市，扣除标准为每月 800 元。纳税人的配偶在纳税人的主要工作城市有自有住房的，视同纳税人在主要工作城市有自有住房。夫妻双方主要工作城市相同的，只能由一方扣除住房租金支出。住房租金支出由签订租赁住房合同的承租人扣除。纳税人及其配偶在一个纳税年度内不能同时分别享受住房贷款利息和住房租金专项附加扣除。纳税人应当留存住房租赁合同、协议等有关资料备查。⑥赡养老人支出：纳税人赡养一位及以上被赡养人的赡养支出，统一按照以下标准定额扣除：一是纳税人为独生子女的，按照每月 2000 元的标准定额扣除；二是纳税人为非独生子女的，由其与兄弟姐妹分摊每月 2000 元的扣除额度，每人分摊的额度不能超过每月 1000 元。可以由赡养人均摊或者约定分摊，也可以由被赡养人指定分摊。约定或者指定分摊的须签订书面分摊协议，指定分摊优先于约定分摊。具体分摊方式和额度在一个纳税年度内不能变更。本办法所称被赡养人是指年满 60 岁的父母，以及子女均已去世的年满 60 岁的祖父母、外祖父母。父母是指生父母、继父母和养父母；子女是指婚生子女、非婚生子女、继子女和养子女。父母以外的人担任未成年人的监护人的，比照上述相关规定执行。其他法定的扣除，包括个人缴付的符合规定的企业年金、职业年金，个人购买的符合规定的商业健康保险、税收递延型商业养老保险的支出，国务院规定的可以扣除的其他项目。上述专项扣除、专项附加扣除和依法确定的其他扣除，以居民个人一个纳税年度的应纳税所得额为限额；一个纳税年度扣除不完的，不能结转以后年度扣除。

（5）医疗美容机构从业人员个人所得税：医疗美容机构从业人员，主要为中国境内的居民个人纳税人，还有少量的非居民个人纳税人，如来华行医的外国医生，均需按照《中华人民共和国个人所得税法》和《中华人民共和国个人所得税法实施条例》依法缴纳个人所得税。

例：纳税人小周每月工资 20 000 元，三险一金 2000 元、专项附加扣除中适用子女教育这一项为 1000 元。那么，2019 年 1 月，小周应缴税税款多少元？到 2019 年 2 月，小周应缴税税款多少元？2019 年 3 月小周工资上涨为 21 000，应缴税款多少元？

答案：小周每月工资 20 000 元，基本减除费用（即“起征点”）为 5000 元、三险一金 2000 元、专项附加扣除中适用子女教育这一项为 1000 元。

那么，2019 年 1 月，小周应缴税税款即为本期应预扣预缴税额=$(20000-5000-2000-1000)\times 3\%$（适用税率）=360 元。

采用累计预扣法，到 2019 年 2 月，小周应缴税税款=$(20000\times 2-5000\times 2-2000\times 2-1000\times 2)\times 3\%-360$（累计已预扣缴税额）=360 元。

2019 年 3 月工资上涨为 21000 元，小周应缴税税款=（20000×2+21000−5000×3−2000×3−1000×3）×10%−2520（速算扣除）−720（累计已预扣缴税额）=460 元。

三、医疗美容机构纳税分类管理

目前，医疗美容机构除了 2016 年营改增政策实行后，继续平移了营利性医疗机构和非营利性医疗机构的不同税制政策外，还因注册的企业性质、纳税申报规模不同，纳税科目和纳税税率有明显不同。但目前医疗美容机构普遍享受增值税免税政策，营利性和非营利性医疗美容机构，有限公司、合伙制企业、个人独资企业、个体户医疗美容机构，以及小规模纳税人和一般纳税人医疗美容机构在缴纳增值税科目上，均享受增值税免税优惠政策。除了增值税一致外，不同性质的医疗美容机构涉税科目分类和税率设置上有差异。

按照工商注册性质不同进行的医疗美容机构涉税分类管理情况如下。

（一）有限责任公司和股份有限公司性质医疗美容机构的主要税种

1. 增值税　医疗美容机构免征增值税。

2. 附加税　因医疗美容机构免征增值税，以增值税为基数计算的附加税为零。

3. 企业所得税　有限责任公司和股份有限公司性质医疗美容机构依法缴纳企业所得税。

4. 印花税　依据实际涉税的项目不同，税率为 0.03%～0.05%。

5. 股东红利税和员工个人所得税　股东依法缴纳分红红利税率为 20%，员工依法缴纳个人所得税。

（二）合伙制医疗美容机构的主要税种

1. 增值税　医疗美容机构免征增值税。

2. 附加税　因医疗美容机构免征增值税，以增值税为基数计算的附加税为零。

3. 合伙人生产经营所得税　合伙企业的个人合伙人生产、经营所得，是指企业本纳税年度的收入减除成本、费用、损失以后的余额。合伙企业以每一个合伙人为纳税人，按照下列原则确定应纳税所得额：以本企业的生产、经营所得和其他所得，按照合伙协议约定的分配比例确定个人所得税应纳税所得额，但是合伙协议不得约定将全部利润分配给部分合伙人；合伙协议没有约定或者约定不明确的，以本企业的生产、经营所得和其他所得，按照合伙人协商决定的分配比例确定个人所得税应纳税所得额；合伙人协商不成的，以本企业的生产、经营所得和其他所得，按照合伙人实缴出资比例确定个人所得税应纳税所得额；无法确定合伙人出资比例的，以本企业的生产、经营所得和其他所得，按照合伙人数量平均计算每个合伙人的个人所得税应纳税所得额。

合伙企业的合伙人中既有自然人，又有法人和其他组织的，应当分别就其所得缴纳所得税，即自然人应当缴纳个人所得税，法人和其他组织应当缴纳企业所得税。

4. 印花税　依据实际涉税的项目不同，税率为 0.03%～0.05%。

（三）个人独资医疗美容机构的主要税种

1. 增值税　医疗美容机构免征增值税。

2. 附加税　因医疗美容机构免征增值税，以增值税为基数计算的附加税为零。

3. 投资人生产经营个税　个人独资企业以投资人为纳税人，以本企业的全部生产、经营所得计算个人所得税应纳税所得额。个人独资企业的投资人生产经营所得个税的计算方式和税率，可参照合伙制企业的合伙人生产经营所得个人所得税的计算方式和税率。

4. 个人所得税　员工依法缴纳个人所得税。

笔记

5. 印花税 依据实际涉税的项目不同，税率为 0.03%～0.05%。

（四）个体工商户医疗美容机构的主要税种

1. 核定征收税制 个体户由于会计账簿不健全，资料残缺难以查账，或者其他原因难以准确确定应纳税额时，由税务机关依据行业、规模、地段、营业额等指标采用合理的方法，对生产、经营规模小，达不到《个体工商户建账管理暂行办法》规定设置账簿标准的个体工商户（以下简称定期定额户），依据《个体工商户税收定期定额征收管理办法》（2018 修正）依法核定个体户纳税人应纳税款的一种征收方式，简称核定征收。

个体工商户税收定期定额征收，是指税务机关依照法律、行政法规及《个体工商户税收定期定额征收管理办法》的规定，对个体工商户在一定经营地点、一定经营时期、一定经营范围内的应纳税经营额（包括经营数量）或所得额（以下简称定额）进行核定，并以此为计税依据，确定其应纳税额的一种征收方式。定期定额户在定额执行期结束后，应当以该期每月实际发生的经营额、所得额向税务机关申报，申报额超过定额的，按申报额缴纳税款；申报额低于定额的，按定额缴纳税款；符合小微企业税收优惠政策的，享受优惠政策。具体申报期限由省税务机关确定。定期定额户当期发生的经营额、所得额超过定额一定幅度的，应当在法律、行政法规规定的申报期限内向税务机关进行申报并缴清税款。具体幅度由省税务机关确定。根据《个体工商户税收定期定额征收管理办法》的规定，定额执行期的具体期限由省税务机关确定，但最长不得超过一年。定额执行期是指税务机关核定后执行的第一个纳税期至最后一个纳税期。

从 2018 年《中华人民共和国个人所得税法》修正实施和国家为小微企业纳税人实施税收优惠政策后，各省市逐步开始取消个体户定期定额核定征收税制。如北京从 2019 年 1 月 1 日起各区开始取消个体户定期定额征税税制，全面改为查账征收税制方式。

2. 查账征收税制 查账征收的方式适用于财务比较健全、公司账目清晰、公司的经营活动一切都按照法律规定来办理的正规、合法、较大规模的个体户。

3. 个体户税制计算方法 从事生产、经营的个体工商户，依法从事办学、医疗、咨询和其他有偿服务活动的个人，从事其他生产、经营的个人（以下统称“个体户”），应当依据应纳税所得额和税率，参照个人独资企业和合伙制企业征税税制依法纳税。个体户应纳税所得额的计算，以权责发生制为原则，财政部、国家税务总局另有规定的除外。个体户在计算应纳税所得额的时候，会计处理办法与财政部、国家税务总局相关规定不一致的，应当按照财政部、国家税务总局的相关规定计算。个体户的生产、经营所得，以纳税人本纳税年度的经营收入减除成本、费用、税金、损失、其他支出和允许弥补的以前年度亏损以后的余额为应纳税所得额。

第 3 节 医疗美容机构税收法律法规及政策

税法是国家制定的用以调整国家与纳税人之间在征纳税方面的权利及义务关系的法律规范的总称。税法体现为法律、法规和行政规章制度等规范形式，是税收制度的核心内容。税法具有综合性、强制性、义务性、无偿性等特点，有国家权力做后盾，有一系列制度措施做保障，内容涉及征税的基本内容、征纳双方的权利和义务、税制规则、法律责任、解决税务争议的法律规范等。税收政策是国家对税法实施的补充形式，同样具有税法的参照属性。

我国税法体系中各税法按基本内容和效力、职能作用、征收对象、权限范围的不同，可分为不同类型。

1. 按照税法的基本内容和效力的不同，可分为税收基本法和税收普通法。

2. 按照税法的职能作用的不同，可分为税收实体法和税收程序法。其中，税收实体法按照税法相关税种征收对象的不同，可分为商品和劳务税税法，所得税税法，财产、行为税税法，资源税及环境保护税税法以及特定目的税税法。

3. 按照主权国家行使税收管辖权的不同，可分为国内税法、国际税法。

医疗美容机构在运营管理中主要涉及以下税制相关的法律、法规、行政规章和政策文件。

一、税法体系

（一）税收程序法

《中华人民共和国税收征收管理法》在1992年9月4日第七届全国人民代表大会常务委员会第二十七次会议通过。1995年、2013年和2015年，全国人民代表大会常务委员会进行三次修正。

依据该法，国务院2002年9月7日公布《中华人民共和国税收征收管理法实施细则》，2016年2月6日第三次修正。1979年7月1日第五届全国人民代表大会第二次会议通过《中华人民共和国刑法》，1997年3月14日第八届全国人民代表大会第五次会议修订，后经全国人民代表大会常务委员会通过的第十次修正的《中华人民共和国刑法》等法律和行政法规，宗旨是加强税收征收管理，规范税收征收和缴纳行为，保障国家税收收入，维护纳税人的合法权益，促进经济和社会发展。

（二）税收实体法

按照税法相关税种征收对象的不同，可分为商品和劳务税税法，所得税税法，财产、行为税税法，资源税及环境保护税税法以及特定目的税税法。医疗美容机构经营管理涉及商品和劳务税税法，所得税税法，财产、行为税税法三类。

1. 流转税　主要为国务院发布的《中华人民共和国增值税暂行条例》和财政部、国家税务总局发布的《中华人民共和国增值税暂行条例实施细则》。

2. 所得税　主要为全国人民代表大会通过的《中华人民共和国企业所得税法》和国务院公布的《中华人民共和国企业所得税法实施条例》，以及全国人民代表大会通过的《中华人民共和国个人所得税法》和国务院发布的《中华人民共和国个人所得税法实施条例》。

3. 车辆购置税　2018年12月29日，全国人民代表大会常务委员会颁布的《中华人民共和国车辆购置税法》，2019年7月1日起施行。车辆购置税由税务机关负责征收管理，所得收入归中央人民政府所有，专门用于交通事业建设。2019年，车辆购置税收入为3498亿元，约占当年中国税收总额的1.8%。

4. 其他法规

（1）1988年8月6日，国务院发布《中华人民共和国印花税暂行条例》，当年10月1日起施行。2011年1月8日，国务院对该条例作了修改。1988年9月29日，财政部、国家税务总局发布《中华人民共和国印花税暂行条例施行细则》。印花税是对经济活动中书立、领受的凭证征收的一种税收。

（2）1985年2月8日，国务院发布《中华人民共和国城市维护建设税暂行条例》，自当年1月1日起施行。2011年1月8日，国务院对该条例作了修改。各省、自治区和直辖市人民政府，可以根据该条例制定实施细则，报财政部备案。城市维护建设税，由税务机关负责征收管理，所得收入由中央人民政府与地方人民政府共享，是地方人民政府税收收入的重要来源之一。2019年，城市维护建设税收入为4821亿元，约占当年中国税收总额的2.5%。

二、医疗美容机构税收政策沿革

1.《财政部 国家税务总局关于医疗卫生机构有关税收政策的通知》（财税〔2000〕42号）　这是曾经影响中国医疗机构涉税管理最重要的一个政策文件，对中国医疗机构划分为营利性和非营利性医疗机构进行分类管理。并对医疗机构，包括营利性和非营利性医疗机构的免费政策，进行了详细的规定。目前该文件已经废止，部分内容在营改增之后有所保留和执行。

2.《财政部 国家税务总局关于全面推开营业税改征增值税试点的通知》（财税〔2016〕36号）　该政策文件是目前对医疗机构（包含医疗美容机构）影响较大、减负力度最大的一个文件，有力促进了中国医疗美容行业健康快速发展。

三、医疗美容机构免税政策

1. 依据《财政部 国家税务总局关于全面推开营业税改征增值税试点的通知》(财税〔2016〕36号)规定，医疗美容机构免征增值税。

2. 依据国务院办公厅发布的《国务院办公厅关于支持社会力量提供多层次多样化医疗服务的意见》(国办发〔2017〕44号)规定，社会办非营利性医疗机构在免征增值税基础上，符合条件的享受免征企业所得税优惠政策。

3. 依据《中华人民共和国企业所得税法》和《中华人民共和国企业所得税法实施条例》的相关规定，以下几种情况列为免税收入。

一是国债利息收入，是指企业持有国务院财政部门发行的国债取得的利息收入。

二是符合条件的居民企业之间的股息、红利等权益性投资收益，是指居民企业直接投资于其他居民企业取得的投资收益。

三是在中国境内设立机构、场所的非居民企业从居民企业取得与该机构、场所有实际联系的股息、红利等权益性投资收益，不包括连续持有居民企业公开发行并上市流通的股票不足十二个月取得的投资收益。

四是符合条件的非营利组织的收入。符合条件的非营利组织，是指同时符合下列条件的组织。①依法履行非营利组织登记手续；②从事公益性或者非营利性活动；③取得的收入除用于与该组织有关的、合理的支出外，全部用于登记核定或者章程规定的公益性或者非营利性事业；④财产及其孳息不用于分配；⑤按照登记核定或者章程规定，该组织注销后的剩余财产用于公益性或者非营利性目的，或者由登记管理机关转赠给与该组织性质、宗旨相同的组织，并向社会公告；⑥投入人对投入该组织的财产不保留或者享有任何财产权利；⑦工作人员工资福利开支控制在规定的比例内，不变相分配该组织的财产。

上述规定的非营利组织的认定管理办法由国务院财政、税务主管部门会同国务院有关部门制定。符合条件的非营利组织的收入，不包括非营利组织从事营利性活动取得的收入，但国务院财政、税务主管部门另有规定的除外。

4. 目前医疗机构（包括医疗美容机构）的相关免税政策如下。

(1)医疗机构自产自用的制剂，非营利性医疗机构免征增值税；营利性医疗机构自其取得执业登记之日起，三年内免征此项增值税。

(2)医疗机构自用的房产、土地、车船，免征房产税、城镇土地使用税和车船使用税，非营利性医疗机构免税；营利性医疗机构自其取得执业登记之日起，三年内此项收入免税。

(3)医疗机构占用耕地免征耕地占用税(《中华人民共和国耕地占用税暂行条例》第八条)。

第4节 医疗美容机构涉税风险管理

企业涉税风险管理是指企业为避免和防范其由于未按照税法规定运行，所面临的财产损失、法律制裁、形象受损和承担不必要的税务负担等风险而采取的风险识别、防范和控制等管理过程。企业涉税风险管理旨在为企业的发展作出规范合法、能给企业带来持续发展的税务制度和规划。

医疗美容行业发展时间短，但却是医疗行业的朝阳行业，商业化程度较高，所以大量民营资本投资医疗美容行业，商业模式、运营管理及营销方式也是多样化并存，不同的发展模式直接影响到医疗美容机构的财税管理工作和财税风险的发生。

笔记

一、一般企业涉税风险及表现

企业涉税风险一般包括以下几个方面：一是未按照税法规定承担纳税义务，导致被税务稽查和处罚的风险；二是企业经营行为适用税法不准确，没有用足用活有关税收政策，多缴税款，承担了不必要的税收负担；三是未安排好业务涉税申报流程，导致应享受利益的丧失。也就是说涉税风险不仅包括税务处罚风险，还包括未按照税收程序法的要求办理相应的手续，安排相应的业务流程，导致本该享受的税收优惠、税额抵扣等税收利益及相关利益无法享受。具体表现中既有合同、发票管理不当产生的涉税风险，也有账务处理不当导致的涉税风险，还有未及时办理增值税免税手续导致的涉税风险等。

二、医疗美容机构涉税风险及表现

总体上，中国医疗美容行业因获客方式不同，营销模式主要分为两种：一是医疗美容机构直接面向求美者进行广告宣传获取客户的直客模式；二是依赖合作服务商（主要以生活美容院为主）输送求美者给医疗美容机构的合作模式。这两种模式因营销方式和资金流模型的不同，涉税风险特点和表现也不同，因此涉税风险管理方式和规范要求也有区别。

（一）直客模式和税收风险

直客模式是医疗美容机构最常见的一种运营模式，医疗机构在电视、杂志、机场、车体、广告牌等传统媒体上做广告，也会利用网站、微信、微博、微视频、直播平台、第三方平台等新媒体做广告，以吸引客户到医疗机构咨询和进行手术。

直客模式和大多数传统行业企业一样，由于付出了大量的获客成本，导致利润率会下降，因此为了避税，部分医疗机构会把客户营业款通过 POS 机等金融工具直接转款至个人银行卡账户，不进入医美机构对公账户，以躲避医美机构需要承担的各类税赋和股东应缴纳的红利税等税费；或者通过购买增值税发票抵扣成本避税。这样会构成偷逃税、虚开增值税发票等涉税风险，情节严重的可能承担刑事责任。

（二）合作模式和税收风险

合作模式也被称为渠道模式，和直客模式最大的区别是客户（求美者）来源的不同，合作模式获客方式主要来源于美容院、化妆品公司、美容产品公司、高端产品销售公司以及掌握终端客户资源的个人。

合作模式医疗美容机构涉税风险主要有以下表现。

一是业务资金流模型涉税违规。资金流主要路径为：POS 机、微信、支付宝等收款类金融工具直接收款进入医疗美容机构投资人个人银行卡（或指定个人银行卡），再由投资人个人银行卡转款至合作服务商个人银行卡。这样的资金流模型是比较典型的违规行为（如涉嫌偷逃医疗美容医院的增值税、企业所得税、股东的红利税以及合作商的劳务所得或生产经营所得个税）。尽管医疗美容机构免征增值税，但营业款不进入医疗美容机构的对公账户，仍然会有企业所得税和股东红利税逃税的风险；同时合作的服务商，也存在偷逃劳务所得或生产经营所得税费的风险。总之，服务商返款模式致使医疗美容机构、医疗美容机构投资人、合作服务商等商业主体，均存在涉嫌偷逃税的法律风险。

二是合作服务商不开发票，致使医疗美容机构成本无法抵扣，造成医疗美容机构的账务无法规范。从合作模式出现至今，合作商主要以美容院等个体户以及民营小微企业为主，部分合作商是个人身份，普遍存在纳税意识淡薄的现实情况。营销模式主要是依据介绍客户产生的消费额为基础进行返利，这种返利性收入普遍打入渠道商个人银行卡账户，给医疗美容机构开具发票的比例较低。

笔记

三是在合作模式下，医疗美容机构给合作服务商较高的返佣比例，这些高比例返款普遍打入了合作商个人银行账户，也存在偷逃个人所得税的风险。

三、涉税风险管理

医疗美容机构税务风险管理的目标主要是税收筹划、经营决策和日常经营活动、纳税申报等事宜符合税法规定；税务事项的会计处理符合相关会计制度或准则以及相关法律法规；建立防止企业偷税、漏税的行为机制，杜绝出现涉税刑事犯罪或其他违法行为。税务风险管理的目标是保证企业涉税行为的“合法性”和“合规性”，使企业在遵循国家法律法规的前提下，实现企业利益的最大化。

1. 医疗美容企业投资人和管理者，应高度重视涉税风险，充分认识到税务风险已越来越成为影响企业核心竞争力和可持续发展的重要因素，成为严重影响企业发展壮大的障碍。在企业内部建立规范纳税制度和依法纳税观念，不断提高企业管理层控制和防范企业税务风险的意识。

2. 医疗美容机构应建立规范财务团队，建立基础信息系统，学习最新税管制度和税法知识，学习并随时识别企业涉税风险。财务团队要积极参与企业各项规划，如参与战略规划和重大经营决策的税务影响分析，提供税务风险管理建议，组织实施企业税务风险的识别、评估，监测日常税务风险并采取应对措施，指导和监督有关职能部门、各业务单位以及全资、控股企业开展税务风险管理工作，建立税务风险管理的信息和沟通机制等。

3. 医疗美容机构应遵循相关会计准则和法律法规的规定进行涉税事项的处理，包括纳税申报、税款缴纳、税务登记、凭证管理、税务档案存储等内容。规范企业销售流程和资金流模型，做到规范报税，保持“钱流、发票流、合同流、物流、信息流”五流一致。

4. 医疗美容机构应关注企业重大经营决策、重要经营活动和重点业务流程中的制度性和决策性风险，建立“控制有制度、部门有制约、岗位有职责、操作有程序、过程有监控、风险有监测、工作有评价、责任有追究”的全面涉税风险管理体系。有条件的机构应根据医美行业特点和业务特点，结合成本效益原则，建立涵盖风险管理基本流程和内部控制系统各环节的税务风险管理信息系统，建立税务风险管理的信息与沟通制度，将信息技术应用于税务风险管理。

5. 医疗美容机构应结合行业和自身的特点和发展战略制定出合规合法的税务筹划，杜绝以偷逃税为目的的各种税务筹划违规行为。在符合国家法律法规的前提下，对企业的生产经营方式、业务流程、资金流模型、企业注册性质等进行筹划，制定出利于企业合法节税的经营方案，而非违规偷逃税费方案，实现企业的良性发展。

6. 医疗美容机构和税务管理部门建立融洽的税企关系，建立并完善税务法律、法规、政策的收集，全面及时获取税收政策法规最新信息，不因税务优惠政策信息缺失或税收优惠政策的错误运用而造成不应有的损失。

四、涉税法律责任

纳税人在税收征管过程中主要涉及的法律责任有行政法律责任和刑事法律责任两种。

(一)税收违法与行政法律责任

1. 税收违法的含义 税收违法一般是指纳税主体和征税主体违反税收法律、法规的有关规定，给国家税收造成损失，或者妨碍税收工作正常进行的行为。税收违法是违法主体违反税法的一系列行为的总称。就其内涵讲，税收违法行为包括违反税法给国家造成损失的行为和违反税法使税收工作难以正常进行的行为。

2. 税收违法一般特征 ①违反的法律是用来调整税收分配关系的税收法律、法规，包括增值税、个人所得税等相关的实体法和税收征收管理等相关的程序法。②违法的结果是影响国家税收工作的正常进行，并不一定都因此而使国家税收收入减少。如税收征收管理法规定，纳税人、扣缴义务人都应该按规定进行纳税申报，而不论有无应纳税额、是否享受减免优惠。③违法主体直接或间接与税收有关。税收违法一般是指在税收征纳过程中当事人未按税收法律、法规和规章的规定办，为税法规定不作为的行为。这里的当事人如前所述是指税收法律关系所约束的征税主体和纳税主体。

3. 税收行政法律责任 税收行政处罚是指依法享有税收行政管理权的税务机关对于违反税法，尚未构成犯罪的纳税人、扣缴义务人和其他当事人给予行政处罚制裁的具体行政行为。税收行政处罚必须以税收法律、法规为依据，并以被处罚对象违反税法为前提，处罚的目的是维护国家的税收法制和财政收入。税收行政处罚权一般由税务机关行使，被处罚对象是违反税法的纳税人、扣缴义务人和其他当事人。

4. 税收处罚基本形式 税收行政处罚由税法规定并由税务机关作出，处罚的基本形式是罚款；处罚的种类主要有财产处罚（如罚款）、能力处罚（如停止办理出口退税）、申诫处罚（如责令限期改正或缴纳）、经济处罚（如没收违法所得）和自由处罚（如对未依法缴清税款者限制其出境）等。税收行政处分是指税务机关按照行政隶属关系，对于有轻微违反税法失职行为，尚不够刑事处罚的税务人员的行政制裁，其主要方式有警告、记过、记大过、降级、撤职和开除6种。

5. 纳税人的具体行政处罚种类 《中华人民共和国税收征收管理法》第六十条规定，纳税人有下列行为之一的，由税务机关责令限期改正，可以处二千元以下的罚款；情节严重的，处二千元以上一万元以下的罚款：①未按照规定的期限申报办理税务登记、变更或者注销登记的；②未按照规定设置、保管账簿或者保管记账凭证和有关资料的；③未按照规定将财务、会计制度或者财务、会计处理办法和会计核算软件报送税务机关备查的；④未按照规定将其全部银行账号向税务机关报告的；⑤未按照规定安装、使用税控装置，或者损毁或者擅自改动税控装置的。纳税人不办理税务登记的，由税务机关责令限期改正；逾期不改正的，经税务机关提请，由工商行政管理机关吊销其营业执照。纳税人未按照规定使用税务登记证件，或者转借、涂改、损毁、买卖、伪造税务登记证件的，处二千元以上一万元以下的罚款；情节严重的，处一万元以上五万元以下的罚款。

（二）税收犯罪与刑事法律责任

1. 税收犯罪与税收刑事处罚概念 税收刑事处罚是司法机关对于违反税法并构成犯罪的税收法律关系主体，按照《中华人民共和国刑法》的规定实施的刑事制裁。这是最为严厉的一种税收法律责任形式。税收刑事处罚的目的：通过惩罚与教育、改造相结合，改造犯罪、预防犯罪。中国税收刑事处罚的种类由《中华人民共和国刑法》规定，目前有五种主刑，即死刑、无期徒刑、有期徒刑、拘役和管制，三种附加刑，即罚金、剥夺政治权利和没收财产，具体适用种类由人民法院作出判决。对于自然人的税收犯罪，可以采用上述各种处罚形式，对法人的税收犯罪只能采用罚金和没收财产的附加刑形式，但是对其责任人可以采用各类主刑处罚。

2. 构成涉税犯罪条件 概括地讲，涉税犯罪是税收违法发展到一定程度而形成的由量变到质变的过程。涉税犯罪，是税收违法的特殊组成部分，构成涉税犯罪还需要具备以下条件：第一，行为人妨害税收行为的社会危害性须达到一定程度。这是涉税犯罪与税收违法的罪与非罪的根本区别。其衡量标准主要是造成国家税收收入损失的额度、对税收制度的破坏程度以及情节严重程度等。第二，行为人危害税收的行为触犯了刑事法律的规定。涉税犯罪属于税收违法范畴，但又不是一般的税收违法行为，只有税收违法行为的社会危害性达到相当严重的程度，触犯刑律的时候，才有可能以涉税犯罪论处。第三，行为人所实施的妨害税收行为达到了应当受到刑事惩罚的程度。如果危害税收行为虽然已经违反刑法的有关规定，但属于“刑法”中并未要求对其予以刑事惩处的行为，如情节显著轻微等情形时，也不能以涉税犯罪论处。

3. 涉税犯罪构成

（1）涉税犯罪的客体：犯罪客体是我国刑法所保护的、为犯罪行为所侵害的社会关系。具体

笔记

地说，涉税犯罪侵犯的分类客体是税收秩序。所谓税收秩序，是指国家税收法规确定的一系列制度所规范的税收征纳关系。税收诸罪中绝大多数罪侵犯的是国家税收征管制度这一单一客体，仅有抗税罪例外，抗税罪还侵犯了税务人员的人身权利。

（2）涉税犯罪的客观方面：本类犯罪在客观方面表现为违反国家和发票管理法律法规，实施危害国家税收征管和发票管理、情节严重的行为。

首先，行为人的行为必须违反了国家税收法律法规和发票管理法律法规的规定。有关税收、发票的法律法规：《中华人民共和国税收征收管理法》及其实施细则、《中华人民共和国发票管理办法》及其实施细则、《中华人民共和国增值税暂行条例》及其实施细则、《中华人民共和国消费税暂行条例》及其实施细则、《中华人民共和国企业所得税法》、《中华人民共和国个人所得税法》、《中华人民共和国土地增值税暂行条例》等，也包括地方国家权力机关根据职权范围制定的、针对地方的税收管理和发票管理的法律法规。

其次，行为人实施了妨害税收征管的行为。一类是行为人没有按照税收法律法规的规定，如实履行缴纳税款的义务，实施了偷税、抗税等直接妨害税收征管的行为；一类是行为人违反发票管理法律法规的规定，没有权力印制发票的人非法制造发票，没有权力出售、购买发票的人非法出售、购买发票等间接妨害税收征管的行为。

最后，涉税犯罪的情节。构成本类犯罪必须达到情节严重，主要是指数额较大。数额较大的标准参照《最高人民检察院、公安部关于公安机关管辖的刑事案件立案追诉标准的规定（二）》执行。

（3）涉税犯罪的主体：犯罪主体指的是实施危害社会的行为，依法应当负刑事责任的自然人和单位。涉税犯罪的主体则是指实施了涉税犯罪行为，依法应当承担刑事责任的自然人和单位。根据《中华人民共和国刑法》总则及危害税收征管罪的分则规定，涉税犯罪主体包括自然人和单位两种。

（4）涉税犯罪的主观方面：犯罪的主观方面是指犯罪主体对自己的危害行为及其危害结果所持的心理态度。涉税犯罪的主观方面就是指涉税犯罪主体在实施危害国家税收制度和管理活动行为时所持的心理态度。涉税犯罪的主观方面，作为体现涉税犯罪主体主观恶性的特征，反映了涉税犯罪主体对刑法规范所保护的税收管理制度的否定和漠视。

综上所述，涉税诸罪具有相同的构成特征：所有的涉税犯罪都侵害了国家税收管理制度，妨害了国家正常的税收管理，这是涉税犯罪客体上的共同特征；所有的涉税犯罪都表现为无视国家法律，侵害国家税收管理制度，妨害国家税收管理活动的行为，这是涉税犯罪客观方面的共同特征；所有的涉税犯罪都是具有刑事责任能力的自然人或者单位实施的侵害国家税收管理制度，妨害国家税收管理活动的行为，这是涉税犯罪主体的共同特征；所有的涉税犯罪都是行为人在一定主观过错支配下实施的侵害国家税收管理制度，妨害国家税收管理活动的犯罪行为，这是犯罪主观方面的共同特征。

（三）涉税犯罪的刑罚

我国《中华人民共和国刑法》分则第三章第六节规定了专门的“危害税收征管罪”，从《中华人民共和国刑法》第二百零一条至第二百一十二条，共涉及十二种涉税犯罪，这十二种犯罪，理论上又可按涉税犯罪侵犯的直接客体分为“税款犯罪”和“发票犯罪”，如偷税罪、抗税罪、逃避追缴欠税罪、骗取出口退税罪，都属于“税款犯罪”；而虚开增值税专用发票，用于骗取出口退税、抵扣税款发票罪，伪造、出售伪造的增值税专用发票罪，非法出售增值税专用发票罪等，都属于“发票犯罪”。按犯罪主体进行分类，可分为纳税主体（包括代扣代缴义务人）实施的犯罪，如偷税罪、抗税罪，和一般主体实施的犯罪，如伪造发票罪等。也可根据涉税犯罪行为手段分为欺骗型犯罪，如偷税罪、骗取出口退税罪；暴力型犯罪，如抗税罪；伪造型犯罪，如伪造增值税专用发票罪；非法出售、购买犯罪，如非法购买增值税专用发票罪等。

医疗美容机构可能涉税犯罪的主要罪名，主要集中在《中华人民共和国刑法》分则第三章第六节“危害税收征管罪”中，从第二百零一条至第二百一十二条。涉及涉税罪名：①逃税罪；②抗税罪；③逃避追缴欠税罪；④骗取出口退税罪；⑤虚开增值税专用发票、用于骗取出口退税、抵扣税款发票罪；⑥虚开发票罪；⑦伪造、出售伪造的增值税专用发票罪；⑧非法出售增值税专用发票罪；⑨非法购买增值税专用发票、购买伪造的增值税专用发票罪；⑩非法制造、出售非法制造的用于骗取出口退税、抵扣税款发票罪；⑪非法制造、出售非法制造的发票罪；⑫非法出售用于骗取出口退税、抵扣税款发票罪；⑬非法出售发票罪；⑭盗窃罪、诈骗罪；⑮持有伪造的发票罪；⑯单位犯危害税收征管罪。

小结

医疗美容机构的税收制度随着医疗机构税制的发展、演变而完善。主要税种包含了增值税、企业所得税、附加税、印花税等，附随的还有股东红利税、个税以及经营合作过程中产生的其他税种。

增值税免税是目前对医疗美容机构影响最大的优惠政策，具有很重要的意义，对医疗美容机构的经营产生了积极的促进作用，有力推动了医疗美容行业的发展。至今仍有部分地区税务部门和机构管理者因对医疗美容机构的税制的理解程度不够没有执行此优惠政策。

《中华人民共和国个人所得税法》的完善和执行对医疗美容从业人员提高依法纳税意识具有重要作用，也对医疗美容机构的商业模式和盈利系统产生较大影响。在未来行业的发展过程中，依法纳税意识仍是医疗美容行业投资人和管理者需要提升的最重要的法商修养。

章前案例解析

1. 该整形机构需要缴纳的主要税种如下。

（1）企业需要缴纳四个税种：增值税、附加税、企业所得税、印花税。

（2）股东须缴纳红利税，员工缴纳个人所得税。

2. 主要税种需要缴纳的税费如下。

（1）增值税：因该机构办理了增值税免征备案，3000万元收入均为免税收入，所以该机构在一个纳税年度内增值税为零元。

（2）附加税：因增值税免征，所以该机构附加税也为零元。

（3）企业所得税：该机构为一般纳税人，不享受小微企业的税收优惠政策。因此，2018年企业所得税=利润×25%=（收入–支出）×25%=（3000–2400）×25%=150（万元）。

（4）印花税：签订合同金额的0.3‰～0.5‰（按合同类型和金额据实计算）。

（5）股东红利税：股东分红所得×20%=（3000–2400–150）×20%=90（万元）。

（6）员工个税：略。

思考题

1. 什么是企业涉税风险？

2. 涉税风险有什么具体表现和法律风险？

3. 如何管理医疗美容机构涉税风险？

（曹　伟）

第13章 医疗美容企业法定代表人及负责人风险管理

本章概要

医疗美容机构在执业登记上存在着“一个唯一的法人实体、两套平行的登记主体”的情形。医疗美容企业的法定代表人作为该商事主体的代表、医疗美容机构的主要负责人作为该卫生行政主体的代表，依法各自履行必要的法定职能、承担法定的义务。

医疗美容机构的法定代表人和主要负责人是两个不同的主体、两个不同的法律概念，两者具有截然不同的法律地位、职务和职能。《中华人民共和国民法典》第六十一条对法定代表人的含义作出了明确的定义，依照法律或者法人章程的规定，代表法人从事民事活动的负责人，为法人的法定代表人。法定代表人以法人名义从事的民事活动，其法律后果由法人承受。而对于医疗美容机构的主要负责人，现行的上位法律、行政法规暂时没有作出统一和明确的定义。《关于印发医疗机构从业人员行为规范的通知》（卫办发〔2012〕45号）中对于“医疗机构管理人员”的含义作出了规定，即医疗机构的管理人员是指在医疗机构及其内设各部门、科室从事计划、组织、协调、控制、决策等管理工作的人员。该通知同时规定了医疗机构的管理人员具有提升医疗质量、保障医疗安全、提高服务水平、服务临床一线、加强医疗与护理质量管理、建立健全医疗风险管理机制、落实医疗机构各项内控制度、加强财物管理、合理调配资源等履行管理职责、承担管理责任的法定职责。此规定通常可被参考作为医疗美容机构主要负责人定义和职能的溯源。鉴于此，本章内容拟从医疗美容机构法定代表人及主要负责人的行政、民事、刑事风险管控角度，对医疗美容机构法定代表人及主要负责人的责、权、利展开分析。

案例13

2019年3月28日，王某在北京某美容会所做面部护理和背部按摩的过程中，接受了该会所美容总监雷某推荐的一款“效果好、无风险、无创无痛”的注射隆下颏项目，由美容总监雷某在下颏处注射了某种化学药剂。术后第二天，王某即出现下颏红肿、溃烂。王某立即自行至北京某医疗美容医院进行修复治疗，该院主要负责人章某于2019年4月1日对王某行局麻下硅胶假体隆下颏术，术中使用的假体为其从国外代购回国的无证假体。术后王某自感不适，先后至上海交通大学医学院附属第九人民医院、中国医学科学院整形外科医院等进行门诊治疗，诊疗结果显示其已感染艾滋病。经CT检查显示颏部假体距左侧颏孔较右侧近，怀疑假体压迫左侧颏神经。其下唇系带不显，有横向瘢痕，下唇齿龈沟可见手术切口瘢痕，下唇系带缺失等。经司法鉴定，鉴定意见为被鉴定人王某目前颏部形态不佳、宽大、两侧不对称，下唇系带消失。后王某将北京某美容会所、北京某医疗美容医院共同诉至法院。经法院审理查明，北京某美容会所的美容总监雷某、北京某医疗美容医院的章某均未取得医师执业资格，且在王某就诊过程中，章某指使该院医疗美容中医科主诊医师刘某对患者王某病历进行涂改、伪造、隐匿、销毁，由刘某在主诊医师签字处签字，以逃避责任，并导致王某延误最佳治疗时机。法院最终判决北京某美容会所、北京某医疗美容医院承担对患者王某的民事赔偿责任，该会所和医院拒不执行判决。

问题：1. 美容会所总监雷某和医疗美容医院章某的违法美容诊疗行为构成什么刑事犯罪？
2. 医疗美容医院涂改、伪造、隐匿、销毁病历的行为会承担什么法律责任？
3. 美容会所和医疗美容医院拒不执行法院判决的行为会承担什么法律责任？

第1节　医疗美容企业法定代表人及负责人行政风险管控

行政责任是指行政法律关系主体因行政违法行为或因违反行政法规定而应承担的否定性法律后果。行政责任包括行政处分和行政处罚。行政处分，是指有管辖权的卫生行政机关或所在医疗卫生机构的行政领导对下属人员违法、失职，但尚未构成犯罪的行为实施的一种行政法律制裁形式。依据《中华人民共和国行政处罚法》第八条的规定，行政处罚的种类包括警告；罚款；没收违法所得、没收非法财物；责令停产停业；暂扣或者吊销许可证、暂扣或者吊销执照；行政拘留；法律、行政法规规定的其他行政处罚。上述行政处罚种类可分为申诫罚、财产罚、能力罚和人身罚四大类。医事行政处罚的种类仅包括申诫罚、财产罚和能力罚。由于我国现行上位法律、行政法规对于医疗美容机构“主要负责人”的含义暂时未作出明确的规定，目前各个法律、行政法规、地方性规定及规章等对于医疗美容机构主要负责人行政责任的界定和衔接较为模糊。因此，当医疗美容机构出现违法或违规的行为时，相较于由医疗美容机构的主要负责人直接承担行政责任，由医疗美容机构本身作为行政相对人承担行政责任的情形更为普遍。民营医疗美容机构的主要负责人因为忙于承担市场业绩的压力，在日常管理工作中忽视或轻视自身履行医疗机构法定管理职责的情况甚为普遍，往往既不知道自己身在其位面临着何种行政风险、也不知道可能需要承担何种行政责任，更有甚者，认为医疗技术业务与其毫无关系，一旦出现医疗过错或管理过失，则应当由各个科室负责人承担相关行政责任。受此本末倒置、意识缺位的长期影响，部分医疗美容机构，甚至社会大众，逐渐认为民营医疗美容机构提供的医疗技术业务属于“非严肃性医疗行为”，这不可不谓是民营医疗美容行业的遗憾。

一、医疗美容企业法定代表人的行政风险

如前所述，医疗美容机构除持有医疗机构执业许可牌照外，同时也是在工商行政管理部门（或同级民政部门）登记的法人主体，故就医疗美容机构的法定代表人而言，其须就违反工商管理职责的行为对外承担行政责任。

（一）虚假出资、抽逃出资

根据《中华人民共和国公司法》第一百九十九条和第二百条规定，公司的发起人、股东虚假出资，未交付或者未按期交付作为出资的货币或者非货币财产的，由公司登记机关责令改正，处以虚假出资金额百分之五以上百分之十五以下的罚款。公司的发起人、股东在公司成立后，抽逃其出资的，由公司登记机关责令改正，处以所抽逃出资金额百分之五以上百分之十五以下的罚款。故如医疗美容企业的法定代表人作为公司的发起人、股东，存在虚假出资或抽逃出资等行为的，除将被公司登记机关责令改正外，还将被处以一定比例的罚款。

（二）对财务会计报告等材料作虚假记载或者隐瞒重要事实

《中华人民共和国公司法》第二百零二条规定，公司在依法向有关主管部门提供的财务会计报告等材料上作虚假记载或者隐瞒重要事实的，由有关主管部门对直接负责的主管人员和其他直接责任人员处以三万元以上三十万元以下的罚款。如果医疗美容企业的法定代表人对该等违法行为负有

主导、指示、办理等直接责任的，将被有关主管部门处以罚款。

（三）公司清算活动中的违法行为

《中华人民共和国公司法》第二百零四条、《中华人民共和国公司登记管理条例》第七十条规定，公司在进行清算时，隐匿财产，对资产负债表或者财产清单作虚假记载或者在未清偿债务前分配公司财产的，由公司登记机关责令改正，对公司处以隐匿财产或者未清偿债务前分配公司财产金额百分之五以上百分之十以下的罚款；对直接负责的主管人员和其他直接责任人员处以一万元以上十万元以下的罚款的罚则。故医疗美容机构的法定代表人如出现前述公司清算活动中隐匿财产、虚假记载财产清单或者提前分配公司财产的行为，且如其属于直接负责的主管人员或直接责任人员的，将面临由公司登记机关进行罚款的行政处罚。

（四）侵犯商业秘密

商业秘密，是指不为公众所知悉、具有商业价值并经权利人采取相应保密措施的技术信息、经营信息等商业信息。不为公众所知悉，是指该信息是不能从公开渠道直接获取的。具有商业价值是指能为权利人带来经济利益、具有实用性，是指该信息具有确定的可应用性，能为权利人带来现实的或者潜在的经济利益或者竞争优势。权利人采取保密措施，包括订立保密协议，建立保密制度及采取其他合理的保密措施。技术信息和经营信息，包括设计、程序、产品配方、制作工艺、制作方法、管理诀窍、客户名单、货源情报、产销策略、招投标中的标底及标书内容等信息。权利人，是指依法对商业秘密享有所有权或者使用权的公民、法人或者其他组织。

《中华人民共和国反不正当竞争法》第九条列举了经营者不得实施下列侵犯商业秘密的行为：①以盗窃、贿赂、欺诈、胁迫、电子侵入或者其他不正当手段获取权利人的商业秘密；②披露、使用或者允许他人使用以前项手段获取的权利人的商业秘密；③违反保密义务或者违反权利人有关保守商业秘密的要求，披露、使用或者允许他人使用其所掌握的商业秘密；④教唆、引诱、帮助他人违反保密义务或者违反权利人有关保守商业秘密的要求，获取、披露、使用或者允许他人使用权利人的商业秘密。经营者以外的其他自然人、法人和非法人组织实施前款所列违法行为的，视为侵犯商业秘密。第三人明知或者应知商业秘密权利人的员工、前员工或者其他单位、个人实施本条第一款所列违法行为，仍获取、披露、使用或者允许他人使用该商业秘密的，视为侵犯商业秘密。

《中华人民共和国反不正当竞争法》第二十一条规定，经营者以及其他自然人、法人和非法人组织违反本法第九条规定侵犯商业秘密的，由监督检查部门责令停止违法行为，没收违法所得，处十万元以上一百万元以下的罚款；情节严重的，处五十万元以上五百万元以下的罚款。工商行政管理机关在依照前款规定予以处罚时，对侵权物品可以作如下处理：①责令并监督侵权人将载有商业秘密的图纸、软件及其有关资料返还权利人。②监督侵权人销毁使用权利人商业秘密生产的、流入市场将会造成商业秘密公开的产品。但权利人同意收购、销售等其他处理方式的除外。对侵权人拒不执行处罚决定，继续实施侵犯商业秘密行为的，视为新的违法行为，从重予以处罚。医疗美容企业的法定代表人在日常工作中，有机会接触大量公司的核心商业秘密，如终端客户信息、渠道方名录、利益分配机制等，如其违反法律法规的规定，以不正当手段获取或对外披露商业秘密的，则应当依法接受相应的行政处罚。

二、医疗美容机构主要负责人的行政风险

当医疗美容机构主要负责人对于医疗机构的监督、决策和管理存在违法违规行为时，其可能就如下违法违规行为及情形承担行政责任、遭受行政处罚。

笔记

（一）出具虚假证明文件

出具虚假证明文件，是指未经医师（士）亲自诊察患者，医疗机构出具疾病诊断书、健康证明书或者死亡证明书等证明文件，或者未经医师（士）、助产人员亲自接产，医疗机构出具出生证明书或者死产报告书的行为。

如医疗美容机构因出具虚假证明文件造成危害后果，包括但不限于因出具虚假证明文件造成延误诊治的、出具虚假证明文件给患者精神造成伤害的或者其他危害后果的，我国《医疗机构管理条例（2016 修订）》第四十九条、《医疗机构管理条例实施细则》第八十二条均作出了对于医疗美容机构的直接责任人员应当由其所在单位或者上级机关给予行政处分的罚则。

（二）涂改、伪造、隐匿、销毁病历资料

《医疗事故处理条例》第五十八条对于医疗机构违反本条例规定，涂改、伪造、隐匿、销毁病历资料的行为，作出了对负有责任的主管人员和其他直接责任人员依法给予行政处分或者纪律处分的罚则。当涂改、伪造、隐匿、销毁病历资料情节严重，且医疗机构的主要负责人属于负有责任的主管人员和其他直接责任人员的，其还面临着由原发证部门吊销其执业证书或者资格证书的行政责任。

（三）医疗美容机构发生医疗事故，违反《医疗事故处理条例》的相关规定

医疗事故，是指医疗机构及其医务人员在医疗活动中，违反医疗卫生管理法律、行政法规、部门规章和诊疗护理规范、常规，过失造成患者人身损害的事故。医疗美容机构及其医务人员在医疗活动中，必须严格遵守医疗卫生管理法律、行政法规、部门规章和诊疗护理规范、常规，恪守医疗服务职业道德。

我国《医疗事故处理条例》第五十五条规定，医疗机构发生医疗事故的，由卫生行政部门根据医疗事故等级和情节，给予警告；情节严重的，责令限期停业整顿直至由原发证部门吊销执业许可证，对负有责任的医务人员依照刑法关于医疗事故罪的规定，依法追究刑事责任；尚不够刑事处罚的，依法给予行政处分或者纪律处分。对发生医疗事故的有关医务人员，除依照前款处罚外，卫生行政部门并可以责令暂停 6 个月以上 1 年以下执业活动；情节严重的，吊销其执业证书。

《医疗事故处理条例》第五十六条规定，医疗机构违反本条例的规定，有下列情形之一的，由卫生行政部门责令改正；情节严重的，对负有责任的主管人员和其他直接责任人员依法给予行政处分或者纪律处分：①未如实告知患者病情、医疗措施和医疗风险的；②没有正当理由，拒绝为患者提供复印或者复制病历资料服务的；③未按照国务院卫生行政部门规定的要求书写和妥善保管病历资料的；④未在规定时间内补记抢救工作病历内容的；⑤未按照本条例的规定封存、保管和启封病历资料和实物的；⑥未设置医疗服务质量监控部门或者配备专（兼）职人员的；⑦未制定有关医疗事故防范和处理预案的；⑧未在规定时间内向卫生行政部门报告重大医疗过失行为的；⑨未按照本条例的规定向卫生行政部门报告医疗事故的；⑩未按照规定进行尸检和保存、处理尸体的。

（四）未经批准擅自开办医疗机构行医或者非医师行医，未给患者造成损害，尚不构成犯罪

我国法律允许执业医生申请个体行医。但是，申请个体行医的执业医师，须经注册后在医疗、预防、保健机构中执业满五年，并按照国家有关规定办理审批手续；未经批准，不得行医。对于未经批准擅自开办医疗机构行医或者非医师行医，未给患者造成损害，尚不构成犯罪的，由县级以上人民政府卫生行政部门予以取缔，没收其违法所得及其药品、器械，并处十万元以下的罚款，对医师吊销其执业证书。据此，如执业医生申请个体行医并同时担任医疗美容机构负责人的，其将可能面临上述没收违法所得、罚款、吊销医师执业证书的行政处罚。

（五）未经许可擅自配置使用大型医用设备

2018 年以来，为进一步破解“准入不准营”问题，激发市场主体活力，加快推进政府职能深刻转变，营造法治化、国际化、便利化的营商环境，在前期试点基础上，国务院决定在全国推开“证照分离”改革。《国务院关于在全国推开“证照分离”改革的通知》（国发〔2018〕35 号）规定，允许营利性医疗机构开展药品、器械等医疗相关的经营活动，医疗活动场所与其他经营活动场所应当分离。据此，医疗美容机构可以在主营医疗科目之外，同时开展药品、器械等医疗相关的经营活动。医疗美容机构作为医疗器械的使用单位，应当有与在用医疗器械品种、数量相适应的贮存场所和条件，且医疗美容机构的相关责任人具有加强对工作人员的技术培训，保证操作人员按照产品说明书、技术操作规范等要求使用医疗器械的法定职责。除此之外，医疗美容机构如需配置大型医用设备，应当符合国务院卫生计生主管部门制定的大型医用设备配置规划，与其功能定位、临床服务需求相适应，具有相应的技术条件、配套设施和具备相应资质、能力的专业技术人员，并经省级以上人民政府卫生计生主管部门批准，取得大型医用设备配置许可证。依据《医疗器械监督管理条例》第六十三条规定，未经许可擅自配置使用大型医用设备的，由县级以上人民政府卫生计生主管部门责令停止使用，给予警告，没收违法所得；违法所得不足 1 万元的，并处 1 万元以上 5 万元以下罚款；违法所得 1 万元以上的，并处违法所得 5 倍以上 10 倍以下罚款；情节严重的，五年内不受理相关责任人及单位提出的大型医用设备配置许可申请。即相关责任人及单位五年内提出的大型医用设备配置许可申请，该申请可能会不被受理。

（六）以不正当手段取得医师执业证书

我国《中华人民共和国执业医师法》对以不正当手段取得医师执业证书的行为规定了相应的罚则，即由发给证书的卫生行政部门予以吊销；对负有直接责任的主管人员和其他直接责任人员，依法给予行政处分。

（七）违反《中华人民共和国执业医师法》规定，并导致严重后果

我国《中华人民共和国执业医师法》规定，医师注册后有下列情形之一的，其所在的医疗、预防、保健机构应当在三十日内报告准予注册的卫生行政部门，卫生行政部门应当注销注册，收回医师执业证书：①死亡或者被宣告失踪的；②受刑事处罚的；③受吊销医师执业证书行政处罚的；④依照本法第三十一条规定暂停执业活动期满，再次考核仍不合格的；⑤中止医师执业活动满二年的；⑥有国务院卫生行政部门规定不宜从事医疗、预防、保健业务的其他情形的。《中华人民共和国执业医师法》第四十一条规定，医疗、预防、保健机构未依照本法第十六条的规定履行报告职责，导致严重后果的，由县级以上人民政府卫生行政部门给予警告；并对该机构的行政负责人依法给予行政处分。

（八）疏于对医师外出会诊进行管理

医师外出会诊是指医师经所在医疗机构批准，为其他医疗机构特定的患者开展执业范围内的诊疗活动。医师未经所在医疗机构批准，不得擅自外出会诊。依据我国《医师外出会诊管理暂行规定》第二十一条之规定，医疗机构疏于对本单位医师外出会诊管理的，县级以上卫生行政部门应当对医疗机构及其主要负责人和负有责任的主管人员进行通报批评。

（九）擅自生产、收购、经营毒性药品

依据我国《医疗用毒性药品管理办法》第五条的规定，毒性药品的收购、经营，由各级医药管理部门指定的药品经营单位负责；配方用药由国营药店、医疗单位负责。其他任何单位或者个人均不得从事毒性药品的收购、经营和配方业务。如医疗美容机构的责任人员违反《医疗用毒性药品管

理办法》第十一条的规定，擅自生产、收购、经营毒性药品的单位或个人，由县以上卫生行政部门没收其全部毒性药品，并处以警告或按非法所得的五至十倍罚款。情节严重、致人伤残或死亡，构成犯罪的，由司法机关依法追究其刑事责任。

（十）生产、销售假药，或者生产、销售劣药且情节严重

2019年8月26日新修订的《中华人民共和国药品管理法》于2019年12月1日起正式实施。该法第一百一十八条规定，生产、销售假药，或者生产、销售劣药且情节严重的，对法定代表人、主要负责人、直接负责的主管人员和其他责任人员，没收违法行为发生期间自本单位所获收入，并处所获收入百分之三十以上三倍以下的罚款，终身禁止从事药品生产经营活动，并可以由公安机关处五日以上十五日以下的拘留。对生产者专门用于生产假药、劣药的原料、辅料、包装材料、生产设备予以没收。

（十一）使用假药、劣药

《中华人民共和国药品管理法》第一百一十九条规定，药品使用单位使用假药、劣药的，按照销售假药、零售劣药的规定处罚；情节严重的，法定代表人、主要负责人、直接负责的主管人员和其他责任人员有医疗卫生人员执业证书的，还应当吊销执业证书。

（十二）伪造、变造、出租、出借、非法买卖许可证或者药品批准证明文件且情节严重

《中华人民共和国药品管理法》第一百二十二条规定，伪造、变造、出租、出借、非法买卖许可证或者药品批准证明文件的，没收违法所得，并处违法所得一倍以上五倍以下的罚款；情节严重的，并处违法所得五倍以上十五倍以下的罚款，吊销药品生产许可证、药品经营许可证、医疗机构制剂许可证或者药品批准证明文件，对法定代表人、主要负责人、直接负责的主管人员和其他责任人员，处二万元以上二十万元以下的罚款，十年内禁止从事药品生产经营活动，并可以由公安机关处五日以上十五日以下的拘留；违法所得不足十万元的，按十万元计算。

（十三）提供虚假的证明、数据、资料、样品或者采取其他手段骗取临床试验许可、药品生产许可、药品经营许可、医疗机构制剂许可或者药品注册等许可且情节严重

《中华人民共和国药品管理法》第一百二十三条规定，提供虚假的证明、数据、资料、样品或者采取其他手段骗取临床试验许可、药品生产许可、药品经营许可、医疗机构制剂许可或者药品注册等许可的，撤销相关许可，十年内不受理其相应申请，并处五十万元以上五百万元以下的罚款；情节严重的，对法定代表人、主要负责人、直接负责的主管人员和其他责任人员，处二万元以上二十万元以下的罚款，十年内禁止从事药品生产经营活动，并可以由公安机关处五日以上十五日以下的拘留。

此外，《中华人民共和国药品管理法》第一百二十四条规定，违反本法规定，有下列行为之一的，没收违法生产、进口、销售的药品和违法所得以及专门用于违法生产的原料、辅料、包装材料和生产设备，责令停产停业整顿，并处违法生产、进口、销售的药品货值金额十五倍以上三十倍以下的罚款；货值金额不足十万元的，按十万元计算；情节严重的，吊销药品批准证明文件直至吊销药品生产许可证、药品经营许可证或者医疗机构制剂许可证，对法定代表人、主要负责人、直接负责的主管人员和其他责任人员，没收违法行为发生期间自本单位所获收入，并处所获收入百分之三十以上三倍以下的罚款，十年直至终身禁止从事药品生产经营活动，并可以由公安机关处五日以上十五日以下的拘留：①未取得药品批准证明文件生产、进口药品；②使用采取欺骗手段取得的药品批准证明文件生产、进口药品；③使用未经审评审批的原料药生产药品；④应当检验而未经检验即

笔记

销售药品；⑤生产、销售国务院药品监督管理部门禁止使用的药品；⑥编造生产、检验记录；⑦未经批准在药品生产过程中进行重大变更。销售前款第一项至第三项规定的药品，或者药品使用单位使用前款第一项至第五项规定的药品的，依照前款规定处罚；情节严重的，药品使用单位的法定代表人、主要负责人、直接负责的主管人员和其他责任人员有医疗卫生人员执业证书的，还应当吊销执业证书。未经批准进口少量境外已合法上市的药品，情节较轻的，可以依法减轻或者免予处罚。

《中华人民共和国药品管理法》第一百二十五条规定，违反本法规定，有下列行为之一的，没收违法生产、销售的药品和违法所得以及包装材料、容器，责令停产停业整顿，并处五十万元以上五百万元以下的罚款；情节严重的，吊销药品批准证明文件、药品生产许可证、药品经营许可证，对法定代表人、主要负责人、直接负责的主管人员和其他责任人员处二万元以上二十万元以下的罚款，十年直至终身禁止从事药品生产经营活动：①未经批准开展药物临床试验；②使用未经审评的直接接触药品的包装材料或者容器生产药品，或者销售该类药品；③使用未经核准的标签、说明书。

《中华人民共和国药品管理法》第一百二十六条规定，除本法另有规定的情形外，药品上市许可持有人、药品生产企业、药品经营企业、药物非临床安全性评价研究机构、药物临床试验机构等未遵守药品生产质量管理规范、药品经营质量管理规范、药物非临床研究质量管理规范、药物临床试验质量管理规范等的，责令限期改正，给予警告；逾期不改正的，处十万元以上五十万元以下的罚款；情节严重的，处五十万元以上二百万元以下的罚款，责令停产停业整顿直至吊销药品批准证明文件、药品生产许可证、药品经营许可证等，药物非临床安全性评价研究机构、药物临床试验机构等五年内不得开展药物非临床安全性评价研究、药物临床试验，对法定代表人、主要负责人、直接负责的主管人员和其他责任人员，没收违法行为发生期间自本单位所获收入，并处所获收入百分之十以上百分之五十以下的罚款，十年直至终身禁止从事药品生产经营等活动。

《中华人民共和国药品管理法》第一百三十五条规定，药品上市许可持有人在省、自治区、直辖市人民政府药品监督管理部门责令其召回后，拒不召回的，处应召回药品货值金额五倍以上十倍以下的罚款；货值金额不足十万元的，按十万元计算；情节严重的，吊销药品批准证明文件、药品生产许可证、药品经营许可证，对法定代表人、主要负责人、直接负责的主管人员和其他责任人员，处二万元以上二十万元以下的罚款。药品生产企业、药品经营企业、医疗机构拒不配合召回的，处十万元以上五十万元以下的罚款。

《中华人民共和国药品管理法》第一百四十一条规定，药品上市许可持有人、药品生产企业、药品经营企业在药品研制、生产、经营中向国家工作人员行贿的，对法定代表人、主要负责人、直接负责的主管人员和其他责任人员终身禁止从事药品生产经营活动。

《中华人民共和国药品管理法》第一百四十二条规定，药品上市许可持有人、药品生产企业、药品经营企业的负责人、采购人员等有关人员在药品购销中收受其他药品上市许可持有人、药品生产企业、药品经营企业或者代理人给予的财物或者其他不正当利益的，没收违法所得，依法给予处罚；情节严重的，五年内禁止从事药品生产经营活动。医疗机构的负责人、药品采购人员、医师、药师等有关人员收受药品上市许可持有人、药品生产企业、药品经营企业或者代理人给予的财物或者其他不正当利益的，由卫生健康主管部门或者本单位给予处分，没收违法所得；情节严重的，还应当吊销其执业证书。

如前所述，依据《国务院关于在全国推开“证照分离”改革的通知》（国发〔2018〕35 号）的规定，允许营利性医疗机构（含港澳台资，不含外商独资）开展药品、器械等医疗相关的经营活动。2019 年新修订的《中华人民共和国药品管理法》大幅强化了药品上市许可持有人，药品生产、经营企业法定代表人及负责人的监督、管理责任，明确了相关的罚则和标准，令人瞩目。

论及医疗美容机构的法定代表人和主要负责人，我国现行法律法规多使用“直接责任人员”、“主管人员”或者“相关责任人”等略显指代不明的表述来囊括医疗美容机构行政权利义务的承担主体，或划分行政责任和义务。之所以会采用这一行文用语，究其原因，与医疗机构的科室设置具有特定要求，其卫生专业技术人员从业资格准入制度具有严格要求是分不开的。区别于一般贸易类、生产类等非金融、保险、航空、海运行业等从业人员多需要严格遵循从业准入制度的商事主体，普通生产销售型公司的各部门负责人员并无法定的特殊从业资格要求，而医疗机构对于医疗技术科室的人员配置（如执业医师人数、资格、职称等）往往有着严格的法定标准和要求。当出现违法违规行为时，参与具体行为的执业卫生专业技术人员首当其冲需要承担直接责任，与此同时，医疗机构的主要负责人作为对医疗机构的经营、医疗安全和业务主要承担统筹、领导、监督、管理职责的人员，亦负有不可推卸的作为义务，两者之间责任尺度、比例的楚河汉界往往难以被完全严格地界定划分。因此，现行法律法规暂时选择采用广义解释方法，对于医疗美容机构行政责任的承担者作了广义解释。但是，另一方面，上位法的不明确和缺失也表明了我国的医药卫生立法观念和立法技术亦有待提高。在我国医药卫生立法中，有些具体条文规定得不规范、不严谨、不科学。如有关食品卫生法律制度中，不同安全等级的食品定义不清，诸如"保健食品"、"自然食品"、"生态食品"、"无害食品"、"无公害农产品"和"绿色食品"（A 级、AA 级）等，名词繁多，增加了消费者识别食品安全等级的难度和市场的不透明度。因此，如何更好地明晰医药卫生领域责任承担主体的定义，厘清行政权利义务的分界，填补法律漏洞和空白，完善医药卫生法律体系，不仅是未来医药卫生立法保持权威性和稳定性的必由之路，也是充分发挥法的可预测性、健全医疗卫生机构法定代表人和主要负责人管理职能的重要手段。

第 2 节　医疗美容企业法定代表人及负责人民事风险管控

民事责任，是指民事主体在民事活动中，因实施了民事违法行为，导致法律风险的发生，根据民法所承担的对其不利的民事法律后果或者基于法律特别规定而应承担的民事法律责任。承担民事责任的方式主要有：①停止侵害；②排除妨碍；③消除危险；④返还财产；⑤恢复原状；⑥修理、重作、更换；⑦继续履行；⑧赔偿损失；⑨支付违约金；⑩消除影响、恢复名誉；⑪赔礼道歉。法律规定惩罚性赔偿的，依照其规定。以上承担民事责任的方式，可以单独适用，也可以合并适用。司法实践中，涉及医疗美容机构民事纠纷的案由多集中在名誉权纠纷、肖像权纠纷、姓名权纠纷、医疗损害责任纠纷、医疗服务合同纠纷等案件，纠纷主体和民事责任的承担者通常是医疗美容机构和自然人，医疗美容企业法定代表人及负责人作为直接责任承担者的情形较少。但是，医疗美容企业的法定代表人和主要负责人，作为医疗美容机构对外的代表，在一些特定情形下也将承担直接或连带的民事责任。

一、医疗美容企业法定代表人和负责人承担民事责任的情形

（一）关联交易

依据《中华人民共和国公司法》的规定，公司的法定代表人应当依照公司章程的规定，由董事长、执行董事或者经理担任，并依法登记。《中华人民共和国民法典》第八十四条对营利法人关联交易的法定责任作出了具体规定。营利法人的控股出资人、实际控制人、董事、监事、高级管理人员不得利用其关联关系损害法人的利益；利用关联关系造成法人损失的，应当承担赔偿责任。《中华人民共和国公司法》第二十一条也对此进行了规定，公司的控股股东、实际控制人、董事、监事、高级管理人员不得利用其关联关系损害公司利益。违反前款规定，给公司造成损失的，应当承担赔偿责任。因此，医疗美容企业的法定代表人或负责人如因关联交易行为给医疗美容企业造成损失的，应当依法向企业承担责任。

（二）滥用公司法人独立地位或股东权利

医疗美容企业的法定代表人如同时作为公司股东，其滥用股东权利给公司或其他股东造成损失的，将承担赔偿责任。根据"揭开公司面纱"理论，如果法定代表人作为公司股东，滥用公司法人

独立地位和股东有限责任，逃避债务，严重损害公司债权人利益的，将对公司债务承担连带责任。《中华人民共和国公司法》第二十条规定，公司股东应当遵守法律、行政法规和公司章程，依法行使股东权利，不得滥用股东权利损害公司或者其他股东的利益；不得滥用公司法人独立地位和股东有限责任损害公司债权人的利益。公司股东滥用股东权利给公司或者其他股东造成损失的，应当依法承担赔偿责任。公司股东滥用公司法人独立地位和股东有限责任，逃避债务，严重损害公司债权人利益的，应当对公司债务承担连带责任。

（三）违约责任

作为股东的医疗美容企业的法定代表人对公司负有按期足额出资的法定义务。《中华人民共和国公司法》第二十八条规定，股东应当按期足额缴纳公司章程中规定的各自所认缴的出资额。股东以货币出资的，应当将货币出资足额存入有限责任公司在银行开设的账户；以非货币财产出资的，应当依法办理其财产权的转移手续。股东不按照前款规定缴纳出资的，除应当向公司足额缴纳外，还应当向已按期足额缴纳出资的股东承担违约责任。

此外，医疗美容企业基于经营管理的考虑，有时会与该机构的法定代表人签订经营管理合同，约定法定代表人的权利与义务，如法定代表人未能按照该合同约定履行其应尽的合同义务，则医疗美容企业可以依据合同法的相关规定，要求法定代表人承担继续履行或赔偿损失等的违约责任。

（四）职务侵权

《中华人民共和国民法典》第六十二条规定了法定代表人职务侵权行为的民事责任。根据法律规定，法定代表人因执行职务造成他人损害的，由法人承担民事责任。法人承担民事责任后，依照法律或者法人章程的规定，可以向有过错的法定代表人追偿。关于法人对其法定代表人的职务侵权行为承担民事责任后，能否向法定代表人行使追偿权的问题。我国现有相关立法持肯定立场。例如，《中华人民共和国公司法》第一百四十九条规定，董事、监事、高级管理人员执行公司职务时违反法律、行政法规或者公司章程的规定，给公司造成损失的，应当承担赔偿责任。《中华人民共和国保险法》第八十三条规定，保险公司的董事、监事、高级管理人员执行公司职务时违反法律、行政法规或者公司章程的规定，给公司造成损失的，应当承担赔偿责任。

（五）表见代表行为

《中华人民共和国民法典》第五百零四条对法定代表人越权行为作出了规定，法人的法定代表人或者非法人组织的负责人超越权限订立的合同，除相对人知道或者应当知道其超越权限外，该代表行为有效，订立的合同对法人或者非法人组织发生效力。表见代表主体资格严格界定为“法定代表人、负责人”。根据法律规定我国实行的是独任制的法人代表结构。有权代表法人的主体只能是法定代表人，法定代表人以外其他担任特定职务的人员都不能成为法人代表，他们对外活动时，只能经授权而成为法人的代理人，而非代表人。对于合同的相对人来说，其只认为法定代表人或者其他组织的负责人代表法人或者其他组织，一般并不知道也没有义务知道法定代表人或者其他组织负责人的权限到底有哪些，法人或者其他组织的内部规定也不应对合同的相对人构成约束力；否则，将不利于保护交易的安全，也不利于保护合同相对人的利益，对合同相对人来说也是不公平的。从以往的司法实践来看，由于对大量法定代表人或者其他组织的负责人订立的超越权限的合同作无效处理，严重地损害了合同相对人的利益，助长了一些法人或者其他组织借此逃避责任、谋取非法利益的行为。因此，规定法定代表人或者其他组织的负责人超越权限的行为一般也有效，这样可以有效地防止此类现象的发生，也符合交易的规则。需要特别注意的是，在订立合同的过程中，合同的相对人知道或者应当知道法定代表人或负责人的行为超越了权限，而仍与之订立合同，则具有恶意，那么此时，合同就不具效力。

（六）发起人连带责任或赔偿责任

《中华人民共和国公司法》第九十四条规定，股份有限公司的发起人应当承担下列责任：①公司不能成立时，对设立行为所产生的债务和费用负连带责任；②公司不能成立时，对认股人已缴纳的股款，负返还股款并加算银行同期存款利息的连带责任；③在公司设立过程中，由于发起人的过失致使公司利益受到损害的，应当对公司承担赔偿责任。

医疗美容企业的法定代表人若同时为股份有限公司的发起人的，则应依据《中华人民共和国公司法》第九十四条就上述公司未能成立或者设立过程中所发生的债务承担连带责任或赔偿责任。

（七）未及时履行清算义务，造成损害

《中华人民共和国民法典》第七十条规定，法人解散的，除合并或者分立的情形外，清算义务人应当及时组成清算组进行清算。法人的董事、理事等执行机构或者决策机构的成员为清算义务人。法律、行政法规另有规定的，依照其规定。清算义务人未及时履行清算义务，造成损害的，应当承担民事责任；主管机关或者利害关系人可以申请人民法院指定有关人员组成清算组进行清算。法人解散时，除合并或者分立的情形外，医疗美容企业的法定代表人作为清算义务人的，如其未及时履行清算义务，造成损害的，应当承担民事责任。

二、执 行 责 任

失信被执行人（俗称“老赖”）的惩处和名单公示制度是我国社会信用监督、警示、惩戒体系建设的重要制度之一。在执行程序中，如被执行人未履行生效法律文书确定的义务，并具有下列情形之一的，即属于失信被执行人，将被人民法院纳入失信被执行人名单，依法对其进行信用惩戒：①有履行能力而拒不履行生效法律文书确定义务的；②以伪造证据、暴力、威胁等方法妨碍、抗拒执行的；③以虚假诉讼、虚假仲裁或者以隐匿、转移财产等方法规避执行的；④违反财产报告制度的；⑤违反限制消费令的；⑥无正当理由拒不履行执行和解协议的。《最高人民法院关于适用〈中华人民共和国民事诉讼法〉执行程序若干问题的解释》第三十七条规定，被执行人为单位的，可以对其法定代表人、主要负责人或者影响债务履行的直接责任人员限制出境。因此，在特定情形下，医疗美容企业的法定代表人或主要负责人可能需要就企业所发生的失信行为，承担执行责任。具体限制企业法定代表人、主要负责人的高消费及非生活和工作必需的消费行为主要有：①乘坐交通工具时，不得选择飞机、列车软卧、轮船二等以上舱位；②不得在星级以上宾馆、酒店、夜总会、高尔夫球场等场所进行高消费；③不得购买不动产或者新建、扩建、高档装修房屋；④不得租赁高档写字楼、宾馆、公寓等场所办公；⑤不得购买非经营必需车辆；⑥不得旅游、度假；⑦子女不得就读高收费私立学校；⑧不得支付高额保费购买保险理财产品；⑨不得乘坐 G 字头动车组列车全部座位、其他动车组列车一等以上座位等其他非生活和工作必需的消费行为。

第 3 节　医疗美容企业法定代表人及负责人刑事风险管控

通常，法律是社会行为的底线或标准，而刑法则是法律的底线。民法界定了人或拟制的人的权利，旨在调整民事主体之间的权利与义务。民法制度体现的是对契约与承诺的尊崇，按照民法的原则，在排除存在强制性法律规定之外，调整双方之间权利义务的准则是有约定依约定，无约定依习惯，无习惯依法律。法律起到的是定纷止争的作用。民法重在调整民事法律关系，而刑法则重在保护国家的公权力、社会的秩序，以及社会主体的合法权利。在医疗美容机构从“生”到“死”的生命周期中，刑事风险始终如影相随，不仅是悬在医疗美容企业头上，也是悬在医疗美容企业法定代表人及负责人头上的“达摩克利斯”之剑。近年来，民营医疗美容行业经过了从方

兴未艾到蓬勃发展的社会历史进程，越来越多的医疗美容企业，特别是大型、综合型医疗美容企业的法定代表人、负责人和其他高级管理人员逐渐更深刻地意识到其所面临的刑事法律风险，心存敬畏之心，此为行业之幸、患者之幸。医疗美容企业的法定代表人及负责人的刑事责任和刑事风险，往往存在着大量的交叉和重叠。例如，单位和个人如果发生虚构保险事实，夸大保险损失范围，骗取医疗保险理赔金、医疗保险统筹资金、工伤保险的医疗费用等情形，均有可能涉嫌构成保险诈骗犯罪。医疗美容企业法定代表人及负责人在日常的经营管理过程中可能涉嫌发生的刑事罪名繁多，本章不作一一罗列，仅针对执业和经营管理过程中较为普遍存在的部分刑事风险进行论述，以飨读者。

一、医疗美容机构法定代表人的刑事犯罪风险

（一）职务侵占罪

《中华人民共和国刑法》第二百七十一条规定，公司、企业或者其他单位的人员，利用职务上的便利，将本单位财物非法占为已有，数额较大的，处三年以下有期徒刑或者拘役并处罚金；数额巨大的，处三年以上十年以下有期徒刑并处罚金；数额特别巨大的，处十年以上有期徒刑或者无期徒刑并处罚金。

关于该罪名中“数额较大”“数额巨大”的立案追诉标准，《最高人民法院 最高人民检察院关于办理贪污贿赂刑事案件适用法律若干问题的解释》（法释〔2016〕9 号）规定，职务侵占罪中的“数额较大”“数额巨大”的数额起点，按照该解释关于受贿罪、贪污罪相对应的数额标准规定的二倍、五倍执行，即职务侵占数额二倍于“三万元以上不满二十万元”数额起点的，视为“数额较大”，五倍于“二十万元以上不满三百万元”数额起点的，视为“数额巨大”。

如医疗美容企业的法定代表人为公司股东的，则依据《公安部经侦局关于对非法占有他人股权是否构成职务侵占罪问题的工作意见》的规定，对于公司股东之间或者被委托人利用职务便利，非法占有公司股东股权的行为，如果能够认定行为人主观上具有非法占有他人财物的目的，则可对其利用职务便利，非法占有公司管理中的股东股权的行为以职务侵占罪论处。据此，医疗美容企业的法定代表人利用职务便利，非法占有本单位财物（包括股权）的，若达到立案追诉标准，都将涉嫌构成职务侵占罪。

（二）非国家工作人员受贿罪

刑法意义上的国家工作人员，是指国家机关中从事公务的人员。国有公司、企业、事业单位、人民团体中从事公务的人员和国家机关、国有公司、企业、事业单位委派到非国有公司、企业、事业单位、社会团体从事公务的人员，以及其他依照法律从事公务的人员，以国家工作人员论。除此之外的主体，均为非国家工作人员。医疗美容企业的法定代表人作为公司、企业或者其他单位的工作人员，属于非国家工作人员。

《中华人民共和国刑法》第一百六十三条第一、二款规定，公司、企业或者其他单位的工作人员，利用职务上的便利，索取他人财物或者非法收受他人财物，为他人谋取利益，数额较大的，处三年以下有期徒刑或者拘役并处罚金；数额巨大或者有其他严重情节，处三年以上十年以下有期徒刑并处罚金，数额特别巨大或者有其他特别严重情节的，处十年以上有期徒刑或者无期徒刑，并处罚金。公司、企业或者其他单位的工作人员在经济往来中，利用职务上的便利，违反国家规定，收受各种名义的回扣、手续费，归个人所有的，依照前款的规定处罚。

关于该罪名中“数额较大”“数额巨大”的立案追诉标准，同样按照《最高人民法院 最高人民检察院关于办理贪污贿赂刑事案件适用法律若干问题的解释》（法释〔2016〕9号）关于受贿罪、贪污罪相对应的数额标准规定的二倍、五倍执行，即非国家工作人员受贿数额二倍于“三万元以上不满二十万元”数额起点的，视为“数额较大”，五倍于“二十万元以上不满三百万元”数额起点

的，视为“数额巨大”。

如医疗美容企业的法定代表人利用职务上的便利，索取他人财物或者非法收受他人财物，为他人谋取利益，数额较大的，或者在经济往来中，利用职务上的便利，违反国家规定，收受各种名义的回扣、手续费，归个人所有的，按照非国家工作人员受贿罪处理。

（三）侵犯商业秘密罪

《中华人民共和国刑法》第二百一十九条规定，有下列侵犯商业秘密行为之一，情节严重的，处三年以下有期徒刑，并处或者单处罚金；情节特别严重的，处三年以上十年以下有期徒刑，并处罚金：①以盗窃、贿赂、欺诈、胁迫或者其他不正当手段获取权利人的商业秘密的；②披露、使用或者允许他人使用以前项手段获取的权利人的商业秘密的；③违反保密义务或者违反权利人有关保守商业秘密的要求，披露、使用或者允许他人使用其所掌握的商业秘密的。明知前款所列行为，获取、披露使用或者允许他人使用该商业秘密的，以侵犯商业秘密论。

医疗美容企业的法定代表人在日常经营活动中，有机会接触大量本医疗机构或者其他企业的商业秘密，如其违反《中华人民共和国刑法》第二百一十九条规定，将会涉嫌构成侵犯商业秘密罪。

（四）逃税罪

《中华人民共和国刑法》第二百零一条规定，纳税人采取欺骗、隐瞒手段进行虚假纳税申报或者不申报，逃避缴纳税款数额较大并且占应纳税额百分之十以上的，处三年以下有期徒刑或者拘役，并处罚金；数额巨大并且占应纳税额百分之三十以上的，处三年以上七年以下有期徒刑，并处罚金。扣缴义务人采取前款所列手段，不缴或者少缴已扣、已收税款，数额较大的，依照前款的规定处罚。对多次实施前两款行为，未经处理的，按照累计数额计算。有第一款行为，经税务机关依法下达追缴通知后，补缴应纳税款，缴纳滞纳金，已受行政处罚的，不予追究刑事责任；但是，五年内因逃避缴纳税款受过刑事处罚或者被税务机关给予二次以上行政处罚的除外。

本罪的犯罪主体包括纳税人和扣缴义务人。既可以是自然人，也可以是单位。医疗美容机构的法定代表人或负责人对本机构的财务负有不可推卸的统筹、监督、管理责任，如其违反上述法律，构成逃税罪的，则可能遭受刑事处罚。

二、医疗美容机构主要负责人的刑事犯罪风险

（一）医疗事故罪

医疗事故罪的主观要件只能是过失。《中华人民共和国刑法》第三百三十五条对医疗事故罪作出了明文规定，医务人员由于严重不负责任，造成就诊人死亡或者严重损害就诊人身体健康的，处三年以下有期徒刑或者拘役。

《最高人民检察院 公安部关于公安机关管辖的刑事案件立案追诉标准的规定（一）》明确指出，医务人员由于严重不负责任，造成就诊人死亡或者严重损害就诊人身体健康的，应予立案追诉。具有下列情形之一的，属于本条规定的“严重不负责任”：①擅离职守的；②无正当理由拒绝对危急就诊人实行必要的医疗救治的；③未经批准擅自开展试验性治疗的；④严重违反查对、复核制度的；⑤使用未经批准使用的药品、消毒药剂、医疗器械的；⑥严重违反国家法律法规及有明确规定的诊疗技术规范、常规的；⑦其他严重不负责任的情形。本条规定的“严重损害就诊人身体健康”，是指造成就诊人严重残疾、重伤、感染艾滋病、病毒性肝炎等难以治愈的疾病或者其他严重损害就诊人身体健康的后果。

如果医疗美容机构的医务人员出现上述情形之一，构成刑法意义上的医疗事故罪的，将被处三年以下有期徒刑或者拘役。

笔记

（二）非法行医罪

我国实行医师执业注册制度，医师经注册后，方可以在医疗、预防、保健机构中按照注册的执业地点、执业类别、执业范围执业，开展相应的医疗、预防、保健业务。未经注册取得医师执业证书，不得从事医师执业活动。

非法行医是指不具备从事医疗活动的资质，违反医政管理法律法规、规范，擅自开展医疗活动的行为。《中华人民共和国刑法》第三百三十六条对“非法行医罪”作出了明文规定，未取得医生执业资格的人非法行医，情节严重的，处三年以下有期徒刑、拘役或者管制，并处或者单处罚金；严重损害就诊人身体健康的，处三年以上十年以下有期徒刑，并处罚金；造成就诊人死亡的，处十年以上有期徒刑，并处罚金。

根据《最高人民检察院　公安部关于公安机关管辖的刑事案件立案追诉标准的规定（一）》，具有下列情形之一的，属于本条规定的“未取得医生执业资格的人非法行医”：①未取得或者以非法手段取得医师资格从事医疗活动的；②个人未取得医疗机构执业许可证开办医疗机构的；③被依法吊销医师执业证书期间从事医疗活动的；④未取得乡村医生执业证书，从事乡村医疗活动的；⑤家庭接生员实施家庭接生以外的医疗行为的。《最高人民法院关于审理非法行医刑事案件具体应用法律若干问题的解释》（法释〔2008〕5 号）第二条规定，具有下列情形之一的，应认定为刑法第三百三十六条第一款规定的“情节严重”：①造成就诊人轻度残疾、器官组织损伤导致一般功能障碍的；②造成甲类传染病传播、流行或者有传播、流行危险的；③使用假药、劣药或不符合国家规定标准的卫生材料、医疗器械，足以严重危害人体健康的；④非法行医被卫生行政部门行政处罚两次以后，再次非法行医的；⑤其他情节严重的情形。该解释第三条规定，具有下列情形之一的，应认定为刑法第三百三十六条第一款规定的“严重损害就诊人身体健康”：①造成就诊人中度以上残疾、器官组织损伤导致严重功能障碍的；②造成三名以上就诊人轻度残疾、器官组织损伤导致一般功能障碍的。该解释第四条规定，非法行医行为系造成就诊人死亡的直接、主要原因的，应认定为刑法第三百三十六条第一款规定的“造成就诊人死亡”。非法行医行为并非造成就诊人死亡的直接、主要原因的，可不认定为刑法第三百三十六条第一款规定的“造成就诊人死亡”。但是，根据案件情况，可以认定为刑法第三百三十六条第一款规定的“情节严重”。

医疗美容机构医务人员如未取得医生执业资格即开展诊疗行为、情节严重，或者在诊疗行为中严重损害患者身体健康、造成就诊人死亡的，依法属于《中华人民共和国刑法》中规定的非法行医罪的行为，将视情节严重程度承担有期徒刑、拘役或者管制，并处或者单处罚金的刑事责任。

（三）侵犯公民个人信息罪

《中华人民共和国刑法》第二百五十三条之一规定，违反国家有关规定，向他人出售或者提供公民个人信息，情节严重的，处三年以下有期徒刑或者拘役，并处或者单处罚金；情节特别严重的，处三年以上七年以下有期徒刑，并处罚金。违反国家有关规定，将在履行职责或者提供服务过程中获得的公民个人信息，出售或者提供给他人的，依照前款的规定从重处罚。窃取或者以其他方法非法获取公民个人信息的，依照第一款的规定处罚。单位犯前三款罪的，对单位判处罚金，并对其直接负责的主管人员和其他直接责任人员，依照各该款的规定处罚。

“公民个人信息”，是指以电子或者其他方式记录的能够单独或者与其他信息结合识别特定自然人身份或者反映特定自然人活动情况的各种信息，包括姓名、身份证件号码、通信通讯联系方式、住址、账号密码、财产状况、行踪轨迹等。具体到医疗美容机构中涉及的公民个人信息，则主要是指患者病历中的个人信息，如患者姓名、身份证件号码、家庭住址、联系方式、法定代理人姓名及联系方式、身高、体重、血型、既往病史、诊疗记录、手术方案、医学影像检查资料、护理记录、唯一标识号码等一切与患者有关的信息。

依据《最高人民法院　最高人民检察院关于办理侵犯公民个人信息刑事案件适用法律若干问题

的解释》（法释〔2017〕10号）的相关规定，非法获取、出售或者提供公民个人信息，具有下列情形之一的，应当认定为刑法第二百五十三条之一规定的“情节严重”：①出售或者提供行踪轨迹信息，被他人用于犯罪的；②知道或者应当知道他人利用公民个人信息实施犯罪，向其出售或者提供的；③非法获取、出售或者提供行踪轨迹信息、通信内容、征信信息、财产信息五十条以上的；④非法获取、出售或者提供住宿信息、通信记录、健康生理信息、交易信息等其他可能影响人身、财产安全的公民个人信息五百条以上的；⑤非法获取、出售或者提供第三项、第四项规定以外的公民个人信息五千条以上的；⑥数量未达到第三项至第五项规定标准，但是按相应比例合计达到有关数量标准的；⑦违法所得五千元以上的；⑧将在履行职责或者提供服务过程中获得的公民个人信息出售或者提供给他人，数量或者数额达到第三项至第七项规定标准一半以上的；⑨曾因侵犯公民个人信息受过刑事处罚或者二年内受过行政处罚，又非法获取、出售或者提供公民个人信息的；⑩其他情节严重的情形。

实施前款规定的行为，具有下列情形之一的，应当认定为刑法第二百五十三条之一第一款规定的“情节特别严重”：①造成被害人死亡、重伤、精神失常或者被绑架等严重后果的；②造成重大经济损失或者恶劣社会影响的；③数量或者数额达到前款第三项至第八项规定标准十倍以上的；④其他情节特别严重的情形。

医疗机构及其医务人员应当严格保护患者隐私，禁止以非医疗、教学、研究目的泄露患者的病历资料。医疗美容机构的负责人如违反国家有关规定，向他人出售或者提供患者的个人信息，情节严重的，依据《中华人民共和国刑法》第二百五十三条之一的规定，将被处三年以下有期徒刑或者拘役，并处或者单处罚金；情节特别严重的，处三年以上七年以下有期徒刑，并处罚金。违反国家有关规定，将在履行职责或者提供服务过程中获得的公民个人信息，出售或者提供给他人的，依照前款的规定从重处罚。窃取或者以其他方法非法获取公民个人信息的，依照第一款的规定处罚。

本罪为一般主体，即主体可以为单位或者达到刑事责任年龄并具有刑事责任能力的自然人。如医疗美容机构作为犯罪主体触犯本罪的，除导致对单位判处罚金外，医疗美容机构直接负责的主管人员和其他直接责任人员也将应依照各款的规定接受刑事处罚。

（四）生产、销售假药罪

依据《中华人民共和国药品管理法》第九十八条规定，有下列情形之一的，属于假药：①药品所含成分与国家药品标准规定的成分不符；②以非药品冒充药品或者以他种药品冒充此种药品；③变质的药品；④药品所标明的适应证或者功能主治超出规定范围。

《中华人民共和国刑法》第一百四十一条规定，生产、销售假药的，处三年以下有期徒刑或者拘役，并处罚金；对人体健康造成严重危害或者有其他严重情节的，处三年以上十年以下有期徒刑，并处罚金；致人死亡或者有其他特别严重情节的，处十年以上有期徒刑、无期徒刑或者死刑，并处罚金或者没收财产。本条所称假药，是指依照《中华人民共和国药品管理法》的规定属于假药和按假药处理的药品、非药品。

本罪为一般主体。单位犯本罪的，对单位判处罚金，并对其直接负责的主管人员和其他直接责任人员，依照该条的规定处罚。

（五）生产、销售劣药罪

依据《中华人民共和国药品管理法》第九十八条规定，有下列情形之一的，为劣药：①药品成分的含量不符合国家药品标准；②被污染的药品；③未标明或者更改有效期的药品；④未注明或者更改产品批号的药品；⑤超过有效期的药品；⑥擅自添加防腐剂、辅料的药品；⑦其他不符合药品标准的药品。

《中华人民共和国刑法》第一百四十二条规定，生产、销售劣药，对人体健康造成严重危害的，处三年以上十年以下有期徒刑，并处罚金；后果特别严重的，处十年以上有期徒刑或者无期徒刑，并处罚金或者没收财产。本条所称劣药，是指依照《中华人民共和国药品管理法》的规定属于劣药的药品。

本罪为一般主体。单位犯本罪的，对单位判处罚金，并对其直接负责的主管人员和其他直接责任人员，依照该条的规定处罚。

（六）擅自生产、收购、经营毒性药品，情节严重、致人伤残或死亡

依据我国《医疗用毒性药品管理办法》第五条规定，毒性药品的收购、经营，由各级医药管理部门指定的药品经营单位负责；配方用药由国营药店、医疗单位负责。其他任何单位或者个人均不得从事毒性药品的收购、经营和配方业务。如医疗美容机构的责任人员违反《医疗用毒性药品管理办法》第十一条规定，擅自生产、收购、经营毒性药品的，情节严重、致人伤残或死亡，构成犯罪的，由司法机关依法追究其刑事责任。

（七）非法采集、供应血液、制作、供应血液制品罪

《中华人民共和国刑法》第三百三十四条规定，非法采集、供应血液或者制作、供应血液制品，不符合国家规定的标准，足以危害人体健康的，处五年以下有期徒刑或者拘役，并处罚金；对人体健康造成严重危害的，处五年以上十年以下有期徒刑，并处罚金；造成特别严重后果的，处十年以上有期徒刑或者无期徒刑，并处罚金或者没收财产。

本罪的主体为一般主体，即达到刑事责任年龄并具有刑事责任能力的自然人，而单位则不能构成本罪。故医疗美容机构的主要负责人可以作为涉嫌触犯本罪的直接责任人员。

（八）采集、供应血液、制作、供应血液制品事故罪

《中华人民共和国刑法》第三百三十四条规定，经国家主管部门批准采集、供应血液或者制作、供应血液制品的部门，不依照规定进行检测或者违背其他操作规定，造成危害他人身体健康后果的，对单位判处罚金，并对其直接负责的主管人员和其他直接责任人员，处五年以下有期徒刑或者拘役。

本罪为单位犯罪，刑法对本罪的犯罪主体采取双罚制，即对单位和单位直接责任人员均处以刑罚，故医疗美容机构的主要负责人可以作为涉嫌触犯本罪的直接责任人员。

（九）假冒注册商标罪

《中华人民共和国刑法》第二百一十三条规定，未经注册商标所有人许可，在同一种商品上使用与其注册商标相同的商标，情节严重的，处三年以下有期徒刑或者拘役，并处或者单处罚金；情节特别严重的，处三年以上十年以下有期徒刑，并处罚金。

（十）销售假冒注册商标的商品罪

《中华人民共和国刑法》第二百一十四条规定，销售明知是假冒注册商标的商品，违法所得数额较大的，处三年以下有期徒刑，并处或者单处罚金；违法所得数额巨大的，处三年以上十年以下有期徒刑，并处罚金。

（十一）假冒专利罪

《中华人民共和国刑法》第二百一十六条规定，假冒他人专利，情节严重的，处三年以下有期徒刑或者拘役，并处或者单处罚金。

（十二）损害商业信誉、商品声誉罪

《中华人民共和国刑法》第二百二十一条规定，捏造并散布虚伪事实，损害他人的商业信誉、商品声誉，给他人造成重大损失或者有其他严重情节的，处二年以下有期徒刑或者拘役，并处或者

单处罚金。

（十三）虚假广告罪

《中华人民共和国刑法》第二百二十二条规定，广告主、广告经营者、广告发布者违反国家规定，利用广告对商品或者服务作虚假宣传，情节严重的，处二年以下有期徒刑或者拘役，并处或者单处罚金。

（十四）拒不执行判决、裁定罪

《中华人民共和国刑法》第三百一十三条规定，对人民法院的判决、裁定有能力执行而拒不执行，情节严重的，处三年以下有期徒刑、拘役或者罚金；情节特别严重的，处三年以上七年以下有期徒刑，并处罚金。

小结

医疗美容机构，特别是小规模的民营医疗美容机构通常很少聘请专业法务人员，其对于现有的法律风险管控，往往尚停留在传统的法律顾问模式，以法律顾问充当“救火队员”、“急诊科医生”的角色，只对已发生的风险事件进行急救式介入。大型连锁医疗美容机构，相较之下已有聘请专业法务人员或总法律顾问的意识和资本，对于事前预防、事中控制、事后管理都有着较高的风险意识和较为完善的应对机制。但是，囿于医疗技术业务的高风险性、个体差异及跨行业的知识背景等因素，医疗美容机构仍然不可避免地时刻面临着既有或潜在的法律风险和责任。有鉴于此，民营医疗美容机构的法定代表人和负责人，作为企业的“舵手”和“领头羊”，应当将树立和增强法律意识提高到思想政治层面，除自身的医疗技术专业之外，还应当加强对涉及医疗美容行业的法律法规的学习和了解，注重职业风险的防范，实现企业运营风险的自我管控。民营医疗美容机构可采取聘请专业法务人员、法律顾问，专项合规检查、监督、参与和接受法律培训等方式，充分发挥法律专业人员对企业生命质量的保障作用，不仅要给予法律专业人员话语权，而且要真正尊重法律专业人员话语权，让企业的生命周期得以延长，增强医疗卫生专业技术人员的法律保障，实现企业的健康和长远发展。

章前案例解析

1. 美容总监雷某与北京某医疗美容医院主要负责人章某未取得医生执业资格非法行医，在诊疗行为中使用无证医疗器械，情节严重，严重损害就诊人王某的身体健康，构成非法行医罪。

2. 章某指使他人涂改、伪造、隐匿、销毁王某的病历，造成王某延误最佳治疗时机，属于出具虚假证明文件，应当受到卫生行政部门给予的行政处分。

3. 北京某美容会所、北京某医疗美容医院拒不执行法院判决，其法定代表人、主要负责人将承担被人民法院列入失信被执行人、限制高消费及非生活和工作必需的消费行为的法律后果。

思考题

1. 简述医疗美容企业法定代表人及负责人的行政责任及风险。
2. 简述医疗美容企业法定代表人及负责人的民事责任及风险。
3. 简述医疗美容企业法定代表人及负责人的刑事责任及风险。
4. 试述医疗美容企业法定代表人及负责人法律风险管控的方式。

（宋御歌）

笔记

参 考 文 献

陈云良，2019. 卫生法学. 北京：高等教育出版社.

程啸，2011. 侵权责任法. 北京：法律出版社.

崔建远，2007. 合同法. 4 版. 北京：法律出版社.

达庆东，田侃，2011. 卫生法学纲要. 4 版. 上海：复旦大学出版社.

付安娜，2018. 论我国患者隐私权的法律保护. 兰州：甘肃政法学院.

甘培忠，2018. 企业与公司法学. 北京：北京大学出版社.

高志宏，党存红，2014. 企业法律风险管理导论. 南京：东南大学出版社.

耿庆山，2014. 医事法律 500 问. 北京：中国法制出版社.

官玉琴，2005. 医疗美容损害赔偿的法律思考. 福建工程学院学报，3（5）：448-451.

郭捷，2017. 劳动法学. 6 版. 北京：中国政法大学出版社.

国家卫生健康委员会医政医管局，2018. 医疗质量安全核心制度要点释义. 北京：中国人口出版社.

胡康生，2013. 中华人民共和国合同法释义. 3 版. 北京：法律出版社.

黄磊，2019. "颜值经济"下的医美窘境. 检察风云，(11)：12.

金宝玉，2005. 美容医师在执业活动中的权利与义务. 中国美容与整形医师大会论文汇编，23-25.

金宝玉，2007. 美容外科医师在执业活动中的权利与义务. 第四届中国美容与整形医师大会论文汇编，100-101.

孔志学，2007. 医疗纠纷与法律处理. 北京：科学出版社.

李适时，张荣顺，2017. 中华人民共和国民法总则释义. 北京：法律出版社.

李峣，2019. 劳动争议处理实务. 北京：法律出版社.

凌巍，2018. 最高人民法院医疗损害责任司法观点精编. 北京：人民法院出版社.

刘士国，2011. 医事法前沿问题研究. 北京：中国法制出版社.

刘鑫，2015. 医事法学. 2 版. 北京：中国人民大学出版社.

刘鑫，陈伟，2018. 医疗质量安全核心制度理论与实践. 北京：中华医学电子音像出版社.

刘鑫，张宝珠，2018. 医疗纠纷预防和处理条例理解与适用. 北京：中国法制出版社.

刘鑫，张宝珠，陈特，2010. 侵权责任法"医疗损害责任"条文深度解读与案例剖析. 北京：人民军医出版社.

刘颖，2019. 税法. 北京：北京科学技术出版社.

刘振华，王吉善，2007. 医疗风险预防管理学. 北京：科学技术文献出版社.

刘佐，2019. 中国税制概览. 23 版. 北京：经济科学出版社.

卢意光，2010. 医疗赔偿诉讼操作指南. 北京：中国法制出版社.

卢意光，魏俊璟，2016. 医疗机构及医药企业法律风险管理实务. 北京：中国法制出版社.

仇永贵，2016. 医疗机构法律实务. 杭州：浙江工商大学出版社.

尚金凯，2016. 医疗法律实务. 沈阳：东北大学出版社.

石悦，2011. 医疗侵权法. 北京：北京师范大学出版社.

王春梅，2014. 现代契约精神的异化与回归. 江汉论坛，(1)：99-102.

王海容，程文玉，石俊华，2011. 试析我国医药卫生法制的主要缺失. 医学与法学，3（1）：37-41.

王利明，2011. 侵权责任法研究（上）. 北京：中国人民大学出版社.

王利明，房绍坤，王轶，2013. 合同法. 4 版. 北京：中国人民大学出版社.

王利明，杨立新，王轶，等，2011. 民法学. 3 版. 北京：法律出版社.

王文君，2006. 医疗机构监督概论. 兰州：甘肃文化出版社.

王岳，2010. 医事法. 北京：对外经济贸易大学出版社.

魏振瀛，2013. 民法. 5 版. 北京：北京大学出版社.

吴崇其，张静，2010. 卫生法学. 2 版. 北京：法律出版社.

奚晓明，2010.《中华人民共和国侵权责任法》条文理解与适用. 北京：人民法院出版社.

徐立华，2016. 税务管理流程下的企业税务风险管理浅析. 财经界，(2)：267.

杨立新，2008. 医疗侵权法律与适用. 北京：法律出版社.

杨立新，2018. 侵权责任法. 3 版. 北京：法律出版社.

叶小忠，贾殿安，2013. 中国企业法律风险管理发展报告. 北京：法律出版社.
余明永，2015. 医疗损害责任纠纷. 北京：法律出版社.
张明楷，2016. 刑法学. 5版. 北京：法律出版社.
张盼，石悦，2019. 浅析我国医疗美容主诊医师备案制. 医学与法学，(3)：54.
张秋华，王小红，2013. 经济法概论. 3版. 北京：中国人民大学出版社.
张新宝，2010. 中国侵权责任法. 2版. 北京：中国人民大学出版社.
赵永乐，沈鸿，2016. 劳动关系管理与劳动争议处理. 3版. 上海：上海交通大学出版社.
郑吉喆，2016. 医疗美容纠纷争议问题探究. 中国卫生人才，(12)：46.

笔记